外国陆军院校教育研究

关娟茹　俞存华　主编

Wuhan University Press
武汉大学出版社

图书在版编目（CIP）数据

外国陆军院校教育研究/关娟茹，俞存华主编. —武汉：武汉大学出版社，2023.10

ISBN 978-7-307-23913-5

Ⅰ.外…　Ⅱ.①关…　②俞…　Ⅲ.军事教育－高等教育－研究－国外 Ⅳ.E13

中国国家版本馆CIP数据核字（2023）第165269号

责任编辑：李　丹　　　责任校对：牟　丹　　　版式设计：文豪设计

出版发行：**武汉大学出版社**　　（430072　武昌　珞珈山）
（电子邮箱：cbs22@whu.edu.cn 网址：www.wdp.com.cn）
印刷：三河市京兰印务有限公司
开本：710×1000　1/16　　　印张：16.5　　　字数：230千字
版次：2023年10月第1版　　　2023年10月第1次印刷
ISBN 978-7-307-23913-5　　　定价：78.00元

外国陆军院校教育研究

主　编　关娟茹　俞存华

副 主 编　洪镜涛　范彦廷　姚国正

编写人员（按姓氏笔画排序）

王佩伦　邓秀梅　付明华

关娟茹　李晓峰　范彦廷

俞存华　洪镜涛　姚　超

姚国正　曹广为　焦　萍

前　言
Preface

　　18 世纪中叶之前，以英国、法国、德国、美国和后来的沙皇俄国为代表的国家就率先建立和发展了近现代陆军院校教育体系，逐步形成了较为完备的军事人才培养体制和培养模式。进入 21 世纪，世界各主要国家为了适应新军事变革和战争发展对军事人才的迫切需求，大幅度地加快了陆军军事院校教育的转型升级。本着学习借鉴的态度，我们组织科研力量编写了《外国陆军院校教育研究》一书，旨在为我军院校教育的建设与发展提供有益的经验和有用的参考借鉴。

　　本书编写的总体思路：将外国陆军院校区分为以美国为代表的陆军院校教育、以俄罗斯为代表的陆军院校教育和其他国家陆军院校教育三大类，以教育体制、教学模式、师资队伍、学员、专业课程、学术科研、教育保障为研究对象，以最新、最具代表性的外国陆军院校教育理论、观点和资料为依据，从不同层次、不同角度、不同侧面分析外国陆军院校教育的精髓所在，力求从宏观上把握外国陆军院校教育的共性特征，从微观上探究不同国家陆军院校教育的独有特色和先进经验。

　　本书内容共八章。第一章是外国陆军院校教育概述，通过对外国陆军院校教育的基本情况、发展演进、共性特征、研究意义的阐述，初步勾勒出外国陆军院校教育的理论框架。第二章至第八章是本书的研究重点，主要从教育体制、教学模式、师资队伍、学员、专业课程、学术科研、教育保障等七个方面系统研究了外国陆军院校教育的关键要素和具体内容，使读者在拓宽视野、增长知识的基础上，能够全面了解外国陆军院校教育的方方面面，进而学会借人之长补己之短，助推我国陆军院校教育事业快速发展。

在研究过程中，我们力求运用最新资料，更客观、准确地反映外国陆军院校教育状况。由于可供参考的资料相对较少，加之能力水平有限，不足之处在所难免，敬请读者斧正！

编者
2023 年 8 月

目　录
Contents

第一章　外国陆军院校教育概述 …………………………………… **001**

第一节　外国陆军院校教育的基本情况 …………………… 001

第二节　外国陆军院校教育的发展演进 …………………… 018

第三节　外国陆军院校教育的共性特征 …………………… 036

第四节　研究外国陆军院校教育的意义 …………………… 041

第二章　外国陆军院校教育体制 …………………………………… **044**

第一节　美国陆军院校教育体制 …………………………… 044

第二节　俄罗斯陆军院校教育体制 ………………………… 058

第三节　其他国家陆军院校教育体制 ……………………… 067

第三章　外国陆军院校教学模式 …………………………………… **076**

第一节　美国陆军院校教学模式 …………………………… 076

第二节　俄罗斯陆军院校教学模式 ………………………… 089

第三节　其他国家陆军院校教学模式 ……………………… 099

第四章　外国陆军院校师资队伍 …………………………………… **107**

第一节　美国陆军院校师资队伍 …………………………… 107

第二节　俄罗斯陆军院校师资队伍 ………………………… 121

第三节　其他国家陆军院校师资队伍 ……………………… 134

第五章　外国陆军院校学员 ·································· **143**

第一节　美国陆军院校学员 ························· 143

第二节　俄罗斯陆军院校学员 ··················· 157

第三节　其他国家陆军院校学员 ··············· 171

第六章　外国陆军院校专业课程 ·················· **175**

第一节　美国陆军院校专业课程 ··············· 175

第二节　俄罗斯陆军院校专业课程 ··········· 187

第三节　其他国家陆军院校专业课程 ······· 193

第七章　外国陆军院校学术科研 ·················· **199**

第一节　美国陆军院校学术科研 ··············· 199

第二节　俄罗斯陆军院校学术科研 ··········· 211

第三节　其他国家陆军院校学术科研 ······· 222

第八章　外国陆军院校教育保障 ·················· **228**

第一节　美国陆军院校教育保障 ··············· 228

第二节　俄罗斯陆军院校教育保障 ··········· 237

第三节　其他国家陆军院校教育保障 ······· 248

主要参考资料 ·· **255**

第一章　外国陆军院校教育概述

英、法、德等西欧国家早在 18 世纪中叶前，就开办了陆军院校，培养陆军军官。独立后的美国于 1779 年创办了炮兵军官学校，开启了陆军院校的建设。以英、法、德、美及后来的沙皇俄国为代表的国家率先建立和发展了近现代陆军院校组织结构，逐步形成了较为完备的陆军军事人才培养体系和具有各自特色的人才培养模式。进入 21 世纪，科学技术的快速发展，推动军事变革在世界范围内轰轰烈烈地展开，为了适应军事变革和战争发展对军事人才的需求，各国陆军在大力发展信息化、智能化武器装备和改革体制编制及创新军事理论的同时，加快了军事教育转型步伐，以全面推进陆军军事院校转型升级。

第一节　外国陆军院校教育的基本情况

从世界主要国家军队教育体系发展看，通常按照指挥军官尉、校、将及其岗位层级，建立了生长干部学历教育、初级教育、中级教育、高级教育院校人才培养体系。由于各国有着不同的政治、经济、军事制度和文化传统，其陆军院校的领导管理体制、教育机制和人才培养模式各有特色。如英、法、德、印（度）等国的军事教育体系，就富有个性特色。为适应课题研究的需要，编者将外国陆军院校区分为以美国为代表的陆军院校教育、以俄罗斯为代表的陆军院校教育，以及其他国家陆军院校教育三大类。

一、美国陆军院校教育

美国军事院校教育始于 18 世纪下半叶，经过 200 多年的发展，已经形成了"两段三级"培训模式，即任职前基础教育、任职后职业教育两个阶段和初级院校教育、中级院校教育、高级院校教育三级培训。美国现有陆军院校 29 所，在地方大学设有 270 个高级部，负责新任命军官的基础教育；还开设军官研究生教育，选调具有大学本科学力的专业技术军官和指挥军官深造，攻读硕士及硕士以上学位。

美国陆军院校由国防部、参谋长联席会议和陆军部对其实施分级领导与管理。训练经费、训练任务、培训目标和培训资源分配等，由国防部主管人事与战备的副部长负责确定；陆军院校的训练方针和训练计划，由陆军参谋长领导人事与作战部门制定；陆军专业技术学校由陆军训练与条令司令部直接领导。陆军院校内部管理，由于专业、培养对象不同，在管理体制设置上也有差别，但大体可分为教学实施和教学保障两个系统。

（一）初级院校教育

美国陆军初级院校教育包括任职前基础教育和任职后初级职业教育两部分。任职前基础教育主要进行陆军新任军官应具备的知识结构教育，毕业后获得军官任命，主要由陆军军官学校和陆军候补军官学校及设在地方大学的后备军官训练团承担，其中最著名的院校是美国陆军军官学校（也称"西点军校"）。美国陆军初级院校职业教育实施"2+1"培训模式："2"指尉官培训分两部分，即新任命少尉军官首次任职前培训和上尉军官培训，教授任职岗位所需的知识与技能，提升岗位任职能力；"1"指对少数已任命营级、旅级指挥官的少校、中校军官进行短期兵种知识和专业技术课程培训，解决技术更新和战术提高问题。

美国西点军校历史悠长，设有结构合理、层次清楚、职责分明、人员精干、运行高效的管理机构，主要包括学校权力、决策与监督机构，校长直属办事机构，学校管理机构，文化教育部门，军事教育与训练部门，体育运动部门等。

学校权力、决策与监督机构主要包括决策委员会、学术委员会和视察员委员会等。决策委员会由校长、学术委员会主任、学员队司令、参谋长和2名由校长指派的在职教授组成（这2名教授的任期为3年，不能连任），对全校一切重大问题提出意见和建议，同时接受校长和陆军部的领导，其所有重大决定都需要上报陆军部审批。学术委员会由校长、教务长、学员队司令、体育运动办公室主任、13名文化教学系主任、军事教育系主任、招生办公室主任和医院院长组成。教务长兼任学术委员会主任，主要负责确定招生标准和学习成绩考核标准，制定各项教育与行政管理的方针政策，协调各单位之间的工作关系，并对学校一切学术问题向校长提出建议。学术委员会决定的事项呈送校长批准后，由教务长负责贯彻执行。视察员委员会组成人员包括参议院军事委员会主席或主席指定的代理人、副总统或参议院议长委派的3名参议员（其中2人必须是参议院拨款委员会成员）、众议院军事委员会主席或主席指定代理人、众议院议长委派的4名众议员（其中2人必须是众议院拨款委员会成员）、总统委派的6名成员。视察员委员会每年视察西点军校1次，主要检查学校教学计划、政策及教学设备，并负责在视察结束后60天内向美国总统递交视察报告，提出对西点军校的总体看法和建议。

校长直属办事机构。校长负责西点军校的一切事务，并兼任西点军校指挥官。校长直属办事机构协助校长处理军校相关事务，其组成人员包括随从参谋 1 人、制定政策与计划的特别助理 3 人、政策研究室 9 人。

学校管理机构。参谋长是行政、管理、后勤保障与社会事务的主要执行者，学校管理机构在参谋长、副参谋长领导下开展工作，工作的重点是提高部门工作效率、监督财政开支和后勤保障及检查工作完成情况。

文化教育部门。由教务长办公室、文化教学系、学术研究部和军校图书馆组成，在教务长的领导下开展工作。教务长负责协调各系的学术活动，并就学术方面的问题向校长提出建议。

军事教育与训练部门。由学员队司令部、学员团和军事教育系组成，在学员队司令的领导下开展工作。学员队司令负责监督、管理学员队行政机构及学员队的军事训练。

体育运动部门。由体育运动办公室和体育系组成，体育运动办公室包括工作人员和各类教练员，体育系包括主任教授、副主任教授、训练主任及各类专业任教人员等，主要任务是负责西点军校体育运动的组织实施工作。

（二）中级院校教育

美国陆军中级院校以陆军指挥与参谋学院为代表，主要针对服役 7~15 年的少校级军官实施为期 10 个月的专业教育，重点传授战役层次的军事力量运用，帮助受训学员深入了解战役层次的联合部队运用，培养其分析问题能力和创造性思维能力。该院管理机构由院领导机构、职能部门、教研部门、指导与协调部门及附设机构组成。其中，院领导机构由院长、副院长和其他成员组成，院长由陆军训练与条令司令部副司令兼任，副院长主管全院日常教学计划和训练事宜，并由 1 名上校助理协助工作。学院秘书处统一管理全院行政事务。职能部门由教务、学员管理、研究生学位、函授教育、条令与著作出版、自动化指挥与训练系统、自动化 7 个部组成。教研部门由战术部、战斗支援部、联合作战与联军作战部、管理委员会、战略研究委员会、战区战役计划委员会、局部冲突研究委员会、反恐怖行动委员会 8 个单位和空军、海军、海军陆战队 3 个教学组组成，负责本院教学与科研工作。指导与协调部门由顾问指导、教务、教研和学员调查等委员会组成。顾问委员会在陆军部部长授权下工作，成员为 7 所地方大学的校长、教务长和知名专家。其任务是每年集会一次，审核学院教学工作，并提出改进建议；教务委员会由副院长助理任主席，成员有各教学研究部部长、副部长或主任，主要负责教学指导、学员管理与学位授予工作；教研委员会由各教学研究部推举代表组成，经副院长批准，围绕某方面具体问题进行研究，研究结果直接报告副院长；学员调查委员会由学员代表组成，在教务长的指导下定期集会，反映有关教学与考核方面的意见。

（三）高级院校教育

美国陆军高级院校以陆军军事学院为代表，主要任务如下：一是为陆军培养高级指挥官和参谋军官，为国防部和政府部门输送高级军事人才；二是为美国海军、空军和政府部门培训专门人才，且达到使他们熟悉陆军条令和作战原则的目的；三是研究陆军的作战思想，以便在现代和未来的信息化战争中有效地发展和运用陆军兵力。陆军军事学院主要招收 40~45 岁的中校级军官、上校级军官及美国政府官员等，学制 10 个月，主要学习和研究国家安全政策，国家战略，军事战略，诸军种、兵种联合作战指挥与参谋业务等课程，重点提高战略决策能力。学员毕业后可担任旅级以上指挥军官和军级以上司令部的参谋军官，或在政府部门担任高级决策、管理人员。

陆军军事学院下设院部、教学研究部和科学研究部 3 个机构。院部下辖院办公室、信息技术处、数据自动处理处、后勤服务处、资源管理处、学术处、安全处和图书馆。教学研究部是学院教学的核心，下辖指挥、领导、管理教学研究室，理论、计划与作战教学研究室，国家安全教学研究室，演习教学研究室，以及函授教育教学研究室。科学研究部下辖陆军战略问题研究所、陆军军史研究所、陆军体育研究所和地面作战中心。

二、俄罗斯陆军院校教育

俄罗斯军事教育最早可以追溯到沙皇俄国时期的航海学校，到 18 世纪中叶，武备中学成为培养军事人才的重点院校。目前，俄罗斯陆军军事院校体系由军事教学科研中心、陆军军事学院和陆军军事大学、高等军事学校和军事专科学院构成。从对军官的培训过程来看，俄罗斯陆军军事院校体系大体可分为"两段三级"。"两段"即生长军官的任职培训阶段和现役军官的深造阶段；"三级"即初、中、高三个军官培训等级。俄罗斯现有陆军院校 6 所，主要承担陆军军官晋职前培训和进修任务（表 1-1）。

表 1-1　俄罗斯陆军院校体系

高级院校	中级院校		初级院校		
陆军军事教学科研中心（俄联邦武装力量诸兵种合成军事学院）	华西列夫斯基陆军防空兵军事学院	米哈伊洛夫斯基炮兵军事学院	罗科索夫斯基远东高等合成军队指挥学校	新西伯利亚高等军事指挥学校	秋明高等军事工程指挥学校

俄罗斯陆军院校教育隶属于国防部下设的军事教育局。对陆军院校实施具体领导的部门主要是陆军部下设的战斗训练局和军事教育局，其职责是在主管首长的统一领导下，对所属陆军院校实施具体管理。

（一）初级院校教育

俄罗斯陆军初级院校包括罗科索夫斯基远东高等合成军队指挥学校、新西伯利亚高等军事指挥学校、秋明高等军事工程指挥学校。初级院校的基本职能包括：实施高等职业教育的军事教育大纲和大学后职业教育大纲；完成初级军官的培训、复训和进修；进行基础科学和应用科学研究。学员毕业时授予全俄统一的"专业人员文凭"，授予中尉军衔，并根据所学专业领域，分别授予机械、无线电电子、化学等专业的"工程师"职称，任职为部队排长或相应级别的其他职务。依据俄罗斯《兵役义务与服役法》规定，凡具有中等文化水平且未服过兵役的 17~21 岁俄联邦公民、义务兵或已转入预备役且年龄不超过 23 岁的退伍军人均可报考军队院校。另外，年龄不超过 28 岁的现役军人也可报考军队院校。初级院校实行"指技合一"培训模式，学制 5 年，培养具有普通高等学历和中等军事专业教育学历的初级军官，毕业后获学士学位和工程师职称，首次任职为排长或其他同等级别的职务。经过多年工作实践经验积累和各类军官培训班培训后，最高可晋升到营级职务。

（二）中级院校教育

俄罗斯陆军中级院校包括华西列夫斯基陆军防空兵军事学院和米哈伊洛夫斯基炮兵军事学院，是本领域的主要教学和科研中心。中级院校的基本职能包括：实施高等职业教育和大学后职业教育的军事教育大纲；实施中级军官、教研干部和科研干部的培训、复训和进修；进行以军事科学研究为主的基础科学和应用科学研究。接受中级培训的对象必须是接受过高等军事院校培训的军官，接受初级培训的对象与高等军事学校大体相同，但标准要高于高等军事学校。华西列夫斯基陆军防空兵军事学院是培养陆军防空部队中级指挥、高级指挥和工程技术军官的军事学院，开设有陆军防空部队和兵团、分队战斗活动和日常活动、防空综合体和系统等专业，部队团以下军官学员学制为 2 年。米哈伊洛夫斯基炮兵军事学院是培养陆军炮兵部队中级指挥、高级指挥和工程技术军官的军事学院，开设有陆军火箭兵炮兵兵团和部队战斗活动和日常活动指挥等专业，有 2 年、3 年等学制。

（三）高级院校教育

俄罗斯陆军高级院校主要指武装力量诸兵种合成军事学院，陆军军事教学科研中心就是以该学院为基础、合并多所分校而建成的。学院在高等教育框架内，根据 2 年制硕士研究生班课程大纲，培养具备高级军事战役战术素养的军官；根据 5 年制专业人员课程大纲，培养具备全面军事专业素养的学员。此外，学院还根据高等专业学历干部训练大纲培养军事学、工程学和历史学博士、副博士。在科研方面，学院承担科学论证陆军建设、战役法和战术发展的构想、大纲和计划，制定完善战斗准备和动员准备的主要方向，论证发展和完善武器和军事技术装备的前景，完成干部军事教育和训练问题等研究任务。隶属于国防部的总参军事学院，也是陆军高级军官晋职前培训和进修的院校，设置在莫斯科。总参军事学院既培养战略战役级指挥和参谋人才，同时也为各院校和科研部门培养师资力量，俄军将级军官全部毕业于该院，素有俄罗斯"将军学院"之称。基本系是该院的主要教学单位，主要培养担任战略战役指挥的师级指挥员和战役司令部的中级、高级参谋军官。进入该系的学员必须在部队担任过 2 年团级以上指挥员或参谋职务，具备指挥院校（系）毕业的学历，学制 2 年，学业结束后，按规定撰写毕业论文。学员毕业后分配到各军区、各军兵种、国防部或总参谋部等部门，担任师级以上指挥员或高级参谋、高级教员。

三、其他国家陆军院校教育

西欧国家陆军院校教育起步于 17 世纪，是世界上最早诞生陆军院校教育的区域，其中以英、法、德等国陆军院校为代表。此外，印度等国陆军院校教育也有自身特色，值得进行分析研究。

（一）英国陆军院校教育

英国陆军院校教育由英国国防部设立的国防教育局统一领导，陆军有关部门自行负责所属院校的管理工作。英国现有陆军院校约 30 所，除直属陆军参谋部训练局领导的皇家军事科技学院、桑赫斯特皇家军事学院外，其余院校均由各兵种领导。陆军院校教育体系在纵向上分为初、中两级，在横向上分为指挥院校和技术院校两类。陆军院校内部实行院（校）长负责制，下设副院长 1 名，协助院长完成教学计划的制订和教学的组织领导工作。除此之外，还设有教务处长，具体负责教学的协调和管理工作。英军规定，所有陆军军官必须接受初级院校教育，经考试合格，方可授予相应的军衔与职务。陆军高级军官培养由隶属于国防部的院校负责。

培养陆军初级军官的院校主要有桑赫斯特皇家军事学院、步兵学校和炮兵学校等兵种学校，以及装甲兵训练中心等，区分为任命前的基础教育和任命后的职业教育两类。桑赫斯特皇家军事学院主要承担陆军军官任命前的基础教育任务，招生对象包括地方大学毕业生、高中毕业生、有若干服役年限并准备晋升为军官的优秀士兵、优秀士官和少量外国优秀军官等，其中，地方大学毕业生占 60% 以上，他们在地方大学学习期间接受军队资助，假期接受军事训练和军事教育。桑赫斯特皇家军事学院开设有标准军事班、正规职业军官班、短期服役军官训练班等，学制从 14 周到 1 年不等，主要学习基本军事知识、基本战术、武器使用、通信、识图等，学员毕业后可被任命为初级指挥军官。各兵种学校负责任命后的兵种军官岗前训练任务，使受训军官具备本兵种初级军官必须具备的领导技能。

陆军中级军官培训由皇家军事科技学院和三军联合指挥参谋学院承担。皇家军事科技学院主要培养包括陆军在内的各军种初级技术军官、高级工程技术军官和高级指挥参谋军官。三军联合指挥参谋学院主要培养包括陆军在内的各军种具有发展前途的上尉至少校级别的指挥与参谋军官及少量相应级别的外国军官，设有初、中、高级班。初级班学制为 4 周至 41 周不等，每年开办多期。中级班学制为 10 个月，高级班学制为 14 周。陆军参谋班学员主要是从陆军学院毕业后在部队服役数年后的尉官，学制为 10 个月，主要学习研究陆军各兵种的组成、能力、特点和司令部的职能与参谋程序、撰写文书、战役战术及如何应对非对称战争与恐怖主义活动、欧洲总体战略和三军联合作战等。

陆军高级军官由英国国防学院和皇家国防研究学院培养，培养目标是通过学习战争指导原则、现代战争概念、与盟军联合作战的战略和政治因素、战时与平时的领导原则等，使学员具备担任高一级职务的能力。英国国防学院学员以少校级、中校级军官为主，年龄在 38 岁左右，学制为 6 个月。皇家国防研究学院为英国三军的最高学府，由三军高级军官轮流担任院长，主要招收英国各军种年龄在 45 岁左右的上校级、准将级军官和英联邦、北美洲国家的高级军官或文官，学制为 11 个月。

（二）法国陆军院校教育

法国军队院校教育经过 200 余年的不断完善，目前已形成包括陆军、海军、空军、宪兵、武器装备部、卫生总局和油料总局所属院校在内的军队院校体系，构成初级、中级和高级教育梯次配置。目前，法军共有各级军队院校 82 所，其中陆军 19 所，按照作战任务和管理职能设置专业，大致分为指挥和技术两类，负责培养军官和士官，同时还承担军官、士官的继续教育和全体官兵的常规轮训任务。陆军院校内部管理可分为两种方式：一是以初级进修院校和基础军事院校为代表的"统分结合"的领导管理体制。以陆军高级指挥学校为代表的初级军官进修院校，设中将校长、少将副校长各 1 名及教务部、参谋部等部门。二是以陆军的科埃基当军校群为代表的"集中统一"的领导管理体制。这个军校群包括圣西尔军事专科学校、诸兵种军事专科学校和行政技术军事学校，隶属于陆军训练司令部，设少将校长和准将副校长各 1 名，负责军校群的训练工作，下设参谋部、军事训练部、教学研究部、学员培训部和配合保障教学的勤务团。它的特色在于学员培训部统一负责军校群学员管理工作，分 4 个部进行编队：圣西尔军事专科学校学员为一部，诸兵种军事专科学校学员为二部、三部，行政技术军事学校学员为四部，根据需要可设营、队、班等。

陆军初级军校包括陆军军官培训学校、指挥院校、专业技术学校、士官学校和军事训练中心。军官培训学校、指挥院校和专业技术学校的学员为初中、高中毕业生和部队优秀士官，学制一般为 2~4 年，着重学习军事基本知识、科学文化知识、军事体能训练等，培养专业技能和部队管理能力，学员毕业后可担任排长、副连长或初级专业技术军官，授少尉或中尉军衔。士官学校的学员一般为中学毕业生，主要学习军事基础知识和作战技能，以及相应的专业知识和装备使用、维护常识，学制为 1 年，毕业后授予相应的士官军衔。军事训练中心的任务是对整建制的部队进行战术养成训练，提高部队的实战能力。

陆军中级军队院校主要培养具有丰富初级指挥经验的连级、营级军官，学制为 3~12 个月不等，主要学习营级、团级部队的指挥和协同、同级别的参谋业务、新装备的使用及其对战术的影响等内容，毕业后一般担任营级、团级指挥官或参谋军官，通常授少校军衔。

陆军高级军官主要由隶属于法国国防部的高等国防研究院、高等军事教育与研究中心、三军防务学院培训，学制一般为 9~12 个月，培养对象为年龄在 40~50 岁、具有多年部队实际工作经验的上校级或准将级军官，毕业后可担任旅级、师级指挥员或高级机关参谋等。

此外，在陆军院校教育体系中，还包括 4 所军事中学，学员主要学习中学课程、军事基础知识和开展体能训练等，取得法国会考合格文凭后直接进入军队院校深造；包括陆军士官学校 21 所，以培养士官为主，实行初级、一级、二级士官培训，通过后分别担任组长、班长、排长或副排长，年龄不超过 30 岁的优秀士官可以报考军官学校。

（三）德国陆军院校教育

德国军队院校教育是在继承普鲁士军事教育基础上发展起来的，

有悠久的军事教育历史。目前，德军拥有 70 余所各类院校，区分为全军性院校、跨军种院校和兵种专业院校 3 个层次，实施归口管理。全军性院校由武装力量指挥参谋部管理。跨军种学校隶属于武装力量局，由武装力量指挥参谋部的对口单位进行业务指导。陆军学校由陆军局领导管理，由陆军指挥参谋部的训练部门实施业务指导。陆军各兵种专业院校由陆军局下设的院校司令部管理。陆军拥有 19 所正规院校和 30 所联邦国防军管理专科学校，可分为正师、副师、旅（团）、营四个等级，校长军衔分别对应少将、准将、上校、中校，5 年轮换 1 次。院校内部设校（院）司令部，下设人事、安全、组织训练和后勤 4 个处。学员管理编设学员队（营级）、区队（连级）、班等层次，也有院校按教学单位编成区队。

陆军初级军官培训区分为两个类别。一是任职前学历教育，由汉堡联邦国防军大学和慕尼黑联邦国防军大学承担，这 2 所大学都建于 1973 年，主要为陆、海、空三军培训拥有学历的初级军官。陆军学员须是高中学历或中专学历，入伍后先进入陆军候补军官大队和陆军军官学校接受军事基础训练，经陆军部队军事训练考核合格、愿成为职业军官或服役合同期 12 年以上者。学制为 4 年，主修大学基础课和专修科课程，学员毕业后进入陆军军官学校接受生长军官岗前培训后，派往部队担任分队指挥官。二是岗前职业教育，陆军兵种专业与技术培训由陆军院校承担，除 2 所联邦国防军大学之外的其他 7 所全军性院校负责培训包括陆军在内的各军兵种专业勤务军官，学制较短，为数周、数月到 1 年不等。

陆军高级参谋和中级指挥官培训由联邦国防军指挥学院负责，招收学员必须经联邦国防军高等学校培训，在校期间需要完成基础科目训练、应用科目训练和专职人员业务训练。其中，基础科目训练时间为 3 周，学习课程包括指挥理论、军队任务、社会科学、安全政策等；应用科目训练分为参谋部参谋业务训练（时间为 8 周）、总参谋部参谋业务训练（时间为 2.5 年）、安全政策进修（时间为 3 周）；专职人员业务训练，根据任职方向不同开设多个专业班，训练时间为1~10周不等。学员毕业后到部队任职。

陆军院校的主要任务：一是负责陆军和陆军各兵种军官的业务训练和深造；二是为陆军和陆军各兵种培训各种专业技术骨干，这些技术骨干多是服役合同期长短不等的士官，也有部分士兵。由于陆军院校主要承担职业教育，培训对象的流动性大，因此学制不固定，通常在数周至数月。有关资料显示："陆军院校每年招收新生8.5万~9万人，陆军补给学校（原陆军的第二技术部队学校）从1956年成立至2016年，培训学员达20万人"。德累斯顿陆军军官学校是德国陆军军官的唯一摇篮，主要任务：负责培训陆军所有候补军官和30岁左右的职业军官、40岁左右的参谋军官，负责中校以下军官、部分优秀士官和文职人员的军事专业或相关专业的基础课程进修，目标是使候补军官成为合格军官，使其他受训者的军事基础更加扎实牢固，具备晋升上一级职务应具有的指挥、管理、技术等要求。德累斯顿陆军军官学校开设有部队勤务军官班（学制为6个月）、军事专业勤务军官班（学制为5个月）、营职指挥员班（学制为2周）、指挥与管理班（学制为6周）、军事专业提高班（学制为4周）、军事卫勤指挥与管理班（学制为2周）等。

（四）日本陆上自卫队院校教育 [1]

日本自卫队院校分别隶属于内阁防卫省和各军种参谋部，由防卫省人事教育局和各军种教育训练部门分别负责领导和管理。内阁防卫省设人事教育局，负责制定自卫队教育方针、教学计划、课程设置和培养目标，重点抓精神教育，具体领导管理防卫研究所、防卫大学和防卫医科大学。军种教育训练部门主要负责制订所属院校的教学和调研计划，制定教育目标和学员培养计划，监修教材、制定教范和分配教

---

[1] 日本没有军队，只有自卫队。为论述方便，本书将日本自卫队的相关情况纳入军事论述中。下文同此，不再赘述。

育经费。陆上自卫队参谋部下设教育训练部的教育课，负责制订并统一调整陆上自卫队院校训练计划，同时负责制订训练器材的分配计划。

日本现有自卫队院校 32 所，担负学历教育任务的有防卫大学、防卫医科大学及培养技术士官的少年工科学校 3 所；任职教育院校共有 29 所，其中陆上自卫队现有院校 15 所（图 1-1、图 1-2）；还有 3 个教导旅和 2 个教导团等。从层次上可分为初、中、高三级院校，分别担负陆上自卫队各层级人员的教育培养任务。一般基层军官学习初级课程，中层军官学习军官特修课程，高级军官学习军官高级课程、指挥参谋及技术高级课程。陆上自卫队院校实行校长负责制，通常设校长 1 名、副校长 2 名。院校内部一般设有以教育部为主体的教学系统，以总务部（处）为主体的行政管理系统，以研究部（室）为主体的科研系统，学员大队负责学员管理。

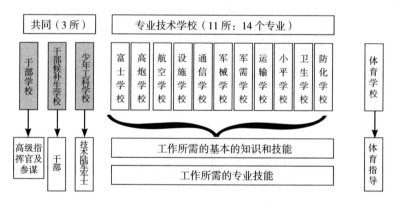

图 1-1　日本陆上自卫队干部学校体系

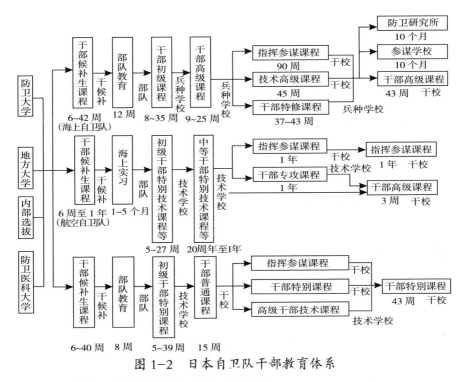

图 1-2 日本自卫队干部教育体系

注：干候校，干部候补生学校；干校，干部学校。

日本陆上自卫队干部自卫官培训区分为任职前培训和任职培训两个阶段，任职教育又区分为初级班、中级班和专修班 3 个层次。一是任职前培训。由隶属于日本防卫省的防卫大学负责，该校是日本自卫队培养陆、海、空未来初级军官的院校，被称为自卫队"军官的摇篮"。其前身为保安大学，成立于 1952 年 8 月，主要领导有校长、副校长和干事，被称为防卫大学"三大官员"，校长、副校长为文官，干事为军人。防卫大学面向日本招收高中毕业生，每年 1 期，实施 4 年本科学历教育，按照普通大学的专业设置，开设人文社会科学和理工学 2 类专业，主要进行专业知识教育和军事训练，毕业生授军士长军衔，作为"干部候补生"进入陆、海、空自卫队干部候补生学校接受为期 6 周至 1 年不等的职业培训。二是任职培训。陆上自卫队干部候补生学校是一所专门培训"干部候补生"的学校，该校成立于 1954 年 7 月，校长为少将，设有计划室、总务部、教育部和学员队等机构。主要招收防卫大学和地方大学毕业生，以及一部分来自自卫队的军士，通过考试择优录取。学制因对象而异，长的 25 周，短的 8 周，通过培训后的学员可被任命为干部自卫官，授予少尉军衔，到军种自卫队担任排职"干部自卫官"。陆上自卫队兵种院校主要对尉级干部自卫官进行初级班、中级班和专修班教育。初级班的培训对象为少尉，中级班的培训对象为中尉和上尉，专修班的培训对象为上尉和少校，学制依据兵种专业复杂程度而定。如富士学校是陆上自卫队培训步兵、炮兵和坦克团以下军官的综合学校，初级班学制为 32 周，中级班学制为 22~25 周，专修班学制为 43 周。

陆上自卫队干部学校是日本培训和轮训陆上自卫队中、高级军官和参谋的学校。该校成立于 1952 年 10 月，1959 年 12 月迁到东京都市谷。学校设有计划室、总务部、教育部和研究部等机构，培训类型有指挥参谋班、军官高级班、技术高级班、军官特别班等。其中指挥参谋班主要培训上尉和少校级军官，学制为 90 周。军官高级班培训少校和中校级军官，学制为 29 周。技术高级班培训校级军官，学制为 45 周。军官特别班训练中校和上校级军官，学制一般为 2 周，训练内容和具体学习时间由陆上自卫队参谋长确定。

另外，防卫研究所作为日本防卫省的智囊机构和最高军事学府，每年对来自陆上、海上和航空自卫队高级军官实施两种高级教育课程的培训：一是普通班，以上校和中校自卫官为主要对象，学制为 44 周，教学内容涉及国家安全保障、军事战略等众多领域；二是高级班，以少将以上自卫官为主要对象，学制为 3 周，在进行国际形势、安全保障、防卫问题教学的基础上，将教学重点放在近期国家政策和军事战略上。联合参谋学校也是为各军种培训中、高级指挥军官的学校，培训课程也分为一般课程和特别课程，受训对象为中校级至少将级军官。

（五）印度陆军院校教育

印度军事教育受英国殖民影响，留有英国殖民所特有的印痕。随着世界新军事革命的发展，印度加快了军事教育改革步伐，基本形成了由少年养成训练、军官预备训练、任命前基础教育和任命后职业教育构成的教育系统。目前印度拥有军事院校90余所，区分为综合性军事院校和军兵种院校两大类别。综合性军事院校由印度国防部统一领导，负责任命前基础教育和高级军官培训。军兵种院校由各军兵种司令部领导，主要负责初、中级军官培训。陆军训练司令部统一领导管理陆军27所院校，分为初、中、高三级。各院校内部通常设训练、行政、后勤和参谋4个部门，各院校和训练机构均不设直属单位，通信、警卫和勤务等任务由军分区和小军区派驻军事院校的分队和人员承担，定期轮换，最长不超过3年。

陆军生长军官任命前的军官预备培训由印度国防部所属的初级国防学院承担，该校素有印度"军官摇篮"之称，招生对象为高中毕业生和少年军校毕业生，按陆、海、空三军分别编系，学制为3年，毕业后文化程度达到大学毕业水平；任命前基础教育主要由陆军军事学院和相应的专业院校承担，学制为1年，学习陆军兵种专业知识与技能，学员毕业后任命为少尉军官，分配到陆军部队任职。

印度陆军生长军官任命后的职业教育分初、中、高3个阶段，均在军队院校进行。其中，初级指挥军官职业教育主要由陆军作战学院初级指挥班、各兵种和勤务院校负责，学制因专业而异，通常为3~4个月，学习重点是组织诸兵种协同作战能力，培养指挥军官作战的主动性和独立指挥作战能力。中级指挥军官职业教育主要由作战学院中级指挥班负责，学制在13周左右，培训内容包括战术应用、作战心理和后勤保障等，进行培训的指挥军官必须拥有初级指挥班或其他相应的培训经历，并担任过初级指挥官和参谋军官，毕业后担任营级指挥官和师级、旅级参谋官。高级指挥军官职业教育主要由作战学院高级指挥班承担，学制为 40 周，培训内容包括旅级部队指挥理论和相关作战知识与技能，毕业后担任旅级指挥官。国防管理学院高级防务管理班负责培训上校和准将军官，毕业后担任国防部高级防务管理职务，陆军少将军官由高级国防学院培训，专业技术军官也相应有专门的院校负责培训。

此外，印度军事体系还包括少年军校的养成教育、军官任命前的预备教育。少年军校的养成教育由印度国防部创办的全国少年军事学校和少年军校组织实施，为 9~12 岁的军人子弟和有志从军的少年提供中等公学教育和一定的军事素质训练。学员毕业后，进入国防学院进行正规培训。任命前的预备教育，从高中毕业生中招募学员，复试合格被录取后，统一送到国防学院学习大学课程和军事基础知识，进行初级军事教育，毕业后分配到各军事学院继续培训。

第二节　外国陆军院校教育的发展演进

军事教育伴随着人类战争的出现而形成。但由于受到军事技术和武器装备发展的影响，古代军队兵种专业发展相对较慢，相适应的古代军事教育发展也受到了一定制约。火药出现并大量运用于军事，促进了武器装备技术的进步，后装线膛枪大量装备部队，人类战争从此进入了热兵器时代。在此背景下，西欧国家出现了早期的专门用于培养兵种专业的院校，拉开了人类历史上近现代军事教育建设发展的序幕。

一、18 世纪至"一战"前各国陆军院校教育发展

17 世纪，现代意义的军事院校首先在意大利诞生，其最初任务是给准备从事军事职业的年轻人讲授火炮、筑城、工程及航海等科目。进入 18 世纪，工业革命、化工技术革命和电力革命逐渐兴起，推动了武器装备技术的快速发展，新式武器大量装备部队，迫切需要大批掌

握新武器装备技术和应用的军事专门人才，便催生了近代军事院校的诞生和军事教育体系的建立。

（一）建立适应陆军新兵种专业人才培训的军事院校

近代武器装备技术的快速发展并在西欧国家军队内部得到应用，使近代西欧国家军队出现了以炮兵、工程兵等为代表的新兴兵种，为顺应时代发展需要，西欧国家率先建立了许多近代军事院校，其中部分军事院校后来发展成为在世界范围内有较大影响力的军事名校。

1. 法国陆军新兵种专业院校建设发展

1690 年，法国创办了世界上最早的炮兵学校。1791 年，法国在雅各宾创办了训练工程兵与炮兵的综合技术学校，开始在院校对军官实施科学技术教育。1803 年 1 月，根据战争需要，拿破仑在枫丹白露建立了帝国军事专科学校，后迁到凡尔赛宫附近的圣西尔，1817 年正式命名为"圣西尔军事专科学校"，"为打胜仗而受训"成为该校的校训。圣西尔军事专科学校学制为 2 年，教学内容涵盖数学、绘图、工事设计和构筑、地理、历史、军事管理、炮兵运用、火炮射击、体操、登山和游泳等，为法国培养了一批又一批出类拔萃的初级指挥军官，是法国陆军初级指挥军官的摇篮。该校一些学员后来成为享誉世界的军事家，如 1912 年毕业的法国前总统戴高乐将军、1926 年毕业的前陆军元帅勒克莱尔等。

2. 普鲁士新兵种专业院校建设发展

普鲁士皇家学员团是 1704 年在勃兰登堡开办的一所军官学校，起初只是为军官子弟开设的私立学校，后来发展成为普鲁士军队输送初级技术军官的专门军事学校。普法战争使普鲁士认识到军事专业教育的重要性，面对新兵种专业的发展，为满足不同层级军官从战术应用到战略制定的不同需求，新兵种专业院校将高等教育的概念纳入军事改革之中，建立起由少年军校、军事专业学校、柏林军事学院构成的、阶梯式的三级军事教育体系。

3.英国陆军新兵种专业院校建设发展

英国是世界上最早建立新兵种专业院校的国家之一,其中最著名的是桑赫斯特皇家军事学院。1741 年,英国乔治二世国王签署了一份皇家文件,决定建立皇家军事院校,即培养炮兵和工程技术军官的伍尔维奇皇家军事学校。1799 年,英国在威克比高地创办了陆军军官学校。1812 年,伍尔维奇皇家军事学校初级部迁到桑赫斯特,专门培养炮兵和步兵军官。1947 年,这两所军事学校合并为桑赫斯特皇家军事学院,学制为 18 个月,课程包括三军军事学科和普通学科,重视体质锻炼并进行军事礼仪方面的训练,凡是有志进入陆军成为正式军官者必须经过该校培训。该校是英国陆军初级指挥军官的摇篮,从中走出的著名将帅和军事理论家有丘吉尔首相、蒙哥马利元帅、亚历山大元帅和军事思想家富勒等。

4.美国陆军新兵种专业院校建设发展

1802 年建立的西点军校是美国陆军的第一所正规军事学校。但因为国会不愿拨款为军队办教育,军队自身也不重视军校教育,所以这所学校在美军中没有起到示范效应。1817 年塞耶担任西点军校校长,对这所学校进行了历时 17 年的改革,奠定了这所学校作为美军军官任命前教育机构的典范地位。此后,美国陆军迎来了建校高潮。1839 年创办弗吉尼来军事学院,1881 年在堪萨斯州利文沃斯堡成立步兵与骑兵学校(为陆军指挥与参谋学院的前身)、1901 年创立陆军军事学院(现址在宾夕法尼亚州卡莱尔)。在此后的 10 多年时间内,美国还创立或重组了工兵、步兵、军械、军需、炮兵等兵种院校,为陆军新任命军官提供首次任职前的培训,并负责提高已任职军官技术、战术水平,至此,美国陆军军事院校体系基本框架大致形成。其中最著名的西点军校最初只是培养工兵和炮兵军官的军事专科学校,20 世纪初,美国开始在西点军校建立起现代陆军兵种学校体系,包括工程兵、步兵、军械兵、军需兵和炮兵学校,西点军校开始由传统走向现代,成为美国陆军初级指挥军官的摇篮。

5. 日本陆军新兵种专业院校建设发展

明治政府时期，日本就认识到军事专业的重要性，明治改革的一项重要内容就是创建军事专业院校。陆军骑兵学校、陆军炮工学校等中高级专业类学校的建立，标志着日本早期军事教育系统的成熟，其中最著名的是日本陆军士官学校。该校是 1874 年日本明治政府创办的，其前身是 1868 年开办的京都军校。日本陆军士官学校最初采用法国式教育制度，1871 年法国在普法战争中失败，让日本认为普鲁士陆军是世界上最优秀的陆军，从 1887 年开始，日本陆军士官学校正式采用普鲁士陆军教育体制。1945 年日本战败投降，该校被撤销。

6. 俄罗斯陆军早期军事院校教育发展

俄罗斯陆军院校教育萌芽于 17 世纪至 18 世纪初，迄今已有 300 多年历史。1697 年建立军事工程学校，1698 年建立普列奥布拉任斯基团轰炸连的炮兵教导队，1712 年在彼得堡建立炮兵学校，1708 年和 1719 年又建立两所工程兵学校，1731 年建立军事综合学校，1762 年成立了炮兵与工程兵学校等。这一时期的武备中学开始成为俄罗斯培养陆军军事人才的重点院校。到了 18 世纪末至 19 世纪初，俄罗斯又出现军事专科学校，随后发展成为陆军军事教育体系的骨干。在这些军事学校中，最著名的是 1820 年成立的米哈伊洛夫斯基炮兵军事学院，一部分后来发展为炮兵军事大学，另一部分后来发展为彼得大帝战略火箭兵军事学院。19 世纪下半叶至 20 世纪初，俄罗斯进行了军事教育改革，其重要成果是"建立了两种类型的军事院校：公共教育机构（军事中学）和专业教育机构（军事学术及士官生学校）"。

（二）建立适应参谋军官培养的军事院校

近代以来，由于兵种专业分工越来越细，出现了炮兵、工程兵、通信兵、辎重兵等新兴兵种，师和军逐渐成为固定编制单位，为提高诸兵种协同作战能力，迫切需要一批具备丰富知识、谋划能力和较高专业技能的参谋军官担任指挥官的助手，参谋军官及其相应的组织机构由此诞生。为提高参谋军官的能力素质，18 世纪末至 19 世纪初，西欧国家出现了早期的专门对参谋军官进行教育和训练的军事院校。

1. 德国贵族学院和军事学院

德国贵族学院是世界上最早对参谋军官进行专业训练的军事院校，于1763年开始招生，每年安排12名有潜力的年轻军官入校学习，毕业后担任大型兵团指挥官的助理。1810年，在柏林成立了一所培养高级参谋人员的高级军官学校，著名军事家克劳塞维茨曾在该校执教12年，该校在1859年更名为德国军事学院，"一战"后停办，1935年恢复，"二战"后又被撤销。

2. 法国参谋应用学校

1818年，法国在巴黎创办了参谋应用学校，学制为2年，课程主要包括地理、统计学、地形测量、制图、军事侦察、历史与行政、炮兵科学、包围战。学员之中有三分之一是巴黎理工学校毕业生，其余主要来自军官学校毕业的少尉军官，学员毕业后首先在骑兵团、步兵团服役，通过严格考试后进入总参谋部，成为精英军官团的成员。

3. 英国坎特伯雷参谋学院

坎特伯雷参谋学院是1876年从英国皇家军事学院高级部独立出来的军事学院，其课程内容设置以通用参谋业务、部队组织与管理为主。学员第二年要到战场实地考察，并与皇家海军和空军举行大型合同演练，以提升其谋划能力和协调能力。

4. 美国陆军总勤务与参谋学院

为适应参谋人才队伍培养需求，1901年，美国成立于1881年的步兵与骑兵学校改名为陆军总勤务与参谋学院，此后又更名为指挥与参谋学校和陆海军参谋学院，1946年更名为陆军指挥与参谋学院，是美国陆军培养参谋人才的专业学校。

5. 日本陆军大学校，也称日本陆军大学

1883年，日本在普鲁士教官的帮助下开办了陆军大学校，目标是培养专职参谋人才，学制为2~3年，招生对象为陆军士官学校毕业、年龄在30岁以下、在基层部队工作2年以上的大尉军官或中尉军官，并由联队长推荐，毕业后从事参谋工作。1945年日本战败，该校被废除。

6. 俄罗斯最高参谋学院

1832年，俄罗斯帝国创办了最高参谋学院，学员为18岁以上的贵族军官，学制为2年，课程内容包括火炮、战术、地形、地理、设营、后勤、战略、军事历史、参谋业务，以及德语和法语。该学院于1918年解散。该学院存在期间，先后有4532名学员毕业。最高参谋学院的地位与德国和法国的参谋学院相同，为俄罗斯总参谋部培养了一批参谋军官。

（三）建立适应军事职业化发展的军事教育院校

随着军事技术的加速发展、军队规模扩大和军队组成结构的复杂化，需要军官向职业化方向发展。19世纪初，西欧国家军队开始出现职业化军官，对军官进行职业教育和训练已成为这一时期军事人才建设的迫切要求。

1. 普鲁士军事学院

1801年，普鲁士军事学院从柏林军官学校中独立出来，专门为经过选拔的军官提供普通教育和职业教育，学制为9个月，学员大多数是20多岁的大尉军官，开设课程包括数学、战术、战略、参谋业务、兵器科学、军事地理、外语、物理、化学、养马学和膳食管理等，面向不同兵种军官进行各种课程组合。1821—1823年，该学院学制延长到3年，主要培养担任师以上兵团参谋长和作战军官。该学院奉行"应该成为一所大学，开展高级军事教育，提出创新观点，并将其传遍全军"的办学宗旨，使其获得了独特而崇高的地位和威望，其声誉超过了普鲁士任何一所民办大学，吸引了普鲁士大量精英前来就读。1945年"二战"结束，德国战败，该学院被迫解散，在140多年的时间里，该学院为普鲁士及后来的德国培养出许多军事将领，多位学员后来成长为军队总参谋长，《战争论》的作者克劳塞维茨也毕业于该学院。该学院还吸引许多高级别领导人来任教，如兴登堡、鲁登道夫、莫德尔、保卢斯、古德里安、约德尔和莱因哈特等。

2. 法国高等军事学校

1878 年，法国正式组建了高等军事学校。1880 年，高等军事学校改称为高级指挥学校，学制为 2 年，教学中不仅大量研究 1793—1871 年的战争，还进行实地演练，参与新型武器和战术的研究，前往古战场和前线进行考察等。学员大部分是上尉军官，教员队伍中会聚了陆军最优秀的人才，包括一些法国著名军官，如博纳尔、富勒、福煦、格兰德梅森和贝当等。

3. 美国陆军军事学院

1901 年 11 月 20 日，美国在宾夕法尼亚州卡莱尔兵营建立了陆军军事学院。该学院培养参谋人员，同时直接参与陆军参谋部战争计划的拟制工作。该学院倡导"实验性学习"，主张教学和参谋工作要有机结合，要求学员通过亲身参加战争计划的制订，学习总参谋部等高级机关的参谋业务。学习内容主要包括图上作业、指挥所演习和现地教学等。同时，针对美西战争中反映出的陆海协同问题，制订应急计划和进行相关演练。

二、两次世界大战期间各国陆军院校教育发展

两次世界大战给人类带来了巨大灾难，同时对军事人才培养提出了更为迫切的要求。世界各国为了适应现代战争的发展，纷纷对陆军军事院校进行了一系列调整，以应对战争需求，助推军队战斗力的提升。

（一）部分军事院校被迫关闭、解散、撤销、停办或转移

两次世界大战期间，由于战场对军事人才队伍的迫切需求，压缩院校规模、缩短培训学制、突出实战课程教学等已成为各国的普遍做法。随着战争形势的变迁，许多军事院校被迫关闭、解散、撤销、停办或转移。德国作为"一战"战败国，"一战"结束后，所有军事院校，包括普鲁士军事学院均被解散。1933 年德国部分军事学院恢复运行，1939 年

9月"二战"开始后立即关闭，军官被派往作战部队任职。法国因在"二战"中被德国占领，原有的军事院校被迫关闭。英国在"二战"爆发时，为实施全国总动员，关闭了伍尔维奇皇家军事学校和桑赫斯特皇家军事学院。与此同时，美国也因战争原因关闭了陆军军事学院。1941年，由于战争的紧急需要，美国陆军工业学院也被迫停办。苏联卫国战争期间，对军事院校体系进行了调整，将军事院校搬迁到东部地区，并在最短时间内开展和恢复军事人员培训。

（二）运行中的军事院校紧急转入战时体制

战争时期，各国仍保留的军事院校均转入战时体制，通过缩短训练周期、精简教学课程、突出战争急需内容、开办应急短期训练班、抽调教员和学员补充一线作战部队、协助制订作战计划和构筑防御工事及军事设施、训练后备部队和民众、开办学术研讨会交流和传播最新作战经验、收集需要的战例和资料等方式，为夺取战争的最后胜利提供大力支持。例如，"一战"结束后，德国军事学院被迫解散，军事学院的指挥官助理分散到各省进行培训，约有三分之一的学员被挑选出来在第二年年底前往柏林学习。英国桑赫斯特皇家军事学院在第一次世界大战期间继续开办，每年有400多名新任命军官毕业，课程时间缩短，内容被限制为严格的军事训练；伍尔维奇皇家军事学校的课程缩短为6个月，1年举办4次入学考试，不再进行毕业考试。苏联为适应卫国战争军事人才培养需求，"在1941年，军事学院的培训期缩短到6~12个月，军事学校则缩短到4~8个月，培训班则缩短到3~4个月，在后备部队和预备役部队里则缩短到3周到2个月不等"。如俄罗斯伏龙芝军事学院在卫国战争中开办了200多个战时速成班和各种短期训练班，在战争开始后的4个月中，向前线输送了2792名教员和学员，还先后派出教员和学员帮助组建和训练后备部队，协助驻地部署防御体系和构筑工事，到一线作战部队调研、收集整理资料、总结作战经验，及时充实到教学中，为后续军事人才培训提供更为实用的作战技能。

美国陆军在"二战"期间，大量建立候补军官学校和训练营地，从优秀士兵中选拔人才进行培养，整个战争期间，共培训并任命了25万多名陆军初级军官。"二战"结束后，这些临时性的培训机构逐渐演变成陆军候补军官学校。

（三）部分院校恢复的同时新建一批军事院校

两次世界大战期间，出现了许多新式武器装备，使战争形态发生了巨大变化，对军事人才的实战能力提出了更高的要求，各类重点培养驾驭新式武器装备的专业技术兵种军事院校开始出现，军种分立的军事教育体系逐渐形成。在这个过程中，一些国家在恢复部分军事院校的同时，也开始新建一批适应时代发展要求的军事院校。比较典型的有：美国于1924年成立陆军工业学院，这是一所带有联合特征的院校，旨在为军队输送经过专门训练的与地方人员紧密合作的工业动员专门人才，该校于1946年改名为武装部队工业学院；1943年又成立了陆海军联合参谋学院，1946年改名为陆军指挥与参谋学院，是美国陆军培养参谋军官的专业院校。美国在弗吉尼亚州兰利基地建立了陆军航空局军官学校，后改名为航空兵工程学院，建立了陆军工业学院及新的装甲、自行反坦克炮和高射炮等学校，创办了多所候补军官学校，还在135所地方大学建立了后备军官训练团。德国于1935年恢复德国军事学院，1938年新建了武装部队学院。法国戴高乐将军于1942年在英国伦敦建立了一所军官训练学校，培养"自由法国"军队的军官。英国新建了炮兵学校、高级军官学校、大不列颠帝国国防大学、皇家军事科学学院、步兵学校、空降兵学校等一批兵种专业技术学校。

苏联十月革命胜利后，保留了沙皇俄国时期的军事院校总局，直到1918年5月，才并入全俄罗斯总参谋部军事教育部。早在1918年2月，苏联人民委员会便通过了《工农红军指挥人员速成培训班基本条例》，以此条例为依据开设13所军官培训速成班，培训班的数量不断增加。

如 1919 年 1 月有 63 个，1920 年 1 月上升到 105 个，1921 年 1 月又上升到 151 个。这些培训班的培训期从 4 个月到 8 个月不等，取决于专业和前线的战况。与此同时，苏联加速对旧军校的改造，并逐步提升其办学能力。如在 1918 年，苏联陆军恢复的院校有米哈伊洛夫斯基炮兵军事学院，工程兵军事学院，步兵、电子技术、装甲兵和骑兵高级军事学校等。1925 年 11 月，苏联革命军事委员会批准了《工农红军军事院校条例》，明确了各兵种和专业部队军事院校的作用、类型、结构和组织，加速了军事人才培训从短训班到正常的中级和高级军事院校的转变。从 1932 年开始，组建一批新的机械与摩托化军事学院，创建了装甲部队机械化与摩托化军事学院、军事电子技术学院、军事化学学院等。到卫国战争前夕，苏联军事院校已达 229 所，包括 19 所军事大学、7 所高级军事专科学校和 203 所中级专科学校，还有 10 所地方高校设有军事教育系，为军队培养军事人才。卫国战争期间，因战场对军事人才的需求量增加，院校培训周期被打破，出现了许多短期速成班，"在整个战争期间，苏联军事院校培养的各类军官人数多达 150 万"。

三、"二战"以后各国陆军院校教育发展

第二次世界大战结束，各国普遍对军事院校进行了改革，在原有院校基础上逐步建立了不同类型、不同级别的院校，院校种类更加齐全，兵种专业技术院校数量大幅增加，分工进一步细化。各国陆军普遍建立了层次清晰、特色鲜明的军队院校教育体系。

（一）"二战"后各国陆军院校体系迎来快速发展

"二战"结束后，根据两次战争的经验教训，世界各国新建了各级各类军事院校。新建陆军军事院校不仅数量多，而且囊括了所有兵种，逐步形成了较为完善的职业军事教育院校体系。

1. 美国陆军院校体系发展

"二战"期间，美国军事势力极度膨胀。"二战"结束时，美军已成为世界上实力最强的军队。为适应军事发展需要，美军军事教育迎来蓬勃发展时期，陆军组建了其兵种专业技术院校和指挥参谋学院，逐步形成了军官任命前和任命后的初级、中级、高级及将官级军官职业军事教育院校体系。1946年陆军工业学院改名为武装部队工业学院，同年武装部队参谋学院成立，美国军事院校体系基本形成。1963年，陆军战略情报学校与海军情报研究生院合并，改建为国防情报学校，1983年改名为国防情报学院。

2. 苏联陆军院校体系发展

卫国战争末期，苏联开始将战时院校培训体系向和平时期过渡，速成班培训体制转向2年制培训，后来又改为3年制，主要从经受过战争考验的士兵和军士中招收学员，注重将卫国战争经验充实到教学内容中。同时对缺少公共教育和军事教育的军官进行培训，建立了一批新的中级和高级军事院校，如1946年建立炮兵雷达学院，1956年建立防空指挥学院、炮兵学院。中等军事学校改组为学制4年的高等军事院校，其中的许多学校在20世纪70年代初被改组为学制5年的指挥工程或工程学院。"到（20世纪）80年代初时，100%的旅级以上的指挥人员、超过90%的团级指挥人员……接受过高等教育，近50%的军官接受过高等军事或军事专业教育。"到1991年，苏军已经建立起一个较为完善的军事教育体系，有162所军事院校（含军事教育系），其中包括18所军事学院、3所军事专科学院、126所高等军事专科学校、地方大学的7个军事教育系和8所中等军事专科学校。

3. 英国陆军院校体系

"二战"后，英国将皇家工程兵学院、皇家通信兵学院、皇家装甲兵学院、伍尔维奇皇家军事学校和桑赫斯特皇家军事学院合并，正式命名为皇家陆军军官学院，并于1947年创建英国国防学院，组建陆军参谋学院。1984年，皇家军事科学学院与克兰菲尔德大学联合办学，成为大学的军事科学、技术与管理分院，担负学院的教学、学术交流和研究工作。

4.法国陆军院校体系

1945年，法国将在战争中成立或保留下来的几所军校合并为诸兵种军事专科学校，校址在西部城市雷恩市郊外的科埃基当军校城。1948年组建了高等国防研究院，1961年诸兵种军事专科学校分为诸兵种军事学校和圣西尔军事专科学校2所，其中，诸兵种军事学校以士官和士兵为招生对象，圣西尔军事专科学校招收地方学生。

5.德国陆军院校体系

"二战"结束后，德国作为战败国被解除武装，也分别被美、苏、英、法等战胜国分别占领，后来逐步形成了民主德国（东德）和联邦德国（西德）两个独立国家。东德军队完全仿照苏联军队组建，军事院校也完全采用苏联军事院校建设模式。西德先后建立了汉诺威第一军官学校、联邦国防军指挥学院、山地作战学校等，还建立了慕尼黑联邦国防军大学和汉堡联邦国防军大学，承担联邦国防军军官的大学本科学历教育，之后又组建了国防军陆军军官学校。德国统一后，陆军军官学校于1998年迁至德累斯顿。

6.日本陆上自卫队院校体系

日本作为战败国，其所有军事院校在"二战"后解散，战后新建的军事教育体系基本仿照美国军事教育模式。1952年，日本建立了保安大学，后改名为防卫大学。同年，建立保安研修所，后更名为防卫研究所。1961年成立联合参谋学院，1973年成立防卫医科大学，之后陆续组建了其他院校，初步建立了军事院校体系。

（二）冷战后各国加快陆军院校体系调整转型

20世纪90年代初，随着苏联解体、华约消亡、东欧剧变，冷战时期形成的美苏两极格局被打破，美国一超独大，与中国、俄罗斯、英国、法国、德国、日本、印度等多强并存，世界政治、军事格局发生了重大变化，新军事革命浪潮席卷全球。为积极适应这一国际发展趋势，各国加快了军事院校体系调整，通过合并、撤销、新建等方式，优化军事院校体系。

1. 美国陆军院校体系调整转型

冷战结束后，为适应即将到来的信息化时代，美国陆军先后将原有的妇女队学校、保密局专业学校、狙击手学校、军法官学校撤销。为应对国家安全环境复杂多变的形势，美国陆军推动了"整体陆军院校体系"转型，包括陆军训练与条令司令部直属的16个综合性训练基地中的33所现役部队院校和130多个营建制的预备役训练院校。其中，现役部队院校承担绝大部分的教育训练量，预备役训练院校承担约6%的教育训练量，但整个陆军专业技术教育训练量的14%是由预备役训练院校承担的。这两类院校在教育培训方面各有特色，现役部队院校培训量大、培训规范、培训扎实，而预备役训练院校分散在部队驻地，能够为陆军官兵提供及时、快捷、高效的教育训练，推进整体陆军院校体系转型，进一步协调和融合两类院校资源，在陆军人才培养上形成合力。

2. 俄罗斯陆军院校体系调整转型

1991年苏联解体时，俄罗斯联邦接管了苏联162所军事院校中的116所，其中陆军有14所军事院校。1991年，叶利钦总统颁布的第一个法令就是关于教育的。1992年俄罗斯《教育法》实施，明确了建立多层次的国家职业教育体系结构，将学士学制确定为4年、技术专业学制为5年、硕士学制为6年。1993年《军人职责和军事勤务法》《军事教育系统发展构想》实施，拉开了俄罗斯军事院校体系调整重组的序幕。由于受到国家改革大环境影响，缺少强有力的经济支撑，加之军事改革目标不切实际，实施激进式改革，虽经过3次重大调整，但俄罗斯军事改革成效未能达到预期目标。2008年10月，俄军开始进行"新面貌"军事改革，军事教育机构和科研机构大幅精简整编，陆军"以俄联邦武装力量诸兵种合成军事学院为基础，并入7所高等军事指挥学校和5所军事专科学院"，组建陆军军事教学科研中心，形成了以陆军军事教学科研中心为代表的新的院校教育体系。2012年底，绍伊古担任国防部部长后，第5次对军事院校体系进行改革。"目前，俄军共有25所院校，其中有3个军事教学科研中心、10所军事学院、1所综合性军事大学、10所高等军事学校和1所军事专科学院。"其中陆军拥有6所军事院校。

3. 英国陆军院校体系调整转型

冷战结束后，为适应军队规模小型化发展趋势，英国加快了对军事院校的裁减、合并、压缩，1997年将三军国防学院、皇家海军参谋学院、陆军指挥与参谋学院和皇家空军参谋学院4所参谋学院合并，成立了三军联合指挥参谋学院。2002年4月又将皇家国防研究院、皇家军事科学学院和三军联合指挥参谋学院等院校和训练机构合并，组建"国防大学"。目前，英国陆军军事院校共有10余所。

4. 法国陆军院校体系调整转型

法国军队于1993年对军事教育体制进行重大改革，将原有的诸军种各级培训班和陆军、海军、空军及宪兵的4所高等军事学校合并，成立了诸军种防务学院，该学院直接由三军参谋长领导。

5. 德国陆军院校体系调整转型

德国军队于2005年起对军事院校进行全面改革，撤销了联邦国防军心理防御学院，增设了联邦国防军安全政策学院和联邦国防军信息与通信学院，将信息安全纳入军队作战体系，把信息战与信息技术人才培养作为院校教育改革的首要任务。陆军院校数量缩减为12所，这些院校按照训练任务和隶属关系可分为学历教育院校、联合指挥院校、军种院校、兵种院校、专业技术院校和士官院校等。

6. 日本自卫队院校调整转型

2007年，日本将防卫厅升格为防卫省，作为日本自卫队最高军事指挥和行政领导管理机构，统管自卫队的教育训练工作。陆上自卫队参谋部设有教育训练部，统管陆上自卫队院校建设。目前，日本自卫队有院校33所，其中陆上自卫队院校15所，在体系上可以分为初、中、高三级，分别担负陆上自卫队各类人员的教育培训任务，实行岗前培训，从少尉晋升到上校，累计入学深造时间为 4~5 年。

（三）重视适应现代战争要求的高素质军事人才教育

现代战争使相关学者认识到，军事职业应该在与社会、教育、经济和政治氛围密切联系的环境中展开。军官应该接受更广泛的职业军事教育与参谋业务训练，以及防务与安全研究方面的研究生教育，这种认识促使各国陆军院校教育进一步改进完善。

1. 美国陆军军事人才教育

早在 20 世纪 30 年代，美国西点军校就获得了理学学士学位授予权。1976 年，陆军指挥与参谋学院的毕业生被授予军事艺术与科学硕士学位。美军作战指挥早在 20 世纪 70 年代已全部实现自动化，96% 的军官达到了大学文化程度。从 20 世纪 90 年代开始，美国中高级军队院校就开始了专业硕士学位和军事研究硕士学位培养。目前，几乎所有的美军中高级指挥院校都承担有研究生教育任务或开设有研究生课程班，有的还与地方联合办学或签订有"合作学位计划"，共同培养研究生。在美军现役军官中，具有硕士学位和博士学位的军官分别占总数的 40% 左右和 4% 左右，尤其是高级指挥军官，具有研究生学历的已占相当大的比重。在海湾战争中，美军的 7 名高级指挥官都具有研究生学历，因此海湾战争又被人们称为"硕士导演的战争"。

2. 俄罗斯陆军军事人才教育

1992 年，俄罗斯颁布的《教育法》规定，军事院校实行国家统一的教育标准，毕业生将得到与地方高等院校相同的毕业证书。在推进普及高等教育的基础上，俄罗斯于 2007 年出台了《高等职业教育和高等院校后职业教育法》，规定高等职业教育包含两个层次：学士、硕士或专业人员，2011 年已完成该转型。俄军旅级以上的军官和高级参谋基本都具有研究生学历。俄军还实施指技合一的通才培养：一是将高等指挥与工程技术学校合并，或把一部分工程技术学校改为指挥学校；二是大幅度增加指挥学校的专业技术课，开设军事与技术结合、军政结合、文理工交叉的课程，培养科学文化基础扎实的军事"通才"。俄军的初级军官普遍实行"两段式"教育：前 3~4 年实行国家统一教育标准，再用 1 年时间进行军事专业教育。其他各军兵种的军事学院都是指挥与技术综合院校。

3. 英国陆军军事人才教育

1953 年，英国皇家军事科学院获得了政府颁发的皇家特许证，与克兰菲尔德大学联合办学，向军队毕业学员颁授 12 个专业的理学硕士学位、国防管理硕士学位和文学硕士学位。桑赫斯特皇家军事学院正规职业军人课程结束后，学员须专修与该学院联合办学的地方大学有关课程，以取得地方大学学位。1999 年，英军开始推行军官硕士学位培养工作，目前已普及到英军各类任职教育院校。

4. 法国陆军军事人才教育

法国陆军重视对军官队伍的基础教育，新入学的青年学生普遍要接受 2 年通科学习，除了接受战士军事基础训练、军官军事基础训练内容外，还要接受工程技术基础教育，学习无线电、信息、机械原理和热力学等知识与技能，获得国民教育部所属学会认可的工程师毕业文凭。法国陆军军官学校学员在结束 3 年的学习后，可以获得学士学位。入学前已经具备学士学位的学员可以申请硕士学位，少校以上军官必须获有硕士学位。

5. 德国陆军军事人才教育

1969—1973 年，德国建立了两所联邦国防军大学，学制为 3 年零 3 个月，最长不超过 4 年。学员通过毕业考试后被授予学士学位，成绩优秀者可攻读博士学位。德国连级以上军官 100% 是大学生，少校以上军官必须获有硕士学位。

6. 日本陆上自卫队军事人才教育

日本防卫大学实施 4 年制本科学历教育，学员毕业后获得学士学位，授予军士长军衔；研究生学制为2年，学员毕业后授予硕士学位。日本培养军官的主要学校是防卫大学，只设本科和研究生，不进行大专和中专教育。

7.印度陆军军事人才教育

印度军事院校与地方院校在学位制度方面直接挂钩，军事院校培训的毕业学员由地方挂钩院校按规定授予相应的学位。如军事通信工程学院的毕业学员由尼赫鲁大学授予技术专业学位证书。印度陆军军官任职前的预提阶段，需要通过三军统一考试和二军选拔委员会的复试后，才能进入国防学院进行初级军事训练，学制为3年，学习大学课程等知识，学员毕业后授予大学文科或理工科学位。进入校级军官队伍时，要求达到硕士学位。

（四）推进联合职业军事教育快速发展

"二战"期间，美军、英军等开始探索军种联合协同作战，战后随着现代技术的快速发展，特别是一体化指挥平台建设技术的快速发展，为军种联合作战提供了平台支撑，适应联合作战人才建设需要、建立与发展联合职业教育是战后美欧国家军官职业教育的显著特征。

1.美、英、日建立了全程式联合职业军事教育模式

1924年美军建立了第一所带有联合特征的院校——陆军工业学院，1946年更名为武装部队工业学院，1981年并入美国国防大学。1945年，在陆军军事学院（成立于1903年）和海军军事学院（成立于1884年）的基础上新成立了陆海军参谋学院，教员来自陆军和海军两个军种，教学内容也更加凸显联合性，从而开启了美国真正意义上的联合职业军事教育，1946年该院改称为美国国家军事学院，1976年转属美国国防大学。1986年，美国国会通过了《戈德华特－尼科尔斯国防部改组法》，确立了联合教育在美军院校教育中的优先地位。1990年参谋长联席会议主席制定颁布了《联合专业军官教育计划》，1993年将《联合专业军官教育计划》修订为《军事教育政策文件》，作为联合职业军事教

育发展的指导性文件。1996 年参谋长联席会议主席颁布《军官职业军事教育政策》命令，实现了军种职业军事教育和联合职业军事教育的统一，明确了任命前、初级、中级、高级和将官 5 个层次的联合职业军事教育体系，使联合职业教育贯穿到军事教育的全过程。2005 年颁布的《军官职业军事教育政策》将上述 5 个层次的联合职业教育体系修改为预备级、第一阶段、第二阶段、单独阶段联合职业军事教育和将官级教育。《联合专业军事教育大纲》将 5 个层级联合职业军事教育任务分解到全军各级各类院校，规定武装部队参谋学院主要担负联合专业军事教育，各军种中、高级院校增设联合作战课程，强化联合作战教学。如陆军军事学院的教育计划中有 75% 的课程涉及联合作战和多国部队的联军作战，从而形成了从初级到高级、从基础性到专业化、从阶段式到系统性的联合军事教育体系。同样，英军也建立了全程式联合职业军事教育模式，初级联合职业军事教育由联合指挥与参谋学院的初级指挥与参谋系负责，对象为长期服役的中尉军官和上尉军官，目标是培养部分初级联合作战指挥与参谋军官，陆军业务班学制为 10 周。中级联合职业军事教育由中级指挥与参谋系负责，对象为陆、海、空军中校和少校及资深上尉军官，培训时间为 1 年。高级联合职业军事教育由高级指挥与参谋系负责，对象为各军种优秀准将和上校，时间为 3 个月。日本自卫队联合职业教育由研究所、联合参谋学校及各军种自卫队干部学校实施。联合参谋学校，一般课程教育对象为自卫队上校和中校军官，陆、海、空自卫队各 12 人左右，时间约为 10 个月。特别课程招生对象为自卫队的少将军官和上校军官，陆、海、空自卫队各 12 人左右，时间约为 2 周。陆上自卫队干部学校开设的指挥参谋课程以中校至上尉级别的军官为对象，名额为 150 名，时间为 5 天。干部高级班课程以上校或中校为对象，名额为 50 名，时间约为 18 天。

2. 其他军队建立了半程式联合职业军事教育模式

俄军坚持职业化、专业化的人才培养道路，初级和中级军官主要接受专业化培养，很少实施跨军种、跨专业培训，只有在晋升高级军官之前，才能进入总参军事学院接受跨军种培训，培育其联合作战指挥能力。法国联合职业军事教育主要通过院校教育和三军联合演习两个途径实施，并通过军官交流轮换制度使军官在工作实践中积累经验，提高联合作战指挥能力，院校教育由三军防务学院和高等国防研究院承担，联合军演由"三军部队训练参谋部"组织。德国联合职业军事教育分为联合专业技术训练和联合作战指挥军官的教育训练，并通过总参谋部军官的选拔标准，保证联合作战指挥人才的质量。

第三节　外国陆军院校教育的共性特征

经历 200 余年的发展演进，欧美国家陆军院校教育已形成较为完备的培训体系和相对高效运行的培训模式，为其军队人才队伍建设提供了强有力的支撑，综合分析研究欧美国家陆军院校教育，发现其具有鲜明的共性特征。

一、军事教育体制相对完整

欧美国家军事教育发展历史悠久，少则百余年，多则数百年，形成了比较完整、稳定的体制。一是院校门类完整齐全，分为指挥院校、专业技术院校、指挥与专业混合型院校三大类，每种类型又分若干院校，以满足陆军各兵种、各专业人才建设需求。二是坚持训用一致，欧美国家指挥院校实行初、中、高三级培训体制，与军官的任命、任职和晋升制度相匹配，各层级之间相互衔接，逐级提升。为适应时代发展步伐和知识更新速度，还在各层级之间增设短期轮训性质的院校或专业班次，作为三级培训的补充。以美国陆军院校教育为例，大致分为初级、中级、高级院校教育。初级院校教育主要对军官进行科学文化和军事专业方面的基础教育，目标是培养合格的基层军官；中级院校教育主要对即将晋升中级职务的军官进行专业培训，着重提高领导艺术和指挥、决策、协调能力，目标是培养营级主官或旅级以上司令部参谋军官；高级院校教育主要对即将晋升中校、上校等高级职务的军官进行职业培训，着重学习国家安全政策、国际关系、军事战略、战役指挥等课程，目标是培养旅级、师级主官或高级司令部参谋。经过初、中、高三级培训的军官，基本具备职业军官所需的各种素质，能够担负起重大责任。

日本亦是如此，"一个从（日本）防卫大学毕业，又在（日本）自卫队服役20多年的干部，至少有三分之一的时间在校进行培养深造。"

二、适应国家军事战略需求

国家军事战略需求是军队院校教育发展变化的基本遵循。综观美欧国家军队院校教育发展规律：一是国家军事战略需求离不开科学技术的支撑，科学技术的快速发展促进国家军事战略需求发展变化，必然对军队院校教育产生影响，总是有一批新的军事专业院校建立，也必然有一批不合时宜的军事专业院校被淘汰。二是国家军事战略需求变化必然影响军事力量规模的变化，对军事人才队伍发展需求也会产生变化，国家军事战略需求增大，军队院校教育规模也随之扩张；反之，军队院校教育发展必然受到限制，裁撤军事院校、压缩培训规模势在必行。三是国家军事战略需求与战争有着直接的联系，对军队院校教育也会产生影响，因战场对军事人才的迫切需求而影响军事教育发展，战后必将迎来军队院校教育的黄金发展期。四是国家军事战略需求指导着军队院校建设，使军队院校建设与部队编制、规模、任务相适应。同时需要军队院校不断挖掘内部潜力，以适应时代发展对军事人才知识、能力、素质的需求。特别是信息技术快速发展的时代，对军事人才要求全过程培训，在三级院校体制之外，需要增设进修层次，建立专门的进修型院校，开展远程教育方式，以满足军队人才全过程学习需求。如俄军持续不断的军事教育体系包括各层次的教育机构网络，每个军人都应在这些教育机构中依次学习，适应服役期间变化的条件，掌握新的武器和军事技术装备，获得其他必要的知识。美军依托军队院校建立了远程教育部，开设网络教育模式，以满足作战部队人员的全过程学习需求。

三、十分重视军事基础教育

扎实的科学基础知识能为军事人才的未来发展提供足够的发展潜力，对基础教育重视与否，既关系到未来军官能否很好地在军队履行职责，也关系到军官将来步入社会后能否适应社会发展的需要。因此，各国陆军初级指挥院校均以学习基础科学文化知识为主。美国陆军初级院校学员在校学习的 4 年中，要完成 43 门科学文化课程，占全部学分课程的 75%，军事课和体育课仅占全部学分课程的 25%。英国陆军初级院校强调学员的文化水平，重视基础知识的学习，教学内容大多以文化基础知识为主，相当一部分课程与地方普通大学相通甚至相同。法国陆军初级院校除讲授军事基本知识和领导管理知识外，还强调文化课的学习、心理素质的培养、道德品质的教育、各种能力的锻炼等。俄罗斯颁布新的《教育法》和高等教育标准后，为接轨国家高等教育，俄陆军于 1994 年将各高等军事学校学制延长至 5 年，军事学院生长军官班的一些专业学制为 6 年。在教学过程中，重视学员的基础教育，普通科学文化、基本军事理论课程占很大比重，其中普通科学文化课程占到教学课程的 70%。新军事教育体制确立后，高等合成指挥学校学制恢复到 4 年，教学内容也做适度调整，但重视基础教育的做法不变。各军事学院为全面提高学员的基本素质，普遍开设哲学、政治学、社会学、经济学，以及数学、物理、外语等文化课程，学制也比美军长。

四、注重学员实际能力培养

外国陆军高度重视军事院校建设，注重通过教学内容、教学方式方面的改革提高育人质量，培养军人实际能力。

一是教学内容瞄准未来战争。为适应国际战略形势、国家安全战略、军事战略、军事技术、军队建设重点、未来作战样式的变化，外国陆军院校及时调整课程结构及教学内容，不断完善和更新军官的知识体系。如美军为提高军官联合作战指挥能力，在各军种的中、高级院校增设了联合作战与联军作战的课程，培养联合事务军官。俄军为提高军官信息化联合作战指挥能力，不仅在中高级军事学院开设了信息化联合作战讲座，还创立了信息作战学学科，修订了教学大纲，使教学内容更贴近未来战争。

二是教学方式灵活多样。培养学员独立分析、研究与创造性解决问题的能力，是培养高素质人才的关键。外国陆军院校非常推崇小班授课，普遍采用问题式、启发式教学，牵引拉动学员的求知欲望，最大限度地激发学员的主动创新意识。如美国陆军院校通常每班编为10~15人，印度陆军院校通常每班编为5~7人，教官主要采用问题式、启发式教学，以培养学员独立思考和分析、研究和创造性解决问题的能力。

三是实施开放办学。外国陆军院校普遍采用"请进来""走出去"的培养模式，即请地方院校的专家和权威学者来校讲课；请外军教官来校授课和进行学术交流；招收外国军事留学生；派遣军官和学员出国考察、访问、讲学或参加学术会议，进行学术交流等。美国陆军各级院校都把开放办学作为既定的办学方针，其"请进来"的主要做法有：经常邀请地方院校或政府机构有关专家来院校讲课，讲授相关学科的最新发展和研究成果；邀请外军教官来校授课，学习借鉴外国军事理论和相关知识；军队资源向社会开放，让民众到军校游览，使其了解并支援军队。同时，请政府官员参加军校举办的研究班，增强其国防意识，并在决策时自觉考虑军事需求；招收部分外国军事留学生，加强与外军的学术交流。其"走出去"的主要做法有：军校学员定期或不定期到有关部队实习、代职或参观见学；选派军官到其他军种相应级别院校学习；选派军官到地方院校攻读高级学位；派遣军官或学员到外国军校深造；派遣教官和学员出国考察、访问、讲学，进行学术交流。通过这些方式，美军院校可以及时跟踪和掌握相关学科的新发展、新动向，提高教学和科研水平。

五、依托国民教育体系培养

利用地方院校为部队培养军事人才，既可以提高培训质量，又可以最大限度地实现资源共享，集中人力、物力、财力，在节约资源的前提下，建设一批具有特色的军事院校。因此，"联合化"办校成为各国军校教育改革与发展的共同选择。如美国基本上就是军、地相通的军校教育体制，美军军官的本科教育和研究生教育绝大多数通过设在地方院校的后备军官训练团完成，或是被派到地方院校攻读硕士、博士学位，依靠地方院校完成学历教育。美军曾在地方大学设有531个后备军官训练团，注册在训学员达11万余人，毕业后直接授予军官军衔，其中三分之二被分配到现役部队。英国的桑赫斯特皇家军事学院设有大学毕业生标准军事班，从地方招收大学毕业生，经过28周的培训，授予中尉军衔。印军威灵顿国防参谋学院的学员毕业时由马德拉斯大学授予学位，既保持了军事院校与地方教育机构的关系，又为军官退役后到地方谋职创造了条件。

六、重视受训人员的思想教育

虽然出于意识形态和自身利益的需要，部分国家一直鼓吹"军队非党化、非政治化"的观点，却十分重视对军官加强以爱国主义、价值观和传统教育为重要内容的思想教育，注重培养军官忠于宪法、忠于国家、忠于民族、捍卫民主自由的价值观念。美国西点军校的办学宗旨："教育、训练和激励全体学员，使其在毕业时能够成为品学兼优、忠诚于'责任、荣誉与国家'的陆军军官，在美国陆军军官的职业生涯中不断取得专业进步，并对国家做出终身的无私奉献。"在美军院校、部队随处可见战争遗迹、名人纪念碑和雕塑、战利品、指挥官照片、战例文书说明和图片等，许多军校内的建筑物和道路还以杰出毕业生的名字命名，让学员潜移默化地受到教育，增强责任意识，凝聚军魂。

第四节　研究外国陆军院校教育的意义

外国陆军院校有着悠久的历史，在漫长的发展演进过程中，积累了许多成功的办学育人经验，培养了一批批叱咤风云的杰出人物。他山之石，可以攻玉。研究外国陆军院校教育的成功经验和失败教训，有助于积极探索符合中国军队特色的陆军院校教育成功之路，切实提高陆军人才培养质量。

一、有利于准确定位陆军院校教育的现状

研究外国陆军院校教育，可以在学习和借鉴其有益经验和做法的基础上，有选择地为我所用。为了达成这个目的，就必须清晰定位当前陆军院校的教育状况，清醒认识自身的差距和不足，明确向外国陆军院校学习什么、如何学习。在此基础上，准确定位各级各类陆军院校的培训任务、院校性质、学科专业、规模水平、特色优势等要素，深入研究和探索提升我国陆军院校教育质量的方法路径，科学统筹我国陆军院校教育资源，切实提高办学水平和人才培养质量。

二、有利于科学把握陆军院校教育的发展趋势

军事院校是军队建设状况和整体实力的缩影，对军队建设和发展具有基础性、全局性、先导性的重要作用。一方面，军事院校是军事人才成长的摇篮和人才队伍建设的蓄水池，直接影响军队建设质量和未来战争成败。没有高质量的院校教育，军队建设就缺乏强有力的人才保障和智力支持。另一方面，军队建设所需要的高素质军事人才主要由军事院校培养，军事院校因军队的存在而存在，随军队的发展而变化，始终与军队建设和战争发展息息相关。军队需要什么样的人才，军事院校就培养什么样的人才；军队需要什么样的能力，军事院校就培塑和打造什么样的能力。从这个意义上说，军事院校始终为军队建

设和现代战争服务。但是，军队需要和院校培养这两个过程并非齐头并进，而是存在一个时间差。院校培养人才需要经历一个较长的时期，总是滞后于军队建设发展需要。因此，研究外国陆军院校教育内容、方法和手段，跟踪和掌握外国陆军的作战思想、作战理论、武器装备、编制体制等方面的发展趋势，有利于厘清我国陆军建设和现代战争对军事人才培养的内在需求，明确陆军院校发展趋势，做到预先或超前培养人才，全面推进我国陆军院校建设和发展。

三、有利于深入探究陆军院校教育的特点和规律

作为一项军事实践活动，军事教育同其他事物一样具有自身的特点和规律，这些特点和规律有具体的、也有抽象的，有现象的、也有本质的，有普遍的、也有特殊的，它们都是客观存在的，不以人的意志为转移。对于陆军院校教育而言，无论是外军还是我军，陆军院校教育内在的、本质的东西是相近或相似的。外国陆军院校，特别是发达国家陆军院校有着数百年的发展历史和丰富的战争实践经验，在陆军院校教育的特点和规律方面已经形成了很多成熟的、特色鲜明的理论，摸索总结出许多成功的经验，可以为我国陆军院校教育研究提供有用的参照，有助于推动我国陆军院校持续深化理论研究，在院校教育的决策和实践中自觉地按客观规律办事，使主观指导符合客观实际，减少盲目性，提高科学性，增强自觉性，发挥创造性。

四、有利于快速提升陆军院校的教育质量

纵观外国陆军军队建设发展历史，所有发达国家的军队建设无一不是从学习借鉴他国军队建设经验的基础上发展完善的，军队院校教育也不例外。学习和借鉴外国陆军院校教育的有益经验，历来是中国军队的光荣传统。中华人民共和国成立之初，基于建设需求，我军曾向苏联和东欧一些国家派遣了大批军事留学人员，培养了一批中高级指

挥军官和专业技术人才，这些人才后来在我军建设中发挥了重要作用。
2000—2005 年，我军有 40 多所院校的 60 多个团组，160 多名院（部）
领导、200 多名专家教授和数 10 名学员先后到外国院校参观、访问和
见习。新时代，世界军事领域发展波澜起伏、变化神速，陆军使命任
务和发展战略均面临巨大挑战，陆军军事院校同样要面对挑战。如何
抓住机遇、应对挑战，是军事教育必须研究和面对的重大而紧迫的现
实问题。为此，必须有效借鉴外国陆军院校办学治校的先进经验，认
真消化吸收其精髓，提升我国陆军院校的教育质量，为实现我国陆军
建设和发展提供充足的人才支持。

第二章　外国陆军院校教育体制

军队院校教育体制是军队院校教育事业有关组织机构、功能职责和运行方式的总称。[1]这一界定表明，军队院校教育体制是组织机构、制度体系和运行机制三方面的高度概括和综合。由于国情、军情不同，不同国家的陆军有着不同的院校教育体制。系统梳理并深入研究不同国家的陆军院校教育体制，对丰富和完善我国军事教育理论体系、推动中国陆军院校教育发展具有重要的参考价值。

第一节　美国陆军院校教育体制

美国陆军院校教育体制从属于军队领导管理体制，根据美国国家安全战略、军事战略的变化和陆军建设需要适时调整和改革，历经200余年的发展，美国陆军已逐步形成了一套成熟完善的院校教育体制。

---

[1]　张宝书. 军队院校教育学 [M]. 北京：军事科学出版社，2006：180.

一、领导体系

领导体系是院校教育体制的重要组成部分，通常包括领导的机构设置、职能划分和相互关系等，对于确保院校教育方向、促进院校教育有序运行、提高院校教育质量和效益具有重要作用。

美国军事院校由国防部统一领导，由国防部负责人事与战备的副部长主管，负责审查军事人员教育训练大纲和军事单位集体训练大纲的总政策、总规划，规定各军种的训练量和分配训练经费。国防部不设全军统一的教育行政领导机构，而是根据院校类型和培训任务，由国防部和各军种有关部门分别负责、分级管理，各管理层级均拥有较大的自主权。

美国陆军内部设有健全的教育训练部门，这是一个层次分明、上下协作、各司其职、有机统一的管理体系。陆军训练与条令司令部对陆军院校实施领导，部分重点院校由陆军首长直接领导，如西点军校、陆军军事学院由陆军参谋长直接领导。

（一）国防部

在顶层设计上，美国武装力量实行"军政""军令"相对分开的组织领导体制。《美国法典》规定："行政控制属国防部的权力"。因此，全军院校教育由国防部部长全权负责，由主管人事与战备的副部长具体分管，主要通过国防部教育局、人力资源局、给养局、教育和职业发展长官办公室等机构管理全军军事院校，主管人事与战备的副部长承担为院校争取国会拨款、选调人员等教育职责。

美国陆军院校的组织领导同样从属于"军政"体制，实行国防部和军种两级领导管理，属于典型的分权型管理体制。也就是说，由美国国防部统一领导，参谋长联席会议在联合参谋部的协助下全面指导，陆军部及相关司令部具体领导与指导。

（二）陆军部

美国陆军部在美国国防部统一领导下，负责美国陆军院校的组织管理，主要通过明确其下属司令部的具体职责，逐级分工负责，管理陆军院校教育。陆军部在院校教育方面的职责主要包括：制定院校教育战略、制定院校教育条例、制定院校教育政策、提供院校教育资源等四项内容。

美国陆军部的组织结构主要包括陆军部长办公厅和陆军参谋部两大部分（图2-1）。

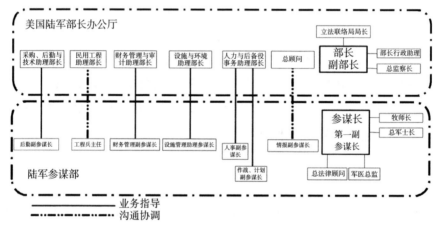

图 2-1　美国陆军部的组织结构

美国陆军部长办公厅主要由陆军部部长、副部长、助理部长等人员组成，均为文职人员。其中，陆军部部长是陆军的最高行政首长，由美国总统任命，并经参议院批准，对陆军院校教育负总责。陆军部长办公厅中，由负责人力与后备役事务助理部长分管院校教育，采购、后勤与技术助理部长参与院校管理，具体负责管理军官教育系统、士官教育系统的培训员额及确认。

美国陆军参谋部主要由参谋长、第一副参谋长、副参谋长、助理参谋长等人员组成，主要为现役军人。其中，陆军参谋长是美国陆军的最高军事首长，同时也是参谋长联席会议的法定成员，直接领导陆军参谋部，但没有作战指挥权。陆军参谋部对其院校的领导管理有着明确的职责划分，主要由负责人事的副参谋长负责院校管理工作，其职责包括为陆军院校及其预备学校的课程设置提供政策指导、确定美国陆军的军事职业专业分类、牵头负责陆军分布式学习计划、管理候补军官学校等内容。

（三）司令部

美国陆军部下设四个一级司令部，分别为部队司令部、训练与条令司令部、器材司令部、未来司令部。其中，训练与条令司令部是领导管理美国陆军院校的主责机构，其下设的学员司令部、联合兵种中心是陆军院校教育的主要管理机构。依据陆军条例《AR10‐8陆军司令部，陆军军种组成司令部和直属单位》，训练与条令司令部的职责主要包括：制定条令与训练出版物、制定训练与考核标准、管理单兵训练和军事教育计划、负责假想敌的建设、负责管理陆军大学等。

2015年3月，美国陆军将除了西点军校之外的所有陆军院校、训练机构合并成立陆军大学，陆军训练与条令司令部司令兼任陆军大学校长。陆军大学并不是传统意义上的大学，它是美国陆军训练机构的联合体，实现了对现役、预备役和国民警卫队的院校及相关训练机构的整合和重组，并与地方院校及相关企业建立了协调共建关系。美国陆军希望以此合理配置资源，全面统一教学内容和课程标准，从而提升教育质量。

陆军大学建立之初，美国陆军明确其主要任务：为陆军培养头脑灵活、适应能力强、具备批判与创新思维的陆军各类人员。以往，美国陆军并不鼓励军人开展学术研究，只有参加指挥与参谋学院、军事学院培训的军官及少量院校教员开展一定的学术研究。在陆军大学的建立过程中，美国陆军转变了长久以来对学术研究的认知，他们在各种规划方案文件中反复引用修昔底德的名言："如果一个国家总是坚持在战斗员与思想家之间画上一条粗实的分界线，那么他的战争将由懦夫式的指挥官指挥傻瓜一样的战斗员来完成。"此后，美国陆军开始大力提倡军人开展学术研究，试图增强军队院校的学术性。为了理顺陆军院校教育学术性与实用性的关系，美国陆军采取的措施包括建立陆军出版社、鼓励院校教员参与各种学术论坛；加强对部队教官的管理，将其轮换期定为 3 年，由统一委员会遴选；鼓励学员开展与作战部队紧密关联的研究，加强与作战部队之间的沟通反馈等多种措施。学术性的增强，有益于增强教员、学员的思辨能力及创新能力，有助于打赢未来复杂安全环境下的战争。

美国陆军部队司令部的职责：训练与考核本土现役陆军和预备役部队；管理国家训练中心与联合战备中心，提供假想敌部队，安排训练计划，为其配备观察员和控制员；为陆军院校训练提供装备支持；管理陆军兵种士官学校；协调陆军部队的联合、跨机构、跨政府和多国训练计划。器材司令部的职责：组织、协调完成新装备训练；负责组织后勤系统训练；协助研发生产单兵和集体训练设备。未来司令部的职责：领导新装备训练、提供训练技术支持、支撑新作战概念开发等。这三个一级司令部负责对陆军院校主要相关业务领域的领导管理工作。

二、组织机构

美国陆军根据人才培训体制及训练任务，划分和设置培训机构，规划建设院校，院校设置一般遵循五项基本原则。

一是任命前院校集约化。美国陆军新任命军官来源于陆军后备军官训练团、西点军校、候补军官学校和直接任命四个渠道。其中，直接任命的军官数量较少，集中在医生、法官和牧师等特殊兵种领域。美国陆军任命前院校有西点军校和候补军官学校，辅以后备军官训练团。学员一旦毕业，即被任命为少尉军官，任命前教育不分兵种，毕业后选择进入不同的兵种院校学习具体的专业技能。

二是任命后初级兵种（专业）培训主要依托兵种初级院校与训练基地。美国陆军按照专业化要求，同一兵种军官、士官、士兵同校（训练基地）培训。美国陆军兵种共有 17 个，主要包括步兵、野战炮兵、装甲兵、航空兵、工程兵、化学兵、通信兵、防空炮兵、军医队、军事情报人员、军事警察、军械兵、运输兵、军需兵、人事行政参谋、医务兵、财务人员等，每一兵种都设立了相应的初级院校。

三是中级指挥与参谋培训主要依托陆军指挥与参谋学院，按照兵种联合作战要求，本军种相同军衔的各兵种指挥和参谋军官实行同班培训。

四是陆军军事学院主要培训高级军官，按照陆军和联合作战要求实施高级人才培养。

五是将官级军官依托国防大学培养，按照联合作战要求，陆军将官与其他军种的高级指挥参谋军官和地方政府相应级别的官员，在国防大学接受同班培训。

根据《美国军人手册》统计，美军现有军事院校（中心）113 所，其中陆军 28 所，占总数的 24.8%。

（一）陆军军事院校数量与构成

美国陆军按照高等教育和职业教育两类不同教育属性及标准分类设置其军事院校，通常分为任命前院校，以及任命后初、中、高三级军官院校（表 2-1）。

表 2-1　美国陆军主要军事院校

类型	层次	院校名称
任命前		陆军军官学校（西点军校）、陆军候补军官学校、陆军后备军官训练团
任命后	高级	陆军军事学院
	中级	陆军指挥与参谋学院
	初级	陆军后勤管理学院、陆军步兵学校、陆军野战炮兵中心学校、陆军装甲兵中心学校、防空炮兵学校、陆军航空兵中心学校、陆军肯尼迪特种作战中心学校、陆军情报中心学校等

西点军校是美国培养陆军生长军官的学校，是世界著名军校之一。建校 200 余年来，西点军校为美国培养了许多著名的军事人才，其中有 3700 多人成为将军，4 人成为五星上将，被誉为"美国陆军将帅的摇篮""将星升起的地方"。

陆军候补军官学校是美国陆军培养候补军官的学校，其任务是根据陆军军官编制的实际需要培养少尉军官，招生对象是具有大学毕业文化程度的优秀士兵、军士和准尉，以及经过挑选的地方大学毕业生。

陆军后备军官训练团是美国陆军借用地方院校培养现役和后备役军官的重要场所，其主要任务是使青年学生在完成学业的同时，接受必要的军事训练，达到少尉军官的任命要求。美国陆军在训练与条令司令部中设有学员司令部，下辖 4 个地区分部，分管陆军设置在地方院校中的 265 个后备军官训练团的训练工作。

陆军指挥与参谋学院是美国培训陆军中、高级指挥与参谋军官的学院，陆军赋予其如下任务：通过学习和研究各级合成军队的作战理论与原则，培养营长、旅长和师级以上中、高级司令部机关的参谋军官，造就战时的陆军领导人才。[1]

（二）陆军准尉院校数量与构成

目前，美国针对陆军准尉的院校只有一所，即准尉职业学院。还有部分培训任务由兵种院校承担，如在防空炮兵学校设置准尉基础课程。

（三）陆军士官院校数量与构成

美国陆军培养陆军士官的院校和机构主要包括三类。一是陆军军官院校，在培养陆军军官的同时，对陆军士官进行培养。例如，美国陆军步兵学校开设有陆军军士培训班，培训时间从 2 周到 1 年不等。二是专职陆军士官院校，专职培训陆军特定层次、专业的士官。例如，

---

[1] 姜廷玉. 外军名校与名将 [M]. 北京：中国人民解放军出版社，2007：340.

美国陆军军士长学校，以陆军一级、二级军士长培训为主，主要有住读班和函授班两种培训班：住读班，培训时间为 22 周，每年招收 2 期；函授班，培训时间约为 2 年，每年招收 1 期。三是直属士官培训机构，主要由兵种司令部或陆军部队直属。例如，第七集团军军士学校，每年招收 10 期，主要学习初级军士发展课程，以野外演习和体能训练为重点，与部队作战训练需要结合得比较紧密（表 2-2）。

表 2-2　美国陆军士官院校

类别	学校名称	管理部门
军种士官学校	陆军军士长学院 组训士官学校	陆军训练与条令司令部
兵种士官学校	第 25 情报士官学校 阿伯丁试验场士官学校 本宁堡士官学校 布利斯堡士官学校 迪克斯堡士官学校 尤斯蒂斯堡士官学校 戈登堡士官学校 胡德堡士官学校 瓦卡丘堡士官学校 杰克逊堡士官学校 诺克斯堡士官学校 李堡士官学校 伍德堡士官学校 路易斯堡士官学校 麦考伊堡士官学校 米德堡士官学校 洛克堡士官学校 休斯敦士官学校 西尔堡士官学校 斯图尔特士官学校 红石兵工厂士官学校 阿拉斯加士官学校	部队司令部
驻外学校	第七集团军士官学校（德国） 第八集团军士官学校（韩国）	

三、运行机制

院校教育体制功能的实现必须依靠其运行机制的有效发挥。美国陆军院校教育通过国防部、陆军部、陆军训练与条令司令部、部队司令部等院校纵向层次管理体制的相互衔接，院校内部教学、军事训练、学员管理、校际合作、与部队和地方高等教育认证机构交流协作等运行机制的有效发挥，得以有序运转。

（一）教学运行机制

美国陆军院校教学由各院校长统管，依据下发的教学大纲，各教学系负责计划与具体的组织实施。即教学主管部门负责制定、报批、下发教育计划与大纲，调整和确定教学任务，组织与监督教学，组织学术活动，计划教学资源和经费的使用等。各教学系负责组织领导教学活动，规定教学任务，组织学术活动，管理教员队伍，并就教学问题提出建议。

（二）训练运行机制

军官任命前教育主要关注军事训练的系统性和常态化。以西点军校为例，军事训练在每年的暑期进行，由学员旅各级战术军官与军事教育系共同组织、具体实施。学员基础训练，即"兽营"训练，在学员入学注册后开始；第二学年夏季在西点巴克纳营地实施学员野外训练；第三学年夏季实施学员队领导者训练，学员在基础训练和野外训练中担任学员旅的军士，在 8 个训练中心参加军事技能训练；第四学年夏季实施部队领导者训练，安排学员担任低年级学员队的各级指挥官，以锻炼组织领导能力。

（三）校际合作运行机制

多维的教育经历有利于帮助军官形成全面的、持续发展的职业能力。陆军院校通过提供国内外、军内外、军地教育经历，通过为军官积累跨领域知识经验来促进职业发展，培养战略领导能力，提高在不确定、复杂的环境下作战的能力。校际合作主要体现在以下四个方面：

一是军种院校间合作。美国陆军指挥与参谋学院不仅仅是一所"陆军"院校，学院针对联合作战要求，提供相关的、高质量的联合军事教育，与海军陆战队、空军、海军相关院校建立校际合作关系，增添其他军种课程。在校内设海军陆战队代表处、空军代表处和海军代表处，均由独立的海军陆战队、空军、海军办公室负责组织实施，任务是为学员提供本军种的条令、组织、任务；在战略、战役和战术级别中运用军种力量的原则等相关内容；负责管理本军种参加陆军指挥与参谋学院学习的学员；担任陆军指挥与参谋学院与其他军种相关院校的桥梁与纽带。陆军军士长也可被选送至海军陆战队、空军、海军高级士官学校，以达到熟悉其他军种和丰富经验的目的，为完成联合任务服务。

二是与外军院校的合作与交流。美国陆军部专门设有其他国家院校计划项目，作为陆军安全合作项目，选送参加陆军指挥与参谋学院和陆军军事学院学习的军官到相当于这两所院校层次水平的外军院校学习，加强与外军的联系。美国陆军指挥与参谋学院和陆军军事学院重视职业军事教育的国际合作与交流，每年都会与多个国际知名军事院校或学术机构互派学员和教员，其中包括巴西、德国、法国和澳大利亚等国的军事院校，交流力度最大的是英国中级指挥参谋学院。北大西洋公约组织参谋军官课程也为美国陆军军官提供联合教育课程，此课程也成为陆军军官被选派至北大西洋公约组织任职参谋的必备条件之一。2015年度，美国陆军军事学院参加住校学习计划的外军学员有79人，2年制远程教育计划的外军学员有10人。

三是与地方高等院校和机构的合作与交流。美国陆军指挥与参谋学院和地方高等学校联合推出"学者计划"，该计划为学员提供专业研究课题，通过一系列研究活动培养和锻炼学员的创新思维能力。课题包括地区战争动态研讨、战争艺术研讨等，其中最具代表性的课题是"后勤勇士"。该课题与堪萨斯大学联合设立，对学员长期开放，研究者最终可以获得该大学管理专业的商学硕士学位。"学者计划"使学员能够在多视角视域下思考问题，有助于其在作战行动中做出正确决策。

四是与部队协作、协调机制。承担任命前培训任务的西点军校、后备军官训练团、候补军官学校的军事训练均与部队建立了相应的培训机制。西点军校的夏季训练，开设赴海军陆战队、空军、海军或陆军兵种部队、训练基地的实习项目，学习空降、机降、坦克驾驶、防空、反恐等技能。兵种院校及士官学校设在相应的训练基地和部队内。驻扎在训练基地和中心的部队与院校的交流合作更为顺畅，兵种专业教学更具针对性。

四、法 规 制 度

美军高度重视院校法规建设，将其视为确保院校工作有序开展、提升教育质效的重要保证。经过长期建设，美国陆军院校构建了健全完善的法规体系，既体现了其军事制度的鲜明特性，也从不同侧面反映出训练法规建设的普遍规律。根据签发等级，美国陆军院校教育法规区分为国会、总统、国防部、参谋长联席会议和军种五个层次。

（一）美国《宪法》和国会制定的法律条款

美国《宪法》和国会制定、发布的有关法律中涉及的军事训练条款，在陆军院校法规体系中处于最高层次，主要规定了参谋长联席会议主席、联合司令部司令，以及各军种部部长在领导与管理陆军院校方面的权利和义务。《美国法典》所收纳的《教育法卷》《国防法卷》和《军事法卷》，从教育、国防、军事等领域精细规范了各类军事院校的职责与任务，如领导管理职责，军事院校的资金拨款、招生人数，学员的入学条件、待遇和毕业分配等。

（二）总统颁布的行政命令

《美国法典》第 10 卷第 3 章第 121 条规定："总统可以依照本法典制定法规，以发挥其职能，行使其权力、履行其职责。"因此，美国总统作为武装部队的总司令，可以通过颁布行政命令的方式指导陆军院校建设，但通常不涉及陆军院校建设与管理的具体问题，只涉及与其相关的政策性问题。综观美国陆军院校发展进程，总统下达有关陆军院校的行政命令，通常具有重要的指导与制约作用，美国陆军院校则会根据总统下达的行政命令、指示对法规制度进行相应的调整和完善。

（三）国防部制定的法规

国防部制定的法规主要指国防部指令。国防部指令由国防部部长或以国防部部长名义发布，是国防部部长对陆军院校实施指导和协调的重要手段。国防部指令和总统下达的行政命令一样，对美国陆军院校的管理与建设具有重要的指导和制约作用。根据授权，国防部部长可在职权范围内制定和签发军事法规，包括指示、指令和手册，但仅限于在武装部队内部施行。国防部指示由国防部部长或常务副部长签发，主要用于制定政策、授予权限或分配职责，是指导美国陆军院校建设与管理的重要法规。国防部指令由国防部内设机构领导人发布，主要用于向分管领域下级解析相关政策并授权，或明确执行国防部指示的工作程序，是国防部领导、控制与协调各军种部，以及国防部各部门履行职责的基本手段和重要依据。如第 1215.08 号指令《高级军官后备团计划》，对各军种院校建设、军官训练团运行，以及相关的军事训练和奖学金等问题进行了详细阐述。国防部指令一般不超过 50 页。国防部手册由国防部内设机构领导人发布，主要用于详细阐述国防部指示或指令的执行程序，以确保其中的政策能够得到有效落实。

为便于管理与查阅，美国国防部根据不同主题将这些法规区分为八大系列（图2-2），每1000号代表一个系列。其中，1000为人力与人事系列，2000为国际事务系列，3000为计划与行动、指挥控制、研发和情报系列，4000为后勤、自然资源和环境系列，5000为采购与行政管理、组织章程、安全、公共及立法事务系列，6000为卫生健康系列，7000为预算、财政、审计及信息控制系列，8000为信息管理与信息技术系列。在上述八大系列法规中，还可根据需要向下进一步细分。关于美国陆军院校领导管理、教学管理、招生培养、教学保障等方面的法规分布在相关法规体系当中。

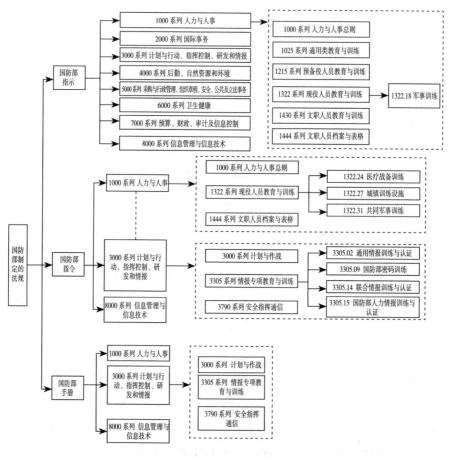

图 2-2 美国国防部法规体系

（四）参谋长联席会议制定的法规

1986 年，美国发布《戈德华特－尼科尔斯国防部改组法》，首次赋予美国参谋长联席会议（简称参联会）主席实施联合训练的权力。随后，这项权力被纳入《美国法典》。《美国法典》第 10 卷《武装力量：附则》第 5 章"参谋长联席会议"第 153 条规定：参联会主席在总统和国防部部长的指挥、指导与控制下，负责为武装部队的联合运用制定条令，为武装部队的联合训练制定方针政策，为协调武装部队成员的军事教育与训练制定方针政策。1987 年 9 月 25 日颁布的国防部指令 5100.1 号第 4 节《国防部及其主要单位职责》规定：参联会主席负责监督联合司令部的各项活动，负责为武装部队的军事教育与训练制定方针政策。这些法律规定和授权，明确了参联会的立法权限，这种权限一般只限于军事教育与训练法规性文件的制定方面。

（五）陆军部颁布的条例、条令

美国陆军部颁布的有关军事院校的条例、条令在美军的法规体系中占有一定的比重，主要指导与规范陆军院校建设与管理相关的各种文件和出版物。根据授权，美军陆军部部长可在职权范围内制定本军种内部实施的军事规章，以建设类规章和作战类规章为主，主要包括条例和条令两大类。

1. 条例

条例是美国陆军部为贯彻执行国会通过的法律、总统行政命令和国防部部长指令而制定的细则规定，以陆军部部长的名义颁布，主要陈述有关本军种的规定、政策、程序、职责、组织体系及类似事项。条例具有永久性，被称为"部门行政法规"。陆军条例自成体系，由若干个分支系列组成，每个系列负责阐述某一方面的规定。依据不同专题，美国陆军条例区分为 113 个分支系列，每个系列阐述某一方面的规定，内容详细具体。

美国陆军条例体系由与该条例主题相关的一系列条例组成，其中的 150 号为"美国军事学院"条例体系、351 号为"学校"条例体系、621

号为"教育"条例体系，对美国陆军院校具有重要的规范和指导作用。

2. 条令

条令是美国陆军部阐述陆军在未来战争中的使命和作战理论，规范各部队在战争中的作战行动的指令。在美军，"条令"本身不是法律用语，属于军语范畴，其效力与"条例"相等。美国陆军特别强调，"条令构成了军事教育与训练的基础"。需要注意的是，美国陆军强调的是条令，而不仅仅是训练条令，其涵盖美国陆军建设的多个方面，规范美国陆军院校的相关条令也在其中。美国现行的陆军条令是由"2019条令战略"确定的（表2-3）。

表2-3　美国"2019条令战略"层次

层级	名称	主要内容	数量	每部页数
第一级	陆军条令出版物	基本原则	15	10页左右
第二级	陆军条令参考出版物	基本原则的详细阐释	15	100页以内
第三级	野战手册	战术和程序	50	约200页
第四级	陆军技术出版物	履行使命、职能的技术	无限制	无限制

第二节　俄罗斯陆军院校教育体制

为了培养军队建设和发展所需的各级各类人才，俄军在21世纪启动了多轮院校改革，调整了军事教育结构，优化了教育资源和培养层次，进一步形成了相对稳定的军队院校教育体制。

一、领导体系

俄罗斯军队院校采取集中统管的领导模式。"新面貌"军事改革期间，其领导体系发生了一系列较大的变化。2010年12月，为加强对军队院校的统管，俄军取消了军兵种司令部对其隶属院校的领导管理权，以国防部人事总局军事教育局为基础成立了军事教育司，统一领导和管理除总参军事学院和军事外交学院之外的所有军事院校。在具体实施过程中，由于军事院校的领导权过于集中，军事教育司在一定程度上制约了院校的决策，导致管理效率低下。同时，作为人才使用方的各军兵种被排除在院校教育之外，客观上导致军事人才培养与使用的分离。针对其军事教育改革举措中的问题，俄军于2013年3月进行纠偏，将院校领导管理权交还给各军兵种司令部管理。同年5月，国防部军事教育司降格为军事教育局，重新归入国防部人事总局。至此，俄罗斯形成了由国防部人事总局下设的军事教育局、各军兵种司令部和军区下设的军事教育部门，以及各军事院校领导机构共同构成的三级领导管理体制。

（一）国防部人事总局下设的军事教育局

国防部人事总局下设的军事教育局属于顶层领导机构，主要在宏观层面指导全军院校开展军事教育活动，监督国家教育政策的落实情况，制定军事教育和人才培养政策法规，并不直接领导和管理其军队院校。

军事教育局的具体职责包括：制定俄罗斯整个军事教育体系的统一方针和政策；制定军事教育的国家标准；对全军院校的教学工作实施监督和协调；提出学员训练与教育、教学和科研干部的选拔与培训意见；参与作战、训练、干部选拔，在院校主管部门的陪同下，制订干部培训计划和大纲；审批各院校上报的教学计划和教学大纲等。

（二）军事教育局的下级教育部门

俄罗斯军事院校由各军兵种管理、中央指挥机关或军区直接负责。为此，国防部人事总局的军事教育局在各军兵种司令部和军区设置其下级教育部门，对所隶属的军队院校实施直接领导和具体管理，通常由一名副职主管具体负责。如总参军事学院由总参谋部直接领导；陆军各院校由陆军总司令部直接领导；梁赞高等空降兵指挥学校归空降兵司令部直接领导。

（三）军事院校领导机构

与美国、英国、法国、德国的部分军事院校相同，在俄罗斯联邦军队院校内部通常实行两级管理体制，设教研室、教学系，由学院直接领导。因此，陆军院校内部通常设院（校）长1名和副院（校）长若干名，院（校）长负责对本院（校）实施宏观指导，副院（校）长根据分工不同分别负责教学、科研、干部、后勤等工作，并对院（校）长负责。院（校）长级别不一，同一所院（校）副职的级别也根据职责不同而有差异，有的副院（校）长还是文职。例如，陆军最高学府——俄罗斯联邦武装力量总参军事学院为军区级，院长为上将军衔，副院长和主要教研室主任相当于集团军司令职务，主要教研室副主任和其他教研室主任相当于集团军副司令职务。

二、组织机构

"新面貌"军事改革启动以来，俄军院校经过反复调整、改革和重组，截至2021年3月，俄军共有27所军队院校，包括1所总参军事学院、3所军种教学科研中心、9所军事学院、1所军事大学、12所高等军事学校和1所军事体育大学（表2-4）。总参军事学院位居俄军院校体系顶端，主要承担培养战役、战略层次指挥和参谋人员的任务。各军兵种所属教学科研中心和军事学院承担中级军官的各类培训、复训和进修任务，还包括一定规模的学历教育。各类高等军事学校承担学历教育任务，主要培养生长军官和准尉，同时也承担一定规模的军官任职培训。除此之外，更大范围内的俄军院校体系中还包括独具特色的少年军校，学制为7年，招收5年级小学毕业生，属于大学前教育，是俄军前置人才培养的重要举措。

表 2-4　俄罗斯军队院校体系构成

院校类型	院校名						
高级院校	俄罗斯联邦武装力量总参军事学院						
中级院校	俄联邦武装力量合成军事学院暨陆军军事教学科研中心	海军学院暨海军军事教学科研中心	空军学院暨空军军事教学科研中心	物资技术保障军事学院（圣彼得堡）	战略火箭兵军事学院（莫斯科）	军事医学院（圣彼得堡）	军事航天学院（圣彼得堡）
	军事通信学院（圣彼得堡）	米哈伊洛夫斯基炮兵军事学院（圣彼得堡）	三防兵军事学院（科斯特罗马）	俄联邦武装力量队属防空军事学院（斯摩棱斯科）	空天防御军事学院（特维尔）	国防部军事大学（莫斯科）	—
初级院校	太平洋高等海军学校（弗拉迪沃斯托克）	梁赞高等空降兵指挥学校	雅罗斯拉夫尔高等地空导弹兵学校	黑海高等海军学校	秋明高等军事工程指挥学校	切列波韦茨高等无线电电子工程军事学校	克拉斯诺达尔高等军事学校
	喀山高等坦克指挥学校	新西伯利亚高等军事指挥学校	克拉斯诺达尔高等军事航空学校	莫斯科高等军事指挥学校	远东高等合成军事指挥学校	军事体育大学	—

俄罗斯的 27 所军队院校中，隶属于陆军的院校主要有 5 种基本类型。

（一）陆军军事教学科研中心

俄罗斯的军事教学科研中心形成于"新面貌"军事改革期间，属于跨兵种多专业的高等军事职业教育机构，目前共有 3 所，海、陆、空三个军种各有 1 所。每个军事教学科研中心都是以本军种的一所主要院校为基础，下设多个分校和科研分支机构，既培养军种指挥员，也培养技术人才。陆军军事教学科研中心以俄联邦武装力量诸兵种合成军事学院为基础组建，组建初期共有 11 所分院。2013 年之后，俄军逐步将其中部分院校独立，或转隶其他军种。例如，位于布拉戈维申斯克的远东高等合成军事指挥学校和新西伯利亚高等军事指挥学校于 2015 年独立。目前，陆军军事教学科研中心主要包括俄联邦武装力量诸兵种合成军事学院、喀山高等坦克指挥学校和莫斯科高等军事指挥学校。

（二）陆军军事学院

除了培养高级军官的总参军事学院外，俄罗斯现有的军事学院包括：隶属于陆军的军事学院有华西列夫斯基陆军防空兵军事学院（俄联邦武装力量队属防空军事学院）、米哈伊洛夫斯基炮兵军事学院、布琼尼军事通信学院（军事通信学院）、铁木辛哥三防兵军事学院（三防兵军事学院）、赫鲁廖夫大将物资技术保障军事学院（物资技术保障军事学院）、基洛夫军事医学院（军事医学院）等。这些学院可分为两类。第一类实施中级军官的晋职前培训和进修，如俄联邦武装力量诸兵种合成军事学院、赫鲁廖夫大将物资技术保障军事学院。第二类既培训中级军官，又培训初级军官，设有指挥系和工程技术系两种基本系别。指挥系只负责中级军官的晋职前培训和进修；工程技术系开设生长军官班，可为各院校培养师资力量、为科研单位培养科研人员、为部队培养专业技术军官。

（三）高等军事学校和军事专科学院

俄罗斯高等军事学校和军事专科学院以培养初级军官为主，分指挥和技术两类。通常设有作战指挥、各种工程技术、飞行、医学及其他专业。这类学校通常冠以地名，主要包括雅罗斯拉夫尔高等地空导弹兵学校、克拉斯诺达尔高等军事航空学校、远东高等合成军事指挥学校、新西伯利亚高等军事指挥学校、梁赞高等空降兵指挥学校、秋明高等军事工程指挥学校、切列波韦茨高等无线电电子工程军事学校等。

高等军事学校和军事专科学院主要实施高等军事职业教育，部分院校兼具中等职业教育功能。高等军事学校和军事专科学院的基本职责：实施高等军事职业教育的军事教育大纲和大学后职业教育大纲；实施军官的培训、复训和进修；进行基础科学和应用科学研究。

（四）军事大学

目前，俄军只有一所军事大学，即国防部军事大学。主要培养人文和教育、出版编辑、军事翻译、军事司法、心理学、国际新闻等专业军事人才，是一所综合性高等军事大学，也是研究领域的主要科研和教学中心，其科系设置与第二类陆军军事学院基本相同。军事大学的基本职能：在广泛的专业和领域实施高等职业教育和大学后职业教育的军事教育大纲；在广泛的学科领域进行基础科学和应用科学研究；实施初级和中级军官、教研合格科研干部的培训、复训和进修。[1]

三、运行机制

关于军官培训，俄军有两个基本的认知。一是认为军官队伍作为武装保卫祖国、保障国家利益和国家意志的代言人，对其进行培训是一种国家行为和国家责任。因此，军事教育的内容必须符合指挥层次的要求、符合专业岗位的需求、符合俄罗斯联邦《教育法》和《高等职业教育和高等院校后职业教育法》中关于高等职业教育标准的规定。二是认为军官仅靠在学校所学的知识与技能已远不够用，一次院校学习定终身的观念和做法在信息时代不合时宜。为此，俄罗斯陆军积极采取一系列措施不断完善军官继续教育体制，通过建立军事教学科研

---

[1] 李抒音，王继昌，张玺.俄罗斯军情解析 [M].北京：中国人民解放军出版社，2017：169.

中心和军事学院的复训进修体系，构建起完整的"职业培训补充体系"，要求军官在整个服役过程中不间断地接受职业培训，提高知识水平和专业技能。

俄罗斯陆军完善军官继续教育体制的做法主要有四项。一是在初、中、高三级院校之间增设进修层次，所培训的内容大多与军官的任职前教育相结合，其目的是补充相应职务所需要的新知识；二是建立专门的进修院校，轮训军官，补充新的科学技术知识和军事专门知识；三是函授教育；四是选送军官到地方高等院校深造，或聘请专家学者到军事院校讲课等。俄罗斯陆军采取上述四项措施是为了实现三个预期目标：①岗位教育（为适应本职工作、岗位变换或职务升迁而进行的学习）；②更新教育（为适应军事技术、武器装备、作战思想、作战方法的更新而进行的学习）；③补缺教育（用于补充某一门或某一方面知识而进行的学习）。

基于此，俄罗斯陆军院校教育运行机制可以概括为"高等军事职业教育＋补充职业教育"。

（一）高等军事职业教育运行机制

俄罗斯陆军院校高等军事职业教育主要包括两个部分：一是指为军官职业打基础的职业教育，二是指目的为军官职业发展的任职教育。

1. 军官任命前高等军事教育

军官任命前高等军事教育指前文所述的一级、二级、三级。其中，一级和二级教育是连续的，一级教育完成普通科学、文化、技术教育，学制为 4 年，授予学士学位；二级教育完成某一自然学科的专业教育和专业实习，学制 5 年，其中包括 6 个月到部队的专业实习，授予"工程师"专业等级。完成二级教育后，工程技术专业的毕业生被直接分配到技术岗位工作，指挥专业的学员还要去专门的训练中心培训。三级教育学制为 6 年，毕业获硕士学位，主要从事教育和科研工作。

2. 军官任命后高等军事教育

军官任命后高等军事教育指四级、五级。战役战术级教育（四级）是指挥军官的中级指挥教育层次，由军种学院按照军事指挥领域的基本职业教育大纲负责实施。这一层次的教育以战术指挥为主，上挂战役指挥。战役战略级教育（五级）是指挥军官的高级指挥教育层次，总参军事学院按照平时和战时指挥领导各军兵种及整个武装力量的基本职业教育大纲负责实施。这一层次的教育以战役指挥为主，上挂战略指挥。

（二）军官补充职业教育运行机制

军官补充职业教育是俄罗斯军事职业教育中的重要特色之一。根据俄罗斯联邦《国防法》和《高等职业教育和高等院校后职业教育法》的有关规定，在每一级职业教育的框架内，不断提高军事专业人员的业务水平，以适应战争和兵力兵器不断发展和完善的需求，设置相应等级的补充职业教育。补充职业教育与高等军事职业教育是完全不同的两个概念，它不是用来提高以前获得的教育级别的，而是各级各类军官在服役过程中和任命新的、更高级别的职务之前进行的短期培训。高等军事职业教育是院校根据个体智力发展的规律和不同指挥等级对军官知识结构的要求，实施完整学科知识的传授，注重知识的基础性、科学性和系统性。它注重提高知识的层次，并不针对特定职业和岗位。补充职业教育是院校根据具体工作岗位的职责要求，有针对性地完成知识传递，并通过反复训练，使军官能够熟练掌握某一指挥方法或某一装备的操作使用方法，一般安排相应班次进行短期培训。

1. 补充职业教育的类型

在俄罗斯陆军院校整个军事教育体系中，补充职业教育的作用和意义在于其鲜明的目的性和指向性。俄罗斯陆军院校的补充职业教育主要有三种基本类型：一是军官和军事专业人员的专业进修。对军官和军事专业人员而言，只有经过这种专业进修，才能具备从事新专业领域活动的资质和能力。二是以提高专业业务水平为目的的进修。三是通过更新和补充具体领域的理论知识和实践技能，提高军官和军事专业人员业务水平的进修。

2. 补充职业教育的任务

俄罗斯陆军院校补充职业教育的任务主要包括：掌握现有的和最新的作战方法；掌握现行的和新的分队、部队与指挥机关战斗训练方式、方法、手段和技术；掌握现行的和新的作战方法来组织和实施思想教育工作，实施保障军事安全措施，保证法律秩序和军队纪律；专业军官遂行与其军事职业活动相关的其他任务。

3. 补充职业教育的等级

俄罗斯陆军院校补充职业教育主要有初、中、高三个等级。

初级职业补充教育的培训目标主要有两个方面：一是学历教育后第一任职岗位培训。学员在军事专科学院完成 5 年学习后，到军事专科学院和部队培训中心进行专业培训，学制为 10 个月，结业后到部队相应技术指挥岗位开始第一次任职。二是晋升培训。由各军事专业学院的军官训练班和部队训练中心完成，主要对晋升的军官进行相应的专业培训，学制为 2~3 个月，结业后担任营级军官。

中级职业补充教育的培训目标是提高中级军官的业务水平。中级军官在担任新职和提职之前，要在军事学院举办短期班和研修班接受培训，学制为 6~10 个月，结业后担任团级军官。

高级职业补充教育的培训目标是提高高级军官的业务水平，由军事学院开设高级军官研修班，学制为 3~6 个月，结业后担任军级领导。

四、法规制度

俄罗斯历来重视教育领域立法工作，涉及军官职业教育工作的规范性法律文件比较多。规范俄罗斯高等军事院校日常工作的主要法律文件是《俄罗斯联邦高等职业教育机构（高等院校）规范条例》《俄罗斯联邦国防部高等军事院校工作指南》《高等职业教育和高等院校后职业教育法》等。根据文件，具有法人资格且执行与许可证相应的高等职业军事教育大纲的国家高等职业教育机构，是法定的军事勤务联邦权力执行机关的高等职业教育军事教育机构（高等军事院校）。

高等军事院校由俄罗斯联邦政府根据国防部的提议组建、改组或撤销，并依据《俄罗斯联邦高等职业教育机构（高等院校）规范条例》《俄罗斯联邦国防部高等军事院校工作指南》《教育法》《高等职业教育和高等院校后职业教育法》及俄罗斯联邦其他规范性法律文件开展工作。高等军事院校主要包括军事学院、军事大学和军事专科学院三种类型，它有权按照俄罗斯联邦法律及联邦机关的规范性法律文件规定的程序，组成教育联合组织（如协会、联盟）。

陆军院校教育是俄罗斯国家职业教育的重要组成部分，在服从国家标准的基础上，俄罗斯陆军院校还通过制定一系列军事教育领域的政策法规，确保军事院校沿着正确的方向发展，确保各院校能够找准其在军事教育体系中的位置。从 1993 年开始，俄联邦政府、国防部和军兵种司令部先后制定和颁发了一系列的政策法规，主要有《俄联邦武装力量军事教育体制的发展构想》《关于军事高等院校的规定》《关于高等职业教育中的军事教育机构标准条例》《中等军事院校规定》《军事专业国家教育标准》《院校毕业生国家评定标准》等。这些政策法规不但明确了军事院校的地位及其承担的主要任务，而且就军事院校的管理、教学、科研等各方面都做出了详细规定。

第三节　其他国家陆军院校教育体制

与美、俄陆军院校教育体制相比，其他国家的陆军院校教育体制也各有其独到之处。

一、领导体系

目前，世界各国陆军院校的领导体系基本分为分类管理模式与集中统管模式，分类管理模式以美国陆军院校为代表，集中统管模式以俄罗斯陆军院校为代表。除此之外，还有一小部分国家采取军地共同管理的领导体系对其陆军院校实施管理，例如，法国陆军院校就采用了比较独特的模式。法国军队院校由政府和军队共同负责，设置全军统一的院校领导机构，总理府国防总秘书厅领导高等国防研究学院，其他军事院校均由国防国务秘书负责。三军参谋部领导全军性院校，它的高等军事教育局是领导除高等国防研究学院以外的高级军事院校业务工作的职能部门，负责制订招生计划、确定培养目标、拟制教学大纲等工作，并进行具体的业务指导。陆军参谋部负责制订陆军院校的招生计划、教学大纲，确定培养目标等工作。在陆军参谋部下设院校司令部和高等军事教育局，分别负责陆军初级院校和中级院校的业务指导及行政管理。

除法国陆军院校外，英国陆军是通过设置统一军事院校管理机构，对其院校采用统一领导、军种归口、部门负责、分级管理的领导管理体制。在国防部设立国防教育局实施统一领导，其任务除了制定英军国防教育、训练的总体战略和具体政策，改革国防教育、训练体制外，还有一个重要的作用就是在促进英军院校与地方教育机构合作方面发挥纽带作用，从制度上保证英军院校可以心无旁骛地进行军事任职教育，而军官的学历教育则可依托地方院校解决。陆军中级和初级军官学院由陆军参谋部主管，学院院长对陆军参谋长和参谋长委员会负责。陆军参谋长负责制定训练方针和训练计划，陆军训练部则负责陆军院校的具体业务和行政管理工作。陆军专业技术学校接受陆军司令部和部门的双重领导，陆军兵种部负责制定兵种专业技术学校的训练方针和训练计划。

尽管各国军队都强调对陆军院校的领导和管理，但是，由于各国社会、政治、经济制度与文化传统习惯不同，国防领导体制不同，陆军院校的领导管理体制模式也不尽相同。以英国陆军院校为例，英国陆军院校的级别按其主官军衔来确定，设上将级、少将级、准将级、上校级和中校级 5 个等级，大多数院校级别为准将级和上校级。在所有的院校中，英国皇家国防研究院是最高学府，院长为上将军衔，由三军上将军衔军官轮流担任。其他院校因级别不同，其主官的军衔也不同。英国国防学院和中级军事学院的院长均为少将军衔，初级军事学院的院长为上校至少将军衔。专业技术学校因学校规模和教学任务不同，校长军衔也不尽相同，可为中校至少将军衔和准将军衔。

与大部分国家陆军院校不同，法国著名陆军院校圣西尔军事专科学校没有单独的领导体制，而是与其他兵种学校共设领导机构，校长为少将军衔。领导机构下设参谋部、军训部、教研部和学员部四大部门。其中，军训部设战术研究、体育训练等专业教研室；教研部主管文化学习，设有人文科学、自然科学、经济学、语言学等专业教研室及各类教学保障机构；学员部按文科、理工科和经济科各类分编成 3 个学员队。

二、组织机构

在管理机构上，其他国家陆军院校与美、俄相同，普遍实行院（校）长负责制，院校机构设置一般包括行政机关、教学科研机构和保障部门。不同类型的院校内部组织机构存在很大不同。学历教育院校的组织结构类似地方高校，按学科设置院系；初级院校的组织结构类似部队，按部队编制设置；中高级院校则按培训任务设置院系。院校内部的组织结构则因国别和院校类型、层次的不同，而存在较大差异。

在院校内部管理体制上，其他国家陆军院校教学管理普遍采用学院直辖教研室或教学系的两级管理体制，而非院、系、教研室三级模式。英国、法国、德国陆军院校均如此，这种模式不仅减少了管理层次和编制员额，而且便于组织教学保障，有利于学科、人才建设。其中，英国陆军院校教学机构和教员编制少，不设专职学员管理人员，从内部体制上为外聘专家教授提供了制度支撑，同时为学员进行自我管理、自我锻炼提供了制度保证。如桑赫斯特皇家军事学院设院长1名、副院长1名，副院长协助院长完成教学计划的制订和教学的组织领导工作。除此之外，设有教务处长，具体负责教学的协调和管理工作。编制教官100人左右，其中文职教官占50%~60%。

法国陆军院校内部管理体制分为两种：一是"统分结合"的管理体制；二是"集中统一"的管理体制。"统分结合"的管理体制以高级院校、初级进修院校和基础军事院校为代表。例如，法国陆军高级指挥学校设校长（中将军衔）、副校长（少将军衔）各1名，下设教务部和参谋部。教务部是学校最重要的教学组织机构，设教育长和副教育长各1名，下设组织和手段处、作战教研室、一般教研室和室外作业教研室。其中，组织和手段处负责教学的规划和组织；作战教研室负责军事战略和战役等作战教育；一般教研室主要对学员进行普通军事和其他知识教育；室外作业教研室则主管野外作业和演练的组织实施。参谋部设参谋长1名，下设参谋长办公室和招生、总务2个处。其中，参谋长办公室负责日常事务、对外联络和秘书工作；招生处负责学员选拔、考核、呈报和录取等事宜；总务处负责与教学保障有关的行政管理和勤务等事务性工作。"集中统一"的管理体制以陆军科埃基当军校城为代表，这个著名的军校城是针对军校驻地相对集中，同类院校同驻一处，为便于教育训练协调、衔接和办学风格的统一形成的。科埃基当军校城隶属于陆军训练司令部，集中了圣西尔军事专科学校、诸兵种军事专科学校、行政技术军事学校3所院校，实行军校群的组织领导体制。军校群设校长（少将军衔）、副校长（准将军衔）各1名，全面负责军校群的训练工作。设参谋部、军事训练部、教学研究部和学员培训部，以及配合和保障教学的1个勤务团。参谋部下设行政处、人事处和财务处等。军事训练部由副校长兼任部长，下设军事训练和战术研究教研室、体育训练教研室、教学大纲处、手段计划处、研究考评处和军马科。教学研究部下设人文科学和社会科学、自然科学、语言学、经济学等专业教研室和总研究室，还有教学大纲、行政、图书馆等教学保障部门。学员培训部统一负责所有学员管理工作。

三、运行机制

世界主要国家陆军院校的内部管理机构设置大同小异。大多数陆军院校设置3个或4个部，如教务部、科研部和物资保障部等。有的院校为了适应领导体制，设置政治部。

以英国陆军院校为例，英国初级陆军院校一般设文化教育、军事训练和后勤保障3个主要处（室）及其他有关业务部门。中、高级院校增设1个学员部（处）。如陆军参谋学院下辖联络办公室、战役战术处、协调处、人事后勤处和学员处5个部门。部分院校实行后勤保障社会化，把食堂和某些服务行业承包给地方经营，把用于保障生活的车辆、油料等做出估价后，承包给地方管理。

英国陆军建立了院校教官与部队军官交流的机制，既选拔部队优秀军官或士官到院校任职、任教，又安排院校教官到部队任职，轮岗时间一般为2年。院校教员分为在编教官和文职人员两类。教员的选拔来源、培养渠道较宽，队伍比较精干。如桑赫斯特皇家军事学院有150名教员，军职教官和文职人员各一半，其中一部分教官是从部队选拔的优秀军官和士官。除在编教员外，还有一些是从地方高校、国防企业、政府部门聘请的兼职教师。

英国陆军大部分院校除进行教学外，也承担一定的科研任务。各院校均定期出版学术刊物，通过办刊研究教学中的疑难问题，交流学术成果，积极服务部队建设。一是承担全军科研项目，参加新武器研究。皇家军事科技学院经常承担国防部下达的科研项目，并向国防部和各军种总部定期通报现代军事技术和武器装备的发展情况。皇家炮校和皇家装甲兵中心承担新式武器装备（如火炮、导弹、装甲车辆等）的研究与测试。二是制定作战原则，编写训练条令。联合作战研究训练中心参与制定英军与"北约"司令部的联合作战原则与程序，皇家炮校、陆军步校和皇家装甲兵中心分别负责编写炮兵、步兵和装甲兵的训练条令。三是为上级机关和部队提供技术咨询。陆军各战斗兵种学校，不仅为陆军部草拟各兵种作战使用原则和装备发展方针，还经常回答各部（分）队就装备的使用、维修和训练提出的各种问题。

法国陆军院校由于院校规模不等、培养目标不同，其内部机构也不完全一样。初级、中级陆军院校通常采取训练（教务）、行政管理（参谋）、后勤三大部（处）的模式。训练部（处）负责组织领导和协调学校的教学活动，下设组织、教务、考核等部门；行政管理（参谋）部（处）负责学校的对外联系和行政工作，下设人事、福利、财务、安全等部门；后勤部（处）负责学校的后勤保障工作，下设行政管理、技术保障、卫生等部门。高级院校一般设教务部、研究部、地区活动指导部和协会关系处四大部门。教务部下设军事、外交、普通民事、经济、科学技术五个处。为预留编制扩大教员队伍，院校内部机构一般都非常精干，各部门的参谋、助理编制极少。

德国陆军军官学院设校机关、监管审计部与教学训练部三大部门，并受陆军局委托分管陆军五大专设训练研究中心之一的陆军战术研究培训中心。其中教学训练部由学院副院长直接领导。教官大队成员由来自基层部队的优秀指挥或技术军官、来自地方的文职教员及来自友军的外籍教官组成，由一名上校军衔的军官管理。其中来自部队的优秀指挥军官，必须具备连长以上职务、海外军事行动经历并熟练掌握英语，他们主要负责战术、侦察、射击、格斗、后勤保障、军官心理素质、指挥艺术、军事史、法律等军事通识与军事指挥类课程的教学。技术类军官必须是专业技能熟练，已成为或即将成为职业军官的人员，负责电脑战术制图、核生化防护、信号处理、雷达操作、电子反侦察、火炮操作、坦克与装甲车辆防护、战时急救等专业军事技能课程的教学。文职教员主要负责教授外语、教育学、心理学、政治学、神学、物理、化学、生物、计算机、社会学等公共社会与自然科学科目。学院根据需要定期邀请其他军种的专业教官来校开展短期课程教学，以提高学院跨军种协同作战能力。陆军军官学院拥有来自美国、法国、英国与荷兰四国的常驻教官，传授本国军队军事内容的课程，不定期地邀请盟国的军官或驻德武官来校举办专题讲座，提升学员的跨国联合作战能力。

四、法 规 制 度

立法是依法从严治校的前提和基础，为适应部队建设的需要，世界主要国家陆军院校，特别是职业军事教育起步较早的国家，积极采取各种有效措施，逐步形成了覆盖军事院校各个层次、各个方面和各项实践的较为完善的军事法规体系。

（一）注重顶层设计

通过顶层设计，把准办学方向。办学定位、治校方略、人才培养目标和长远规划是任何一所院校建设管理者需要明确的首要问题，特别是在世界新军事变革的大背景下，各主要国家对于未来军队建设的构想理念需要通过法律文本的形式予以固化，其陆军院校也普遍运用立法方式来推动自身的转型变革。

（二）建立质量监控体系

为确保院校教育质量，各主要国家的陆军院校严格把关院校招生和培养过程，以及学位授予环节，通过建立全过程的质量评估体系、教学质量监控体系，以及学位授权点审核体系，确保院校教育质量，并在分配环节引入竞争机制，在对培养过程全程监督的情况下，根据学业成绩和平时表现进行分配，促进军官职业发展。

一是建立严格的院校招生录取标准。例如，英国桑赫斯特皇家军事学院规定，从正规部队招来的士兵和从地方招来的中学生，在学习军事课程之前，必须到陆军教育学院学习5门普通教育课程和2门高等教育课程，以获得该校的文化资格。

二是构建严格的考核制度。建立较完备的学员管理制度和健全的奖励惩罚机制，为严格完成学术要求奠定基础。例如，法国圣西尔军事专科学校的3个学年结束时均有考试，考试合格与否是淘汰、授予军衔、颁发学位的依据。学习成绩优秀，可优先选择兵种或专业。英国陆军院校严格执行考核制度，并规定了较高的淘汰率。德国陆军院校设置了多次毕业预考和毕业考试的质量评价制度，并作为国家级考试的组成部分和确定学员专业资格的依据。

（三）规范军人养成

各主要国家依法治校的触角可延伸到陆军院校教育的细枝末节，在训管一致、教养一致的氛围中培养学员学法、守法、用法的良好习惯，言行举止、穿衣戴帽等日常生活都有明文规定，尤其是英、法等一些老牌军事强国，由于旧军官中贵族占有较大比例，上流社会的行为和道德准则成为军官们必须努力保持和遵守的规范。尽管时移世易，但这些传统得到了很好的保持和传承。如英国皇家海军学院认为，"夺取胜利的关键并不仅仅是技术，军官们的素质才是真正重要的"，规定任何时候都禁止穿牛仔服，军装必须熨烫笔挺，以至于"熨斗就像是武器装备一样人手一把，配备给每一位学员"。

（四）强化法治实践

各主要国家的陆军院校成立了各式各样的研究机构，成为军队法规制度研究制定、推广传播的重要载体和平台。英国国防大学也设有专门的联合条令条例中心，该研究中心的出版物在国际社会上受到广泛关注；德军无论新兵入伍、士官晋升还是军官晋升，都必须频繁参加院校培训。除了武器装备等专业技术培训之外，法律课是必修课之一。[1] 此外，各主要国家的陆军院校在依法治校的同时兼顾严格与灵活：一方面，严格依法治校，很少讲"人治"，更无"人情社会"存在，实行无情的绩效排名和淘汰制，以此保证院校培养质量；另一方面，也设置了相对灵活的管理措施，力求统而不死、混而不乱。

---

[1] 崔健，张博.外军依法从严治校的主要做法与启示 [J].法理学研究，2012（1）：81.

第三章　外国陆军院校教学模式

教学既是院校的中心工作，也是院校实现教育职能任务的根本途径。教学模式是院校全体教职员工依据教学理论建立起来的教学活动结构框架和活动程序，从这个意义上说，外国陆军院校的教学模式涵盖了教学理念、教学目标、教学程序、教学策略、教学评价等内容。

第一节　美国陆军院校教学模式

进入 21 世纪，美国陆军积极适应本国本军整体战略调整要求，提出将美国陆军打造成为适应性强、能够在复杂环境下获胜的军队，陆军院校军事教育随之联动，并调整发展思路，为实现这一目标提供智力支持和人才储备。

一、教学理念

美国陆军院校的教学理念是在传承历史经验和吸收其他国家办学理论的基础上逐步形成的，经历了一个从不清晰到逐步清晰、从不完善到逐步完善的过程，也客观反映了美国陆军院校建设与发展的步伐。

（一）全人理念

全人理念由"西点军校之父"——塞耶提出。他认为：军校是一种不同于普通大学的特殊学校，军事性是其根本特征。军校教育不仅仅在于传授知识，对学员身体、心智、精神的训练与培养同样利害攸关。军校的培养目标是要造就一种特殊的人——既精通战争艺术，又懂得国内经济的"全人"。他们不但能在军事职业中具有较强的担任高级职务的竞争能力，也具备在军事以外的领域，特别是在工程技术领域中取得较高成就的能力。

全人理念不仅给西点军校的建设与发展带来了成功，也成为美国陆军院校的共同传统，一直贯穿于美国陆军院校的教育实践之中，并对其发展产生了深远的影响。

（二）精英理念

精英教育是以培养社会各个领域的精英为目的的人才培养模式。美国陆军院校长期坚持名将治校、专家育人、优才就学的做法。一是以军事精英人才培养为目标。美国陆军院校在长期的办学实践中，逐步形成了独特的领导力教育体系，并通过多方面途径和方法，把道德、伦理和领导力培养融合在一起，以促进学员领导力的培养。二是学员严进严出，人才群体少而精。美国陆军院校有着极其苛刻的入学标准，从学业成绩、身体素质、领导能力等方面综合衡量学员的整体素质，通过多层次筛选，实现优中选优，并以严格的全程淘汰制度确保坚持到最后的学员都是优秀的军事人才。三是坚持教学优先。美国陆军院校坚持把教学视为学校的中心工作，教员与学员编配比例可达1∶8，能够实现分层次、小班化教学，充分满足师生之间讨论和交流的需要。四是以学员为本，灵活培养。美国陆军院校从自身教育价值观出发，注重学员个体潜能的发挥，按其最大能力提升空间进行灵活培养。在教学实施过程中，重视并强调尊重学员个体需求、特长爱好，充分给予学员相对自由的成长空间。五是倡导通才培养。美国陆军院校均为学员提供了以核心课程为特色的大学通识课程体系，其通识课程设置甚至比普通高校更为广泛，适应性更强，目的就是要使每一位毕业生在其各自职业领域都能成功履行职责，并有足够的能力去应对复杂多变的世界形势，适应战争的需要。

（三）开放理念

美国陆军院校把扩大开放作为办学治校的必要条件和必由之路，通过人才流动、学术交流、合作办学等形式，充分利用部队资源、社会资源、外军资源提升自身办学实力、办学质量和办学效益。一是面向社会开放。美国陆军院校积极向民众开放：一方面，让民众了解军校、理解军校、支持军校；另一方面，让军校教育和学术与国家标准接轨，使军校办学质量得到社会及学术界的认可。同时，拓展学员与外部世界的联系，使其更好地适应复杂多变的社会环境、任职环境和工作条件。二是面向国际办学。美国陆军院校注重将自身教育置于广阔的国际背景之中，博采他国教育之长。一方面，结合自身课程教学需求，经常邀请外国军人来校授课，传授知识、经验。另一方面，结合自身计划安排，主动派遣教员和学员出国考察、进修或进行学术交流，组织学员到国外院校交流学习、参观访问。

（四）服务理念

美国陆军院校始终坚持"服务军队"的办学理念，积极培养服务军队建设、适应战争形态发展要求、能够驾驭战场的军事人才。一是从适应未来战争形态发展演变出发确立教学目标。美国陆军认为，军事领域是创新最为迅速的领域，未来战争的复杂性、多变性和不可预测性，对军人的驾驭战场能力提出了空前的挑战，军校教育要有超前意识，要为学员能够在复杂、多变的全球共同体中更好地施展才能、忠于职守做好准备。二是从服务于未来战争和军队建设需要设置教学内容。美国陆军院校的专业课程和基础课程设置均在满足军队需要的基础上，确保人文科学、社会科学与基础科学、工程学均衡发展，既打牢军官的科学文化基础，又使其具备应对军事领域不确定性挑战的能力。

二、培养目标

培养目标是军队院校教学工作的出发点和归宿。美国陆军院校总的培养目标：为未来战争培养德、智、体全面发展的优秀人才。在教育实践中，美国陆军初、中、高三级院校培养目标所规定的人才规格各自不同。

（一）初级院校的培养目标

初级院校中的西点军校主要对学员进行广泛的科学文化教育和基础军事教育，培养"通才"。它的培养目标：使军校学员具备服务于国家和从事领导工作的基本素质，使学员在学业、道德伦理、领导才能和体能四个方面均衡发展，掌握基本的军事技能和知识，具备必要的军人职业素质，拥有强健的体魄，具备高水平的智能，并建立起正确的伦理道德标准；灌输责任感、荣誉感和忠诚感；造就献身于军队职业生涯的头脑和性格，有发展潜力、有能力履行最高级指挥职责、公民职责和政府管理职责的军官。

（二）中、高级院校的培养目标

美国陆军中、高级院校主要进行专业性教育，培养建立在"通才"基础上的"专才"。其中，中级院校的培养目标：造就战时军队领导人才，主要通过学习和研究各级合成军队的作战理论与原则、战役战术理论与原则，培养营长、旅长和师级以上中、高级司令部机关的参谋军官。高级院校的培养目标：努力培养具有世界战略眼光的专家。

综上所述，美国陆军院校培养目标中所提到的人才素质标准，充分体现了美国陆军对军事人才的具体要求。以西点军校为例，其人才培养素质的要求主要涵盖四个方面：一是性格方面，具有高度的进取心和为国献身的精神，坚强，自信，忠于誓言，待同事诚实，公而忘私，能热情地完成所承担的任务，守信用，讲真理，服从命令，尊重上级；二是军事素质方面，掌握坚实的军事基础知识和熟练的军事技能，懂得在战争条件下如何生活和工作；三是文化素质方面，通过广泛的文科与理工教育，获得理学学士学位；四是身体素质方面，具有正规军官终身职业所需要的强壮体魄。

三、教学策略

美国陆军认为，教学是为了激发学员的学习兴趣，培养学员的创新思维能力和习惯，因此倡导因材施教，充分挖掘每个学员的学习潜力。

（一）培训对象分类施训

美国陆军院校依据培训对象的不同实施不同类型的教育培训，极大地增强了院校教育的针对性。对以获得高级学位为主要目标的专业技术军官，实施以专业技术为主的高级学位教育；对以进修深造或轮训为主要目标的指挥与参谋军官，分初、中、高三级，按军衔和职务分别实施相应训练；对以熟练掌握某一门技术为主要目标的士兵，实施技术训练，并将理论与实际操作有效地结合起来。

（二）按需设置课程与教学内容

教学内容不仅事关人才培养质量，还关系着军队建设的大局。美国陆军院校主要针对当前军队建设和改革的重点问题及时调整其教学重点，因此，对于课程设置与教学内容的总要求是课程设置分段集中，教学内容各有重点且相互联系。

按需设置教学内容,有很强的针对性和实用性。例如,为了培养具有高信息素养联合作战军事人才,美国陆军军事学院开设战略领导课程,其内容不仅包括部队的指挥方式、方法,而且包括在国会作证、与媒体打交道、参与外交谈判、为总统提供咨询等方面,教育计划中75%的课程涉及联合作战和联军作战。该学院的维和研究所开设《维和》课程,以满足美军参与"维和"行动的需要。此外,中、高级陆军院校增设了联合作战和信息战的课程等。

有的放矢设置教学内容,收到满意的教学效果。例如,对于军官任命前的培训,教学内容以科学文化基础知识为主,加强了生长军官全面素质的培训和发展后劲;对于军官的职业军事教育,教学内容以提高军官的指挥与领导能力为主,提高了军官在信息化时代领兵打仗的能力。

(三)推广主动式的教法和学法

美军军事教育专门委员会在其研究成果《斯凯尔顿报告》中指出:"对一所学校而言,'怎么教'与'教什么'同等重要。"他们认为:对学员而言,大班授课、报告会、小型学术会和播放教学录像等都属于被动式教学,小班化研讨式教学、案例研究、现地教学、模拟演练和兵棋推演则是典型的主动式教学,并把主动式教学与被动式教学的学时比例作为评判院校教学质量的量化标准。

美国陆军院校积极提倡和推广主动式教学,尽管在实践过程中,陆军初级教育院校还是以课堂讲授教学为主,中级教育院校将课堂讲授与小组讨论结合起来实施教学,高级教育院校将个人自修、小组讨论和参观见习完全结合起来,采取自学与小组讨论为主的教学方法。但是,在具体实施过程中,教员仍尽力将主动式教学贯穿于整个教学活动。如在学员自学的基础上,先由教员就某个问题进行详细讲解,然后小组自由讨论;就教员讲解的观点,鼓励学员实时提出自己的看法,师生共同研讨;不设问题的观点,由学员小组讨论,经比较后形成问题观点，等等。

美国陆军院校在确立了全面普及主动式教学思想的指导下，既重视充分发挥教员的主导作用，也重视学员在教学过程中的主体地位。在教学过程中，坚持问题引导、讨论与交流相结合。由教员把问题带进课堂，积极创设问题情境，充分运用问题进行启发式教学，激发学员寻求解决问题的强烈愿望，追求教学的最佳效益。美国陆军院校教员通常授课不超过 20 分钟，主要是介绍本课程的教学目的、学习方法，而后提出问题，引导学员讨论。在讨论过程中，学员既可以表达与教员相同的观点，也可以提出不同的观点，这样既提高了学员听课的积极性，也有利于培养学员独立思考、分析、研究和解决问题的能力。

（四）加大实践教学力度

在美国陆军院校教学活动中，实践教学与理论教学相辅相成，构成了一个从理论到实践、从基础到应用的教学循环系统。美国陆军院校非常重视实践教学，为了培养学员在实践中独立思考、分析、研究和解决问题的能力，陆军初级和中级院校经常进行野外作业和演练，高级院校则往往实行开放式教学，组织学员利用超过三分之一的学习时间到国内外实地考察和旅行参观，参观国内主要地区和领导机关，访问"北约"各成员国及其军队，扩大学员的眼界，提升对外交流能力。

美国陆军院校加大实践教学力度的主要举措如下：一是建立系统化的实践教学体系，实现各类实践教学的最佳组合，让学员从教室走进训练场，再从训练场回到教室，先用所学知识指导训练，再通过训练检验和巩固所学知识，使学员在这一过程中磨炼意志、培养创新精神、加速理论知识向实际能力的转化。二是强调示范教学，提高学员课堂学习的积极性。示范教学通常由教员亲自进行，有时也由事先培养的骨干或示范分队进行。示范教学一般配以简短的讲解，在组织学员练习时要注重打好基础，按教材规定分步骤进行，在基础训练之上，再按照战场的需要进行特殊的技术训练。三是充分发挥综合演习的优势，为学员营造良好的训练氛围。美国陆军认为，组织实施军事演习是和平时期提高军人军事技术和心理素质的重要而有效的途径。因此，各院校每年均组织大量演习，通过演习，使学员在最接近实战的条件下接受锻炼，检验学员军事理论和各种技能的掌握程度。如美国陆军卫生学校就曾多次组织学员在野外进行不同形式的合同演练，演习中参演人员都是身着防护衣，指挥员佩戴手枪，队员身背64式步枪开展医疗活动。在对伤员实施处置的过程中，还不时发布各种敌情，以增强演习的真实性。四是广泛开展参观、见学与实习，使学员掌握实际工作技能。美国武装部队工业学院十分注重实践环节，为使学员毕业后能更好地胜任新职，经常或定期组织学员外出参观。如在能源课教学中，学院组织学员参观炼油厂、气体热电联供厂、煤矿、发电厂、再生能源厂、海上油气平台等，使学员既巩固消化了书本上学到的理论，又在实践中培养了解决实际问题的能力。

（五）"请进来"与"走出去"相结合

"请进来"指美国陆军院校为了开阔学员视野，提高教学水平，经常邀请校外专家、学者担任本校客座教授或进行学术讲座。如陆军后勤管理学院每年都邀请许多国际专家和客座教授来院讲课，受邀请来院讲课的人员不仅有政府官员、国防部和军种部队的首脑，还有著名大型企业的总裁等。这种"请进来"讲课的教学模式，一方面拓宽了学员视野，帮助学员以全新的视角看待问题，其对学员能力的培养、毕业后胜任工作乃至整个成长道路都有深远的影响；另一方面加强了军事院校与外界的密切联系。以陆军后勤管理学院为例，海湾战争以后，陆军后勤管理学院积极建立了与国防采办大学的合作关系，不仅邀请国防采办大学的专家到本校开展教学活动，还在国防采办大学位于阿拉巴马州汉茨维尔市的南部校区建立了卫星校园，进一步加强了两所院校间的协作关系，使大量的陆军采办工作者在汉茨维尔市和国防采办大学校本部得到高层次的采办业务培训。

"走出去"指美国陆军院校通过组织学员到公司、工厂、港站、仓库等地参观、见习、实习，掌握产品的使用、维修等应用技能，帮助学员学习物资储存、运输、设施利用、资金配置、机构调整等上层管理经验。例如，陆军指挥与参谋学院与工商界国家安全执行委员会的堪萨斯市分会合作，开展一项学院学员与堪萨斯市的工商界人士共同参与的伙伴关系计划。依据该计划，学员和公司可以互相深入了解对方的日常运作、人事需求及决策过程，从而使参加独立研究选修课的学员有机会运用他们在所涉及的项目方面的高等知识，熟悉工商界的情况，积累与公司合作的经验教训，对其提高岗位任职能力大有裨益。

四、教学方法

美军军事教育专门委员会对军队院校教学质量的评估，在一定程度上推动了陆军院校逐步向小班化研讨式教学、案例研究、模拟演练等方面转变。

（一）小班化研讨式教学

以学员为中心的小班化研讨式教学，是美国陆军中、高级院校的核心教学方法。在实践应用中，陆军院校的小班化研讨式教学有两个影响教学效果的关键因素。一是研讨班的理想规模。美国陆军战争学院的高层领导曾认为，研讨班应该由 13 名学员组成，这是达到教学目标的理想规模，也是学院努力的目标。《芝加哥大学教师手册：大学教育实践指南》也认为，研讨班最好由 8~15 人组成。但是，当陆军院校必须招收更多跨国和跨机构学员时，院校既要保持本军种特色，又要在研讨班中增加学员以增进联合文化交流，其不得不面对研讨班规模扩大的压力。因此，美军关于研讨班理想规模的问题一直没有达成共识，《军官职业军事教育政策》也没有明确规定研讨班的理想规模。但是，认证专家委员会在对陆军战争学院进行评估后提出了专业意见，认为该学院虽然在核心课程教学中运用了小班化研讨式教学方法，但每个研讨班的学员多达 17 人，超过了苏格拉底式研讨教学 10~12 人的最佳规模。二是研讨班学员的比例标准。美国《军官职业军事教育政策》明确规定了陆军研讨班学员混编的比例标准。例如，陆军高级院校中，陆军军种或部门的学员人数不得超过学员总数的 60%，学员中要包括外军军官和文职人员，每个研讨班至少要有 1 名其他军种的学员。陆军中级院校研讨班同样如此，至少要有 1 名跨军种的学员。

美国陆军院校重视研讨班学员的比例标准，是因为学员的从业背景和专业背景对研讨教学效果起着非常重要的作用。例如，一名在指挥与参谋学院学习的海军陆战队少校，能给其同学提供所需的海军陆战队专业知识。美国《军官职业军事教育政策》主要关注跨军种学员的联合交流，对跨部门学员或文职学员的构成及数量没有提出明确的标准和规定，因此，就研讨班中跨军种及国务院各部门的学员数量而言，所有军事教育院校都达到了《军官职业军事教育政策》的规定要求。

（二）案例研究教学法

案例研究教学法有助于深入研究军事历史，有助于切实解决现实问题，有助于有效应对联合作战所面临的挑战并提出创造性的解决办法。美国陆军院校中被用于教学的案例通常具有警示意义或典型特征，要求学员在教员的指导下，通过对假设的或真实的典型问题进行分析，积极开展学习研究。在案例研究教学法中，学员常常扮演决策者的身份，对假设的或真实的事件、形势和问题进行分析。当决策者面临国家安全问题并需拟定足够的应对措施时，可以通过研究当代历史事件的原始文献和资料，了解当时的战略制定者所面临的真实思维困境和局限性。通过案例研究学习，学员可以判断当时的决策是否合理、是否还有其他选择等。

（三）模拟演练教学法

模拟演练教学法是 20 世纪 80 年代约翰·霍普金斯大学作战分析

实验室提出的教学法，普遍应用于美国陆军高级指挥院校。模拟演练教学过程中，扮演各种局中人的学员，以共同研讨或分组研讨的方式，从所代表利益方的国家目标利益出发，对危机态势进行评估，评价各种力量之间的相互关系，代表各方进行分析与决策。决策的结果，或由局中人对阵式的讨论来判定，或由教官和退役将军组成的导演组裁定。在这种模拟演练中，对抗双方要陈述采取某项行动的原因，并预计行动的后果；注重对想定态势作出反应的决策过程，研究在决策过程中起作用和不起作用的各种因素的相对权重，以提高自己的战略指挥与决策能力。

五、教学管理

美国陆军院校教育管理体制既有高等教育管理体制的特点，也具有军事教育管理体制的特性。由于陆军院校既是学术机构，又是军事机构，它的教学管理权力兼具学术性和行政集权。通常情况下，美国陆军院校内部管理机构沿用地方高等院校模式，实行院（校）长负责制，下设副院（校）长和参谋长。

（一）西点军校教学管理

西点军校的内部行政管理机构可分为校长、教务长／学员旅司令、系3个层次，分工明确，属于典型的线性组织结构，旨在有效地行使决策、执行、监督和反馈职能。

校长由国会任命，任期5年，全面负责学校工作，兼任西点军校指挥官，参谋长和副参谋长在校长的领导下开展具体工作；教务长主管全校教学科研工作，下辖13个文化教学系和图书馆等，负责协调各系的学术活动，并就学术方面的问题向校长提供咨询、提出建议；学员旅司令管理军事教育系、体育教育系和学员旅，负责学员管理及军事教育和体育教育；各教学系负责具体的教学工作。三者构成了一个自上而下的管理体系，随着等级层次的下降，各级任职者责任与权力的范围逐级递减。

为了全面监督教学，最大限度地发挥各级人员的积极性，西点军校成立了权力、决策与监督机构，由学术委员会、政策委员会和督察员委员会组成。

学术委员会由校长、教务长、学员旅司令、校际体育运动主任、13个文化教学系主任、军事教育系主任、招生办公室主任和医院院长组成，主要负责确定招生标准和学习成绩考核标准；制定教育与行政管理的方针政策，协调各部门之间的工作关系；向校长提出学术问题建议；确定学术、军事、体育的标准及其评估方案等。教务长兼任学术委员会主任。学术委员会决定的事项呈校长批准，由教务长带领教务长办公室贯彻执行。在历史上，西点军校学术委员会因权力过于集中、人员更迭过缓，尤其是13个文化教学系主任和1名教务长实行终身制，在推行教学改革的进程中，屡次成为"拦路者"。为了改变这一局面，平衡权力，西点军校成立了政策委员会，可向校长提出有关学校的意见及建议。

政策委员会由校长（担任主席）、学员旅司令、教务长、招生办公室主任、校际体育运动主任、驻军司令、西点预备学校校长、西点参谋长、1位学术系主任、2位学员旅司令下属部门主管，以及其他由西点军校校长指定的人员组成。系主任担任委员时，由校长指定，任期2年，不得连任。政策委员会的职责是就有关学员的学术、军事、体育、道德伦理及社会发展等各方面的问题提供全面、协调的政策制定支持，负责向校长提供关于学校管理、人事、物资财务资源管理及相关事宜的建议。政策委员会是校长对全校一切重大问题听取意见和建议的主要渠道。在接受校长直接领导的同时，政策委员会还必须接受陆军部的领导和制约，一切重大决定都要交陆军部审批。政策委员会的决策依据产生于所属的小组委员会，共有总务委员会、终身制人员选拔委员会等10个小组。

督察员委员会属于校外监督机构，由国防部部长直接负责，由3名参议员、4 名众议员、6 名总统指定人员组成，任期 3 年，每年更换 2 名到期人员，负责检查学校的教学计划、政策及教学设备等。

（二）任命后初级院校教学管理

任命后初级兵种院校，包括陆军兵种技术、战术和专业职能领域以实施岗前培训为主的院校，其在领导体制上更接近陆军部队行政组织结构，学术性较弱，行政权力占主导地位。陆军兵种院校大多建在陆军训练与条令司令部下属的 8 个兵种训练中心，这些训练中心通常是部队、院校和科研机构三位一体。以陆军步兵学校为例，该校位于陆军训练与条令司令部下辖的机动卓越中心，步兵司令部设在其内，校长为准将军衔。步兵学校既是教学单位，又是科研机构，负责编写旅级以下部队的野战条令、教材和教范等，并办有《步兵》杂志。步兵第 198 旅、北部训练中心、空降突击训练旅驻扎其中，负责步兵学校的后勤保障和训练。

（三）陆军指挥与参谋学院教学管理

在行政上，陆军指挥与参谋学院院长由陆军训练与条令司令部副司令兼任，副院长主管全院日常教学计划和训练，由 1 名上校助理协助工作。学院秘书处统一管理全院行政事务，参谋长负责学院公共建设。

在教学上，由学术系主任负责监督、管理课程和教员。教学与研究工作由如下单位承担：战术部、战斗支援部、联合作战与联军作战部，管理委员会、战略研究委员会、战区战役计划委员会、局部冲突研究委员会、反恐怖行动委员会，以及空军教学组、海军教学组、海军陆战队教学组等。

在教学监督上，陆军指挥与参谋学院设置了指导与协调部门，包括顾问委员会、教务委员会、教职员委员会和学员调查委员会。顾问委员会在陆军部部长授权下开展工作，成员为 7 所地方大学的校长、教务长和知名专家，任务是每年开会 1 次，审核学校的教学工作，并提出改进建议。

（四）陆军军事学院教学管理

陆军军事学院隶属于陆军参谋部。在行政上，学院司令部组成人员共5人：少将院长1人，准将副院长1人，部队军士长1人，大使级国际关系副院长1人，上校参谋长1人。院长全面负责陆军军事学院的训练、教育、任务完成等事务。另有协调参谋机构、随从参谋、特业参谋机构在司令部的带领下负责具体工作。

教学主要由军事学院下设的5个教学系（学术事务系、指挥领导管理系、远程教育系、军事战略计划作战系和国家安全战略系）承担。科学研究主要通过战略领导力中心、战略评估与作战研究部、概念与条令部、战略作战模拟部、战略研究所等部门进行，主要任务是配合教学、开展针对陆军的学术研究。高级培训不针对具体的兵种、技术、专业职能领域的知识传授，学术研究氛围较为浓厚。

（五）陆军军士长学院教学管理

陆军军士长学院的校长办公室由校长、副校长、校长公平机会顾问和校长秘书组成。参谋部作为高级管理者和技术专家顾问，代表校长管理学校；学员和教职员工由专门的学员、教职员工连负责管理；教学由学术系主任负责监督和指导；学术质量由专门的质量保障办公室负责全程监控。

第二节　俄罗斯陆军院校教学模式

尽管信息时代给俄罗斯陆军院校带来诸多新变化，但是俄罗斯军事教育经多年积淀，其独具特色、严谨规范的教育模式依旧变化不大。变动大的是教学内容，变动不大的是教学模式。

一、教学理念

在新的历史条件和时代背景下，俄罗斯陆军在军官培养方面体现出更具现实性和更富创造性的理念。

（一）以人为本理念

关于以人为本，俄罗斯著名教育学家斯捷潘诺夫和鲁金娜对其定义如下：以人为本的教育理念在教育活动中是一种教育取向，它依靠其内在具有相互联系的原则、内容、思想和相应的实施策略，保障和支持学生对自身素质的自我认识、自我重建和自我实现并发展他们身上独一无二的个性。俄罗斯陆军院校非常注重学员的个性发展，在教学过程中不断地引导学员，并结合学员自身的特点给予其自由发挥的空间，使学员在教学过程中积极发挥其主观能动性。随着俄罗斯军事教育理念的更新，以人为本的教育理念也随之发展，具体体现就是在教学活动中恰当运用教学方法和教学策略，很好地贯彻了以人为本的理念，例如，对话教学法、情景教学法、综合作业教学法、自我诊断教学法等广泛应用于教学实践，极大地提高了陆军院校的教学质效。

（二）终身教育理念

经过多次军事教育体系改革和探索，俄罗斯厘清了军事教育与国家教育之间的关系，强调军事职业教育体系必须与国家职业教育体系有机融合，高等军事职业教育体系必须服从俄罗斯联邦武装力量建设和国家教育政策的需求，决定了军官职业教育必须实现从接受一次教育向终身教育转变。终身教育包含了四层含义：一是俄罗斯要求军事教育必须符合国家教育体系，军官职业教育不能脱离整个国家教育体系的实际；二是军事职业教育必须满足武装力量建设的需求，真正提高教育质量和培养水平；三是强调终身教育，通过不断提高学员自身素质，达到最终的培养目标；四是提倡创新教育，要求必须适应时代特征，对教育的各个方面进行创新，不能故步自封。俄罗斯陆军院校认为学员既是军人，也应该是社会的人，必须树立终身教育理念，将当前的军事教育与终身发展紧密联系起来。

（三）国家本位意识理念

俄罗斯陆军院校注重打牢学员的职业基础和培养国家本位意识。一是要重视基础教育。俄罗斯陆军高等教育机构的初级职业教育学制是5年，前4年的主要任务就是打牢文化基础和军事基础，最后1年是进行岗位任职前的基础教育。二是要在培养学员的过程中强调国家本位意识。这是苏联传统文化基础的一个延伸，也是与美军的军事教育理念最大的不同。美国的文化是公民文化，强调个性，强调个人的发展，所以，美军的军官培养非常注意从个人的特点出发，多基于个人未来发展来设定军官培养目标。而俄罗斯的文化特点是一种国民文化，即国家本位，所以，俄罗斯陆军院校更强调把军官培养成一个对国家有贡献、训练有素的专家，并具有高度的爱国主义精神。

二、培养目标

俄罗斯陆军要求学员具有较高的军政素质和较丰富的科学文化知识，强调军事人才全面发展，其人才培养总目标：培养面向军队现代化的高水平的军事指挥人才和军事专家。为此，陆军院校所设置的培训课程数量多、学制长，从体制上保证其培养目标的逐级实现。

（一）初级院校的培养目标

俄罗斯陆军初级院校的使命任务：培养具有高等军事专业知识的军官。具体而言，即培养符合陆军部队需要的初级指挥军官、技术军官，以及专业技术领域的师资干部和专业技术干部。因此，俄罗斯陆军初级院校在学员的培养过程中，重视牢固的基础知识教育以适应军事科学和武器发展的需要；重视干练的组织能力培养以便在实际工作中灵活运用科学组织原则；强调人才非智力因素的培养以适应瞬息万变的未来战争。

（二）中级院校的培养目标

俄罗斯陆军中级院校的培养目标：培养团级指挥和参谋人员，以及各种专业技术副职。为此，俄罗斯陆军中级院校强调以军事专业教育为主的全面培养，既重视军事专业教育，也重视科学文化知识教育、科技知识教育和有关的政治理论教育，力求培养合格的陆军指挥人才。以伏龙芝军事学院为例，强调全面提高学员的战役、战术和军事技术素养；培养学员成为具有独立思考能力和解决问题能力的优秀指挥和参谋人员；强调综合运用讲课、课堂讨论、自学、各种作业、各类演习等多种形式，在既提高理论水平又提高实践能力的同时提升教学质量。

（三）高级院校的培养目标

俄罗斯陆军本身并没有高级院校，其高级军官的培养任务由总参军事学院承担。总参军事学院的使命任务：培养战役战略级指挥和参谋人才，以及为各院校和科研部门培养高级专家。为此，总参军事学院的教学活动中，学员不分专业，以混合编班实行合训。

综上所述，俄罗斯陆军院校人才培养目标具有三个基本特点。一是重视文化和基础理论教育。通常工程技术类院校普遍开设战役、战术课程，便于学员毕业后也可担任指挥职务；政治类院校普遍开设高等数理、战役、战术及工程技术课程，便于学员毕业后既可开展政治工作，也可担任指挥或工程技术职务。二是注重复合型人才培养。俄罗斯陆军认为，由于技术装备出现了质的发展，需要指挥军官有较高水平的工程技术知识，工程技术军官也要有战役学和战术学方面的专业知识。为此，把一些指挥院校和工程技术院校合并，使其担负起培养指挥和工程技术兼通的复合型人才的重任。三是注重学员科研能力的培养。俄罗斯陆军认为，学员参加科研工作，不仅要具有专业方面的价值，也要具有社会政治价值，为此，要求其院校不仅要完成教学职能，而且要完成科研职能，广泛吸收学员参加科研活动，帮助学员掌握完成科研工作的方法和手段，提高科研创新能力。

三、教 学 策 略

俄罗斯陆军院校十分重视通过实践提高学员对所学知识的理解和运用能力，其教学方式主要包括课堂讲授、专题讨论、集团作业和集团练习、实验室作业、课程作业（课程设计）、即题作业、参谋部操练、兵棋推演、首长参谋部演习、校内实兵演习、撰写毕业（学位）论文（进行毕业设计）、自习和教员辅导等。初级院校以授课为主，指挥类院校的高年级学员以自学为主，专业技术院校一般前 2 年学习基础理论，后 3 年学习专业课，毕业时完成毕业设计和毕业论文。在教学中，具体的教学过程通常由院校根据教学模式的不同，基于教学效果组织实施。

（一）改革传统的教学方法手段

"新面貌"军事改革后，俄罗斯陆军院校将过去"教员手把手地教、学员一步步跟着学"的呆板教学方式转变为以传授知识和技能、培养学员创造性思维能力为主的教学方式，并广泛采用讲授、讨论、实验、综合设计、实装操作、部队实习、撰写论文、自习等多种方式和手段，大力提升教学效果。在此基础上，充分利用计算机和其他信息手段培养学员创造性劳动、独立探索和获取知识的能力。为了进一步引导学员运用知识，俄罗斯陆军将练习、实验、操作、演练等实践性教学放在更高的战略地位，深化学员对一门课程知识的学习和理解、提高灵活运用该课程知识的能力，达到"所学即所用"的教学目的。据统计，俄罗斯陆军中级院校课程教学中，实践教学占比高达 53% 左右。

（二）扩大公共基础课程覆盖面

为适应现代战争发展需要和武器装备的更新换代，俄罗斯陆军希望把学员培养成具有多种科学知识、有过硬实际工作本领和一定理论研究能力的军官，非常重视军官的"通才"培养。为此，俄罗斯陆军初级院校在课程设置上口径较宽、覆盖面广。如生长军官的培训方案包括国情教育、自然科学与社会科学（高等数学、物理、化学、电子学、机械学、外语、历史、地理等）、军事理论（战役学、战术、战争史和军事学术史、共同条令等）、军事教育学和军事心理学等多门课程的学习。

（三）提高专业课和军事课实战化程度

俄罗斯陆军在专业课程设置方面非常注重岗位需求和兵种特色，实战化程度较高。他们认为任何军事理论及指挥员的决心和判断，必须建立在科学的基础上，只有用数学模型量化学科理论和战斗决心后，才能使其成为一门真正的科学，否则只能叫作艺术。因此，俄罗斯陆军院校致力于提升专业课和军事课的实战化程度，力求培养的指挥员不仅能够亲自拟制作战计划和行动方案，还能掌握火力配置、弹药消耗和作战物资储备等数据计算的方法。以伏龙芝军事学院为例，其教学体系和课程设置都围绕未来战争、部队训练需求和现有武器装备确立，作战条令、教材教案和战役战术想定作业多以现实对手为假想敌，重点培训战略战役、战役战术层级指挥决策的流程方法和指挥内容，并按照作战样式设置想定作业，情况复杂多变，没有昼夜之分，既连贯又逼真。此外，其战役战斗失利，甚至败局的处置措施完全按照实战要求施教。

（四）构建以法规、条令为基干的教材体系

俄罗斯陆军院校的教材体系处处都以现行战略法规、作战条令为基干，从军事学说，到战役法、军队（兵团部队）指挥、司令部工作、后勤技术保障、演习训练等专业领域，层级繁多，门类齐全。这些法规条令，不仅集概念、原则、工作程序、内容、方法于一身，而且经总统、国防部部长、总参谋长或陆军总司令批准颁布。同时，所有教学大纲、教学计划等，需要经过国防部、总参谋部、陆军总部批准，讲义教案、作业材料，甚至课程表也要经过院长、主管教学的副院长、教研室主任签字，院校教学与军官任职需求都统一到现行法规、条令上，以保证院校教学程序的规范性及其与机关部队工作标准的一致性。

（五）打造精准量化的教学课程和内容

俄罗斯陆军院校特别重视量化分析和对比优选。高等数学、线性代数、土木工程、物理化学等计算公式经常出现在教员课件和学员作业中，各种繁杂的数据成为各门专业课程教学的基本依据。在教学中，各门课程教员都看重数字、看重精确计算、看重精细计划，"多少""大小""长短""远近""前后""高低""深浅""快慢"等变量都要求准确，不允许学员说"大概""也许""可能"之类的结论。俄罗斯陆军的兵力兵器对比计算、作战能力评估，聚焦武器装备单件、建制单位数量对比和作战指数综合对比换算，注重把标准弹（炮车机舰等）、建制师（旅团营连等）作战指数换算成不同国家同类武器装备单件或同级建制单位的作战能力和火力毁伤效果。在战役战术层面，在国家信息安全程度、世界（地区）军事政治形势评估等课程方面，也都有各种评估公式和量化指数，以培养指挥员和参谋人员的精确指挥、精确作战能力。

四、教学方法

俄罗斯陆军院校常用的教学方法主要包括：课堂讲授和专题讨论、集团作业和集团练习、课程作业和学年作业、自习和辅导、组织到部队实习和参加演习等。此外，还安排各种作业和演练，以培养学员的实际能力。

（一）课堂讲授和专题讨论

课堂讲授和专题讨论是俄罗斯陆军院校常用的教学方法。课堂讲授是按照教学材料进行口头讲述，可同时进行视频和影片、示意图、挂图、模拟装置、仪器和实物模型演示及运用计算机技术等。在讲授过程中，先由学员对教学内容进行预习，后由教员进行课堂讲授。在讲授过程中，教员采用对话式和启发式等方法，为学员答疑解惑。同时，教员要针对教材中的重难点问题，以提问方式营造一种研究氛围，启发学员深入思考和理解问题，通过师生共同解答问题的方法达到理解教材内容的目的。课后，由学员就教材和教员给出的思考题进行课题讨论，然后由教员做授课总结。目的是使学员的知识系统化，并进一步巩固和掌握学习内容。

（二）集团作业和集团练习

集团作业既是理论课，也是实践课，是学员准备做集团练习前不可缺少的一步。其操作流程如下：首先，根据作业题目组织作业。在作业过程中，教员问，学员答。其次，组织集团练习，目的是使学员学会独立地、创造性地运用所学的理论知识。在集团练习中，由学员独立完成判断情况、定下决心和下达任务。练习中的指挥员和初级指挥院校学员，需要学习武器装备的操作和战斗车辆的驾驶技术，在现地实施战术队列作业、战术作业、战斗射击和实兵战术演习。专业技术院校的学员除现地作业外，还要在教员指导下进行实验室作业。实验室作业可采用个人作业、集团作业和混合作业 3 种方式。

（三）课程作业和学年作业

除理论课和实际作业外，俄罗斯陆军院校学员还要完成主要科目的课程作业或学年作业，技术院校则为课程设计。作业的主要目的是培养学员运用所学的知识独立解决问题的能力。学员每学年要完成 1~2 次课程作业（课程设计）。作业可以是学术论文，也可以采用学术报告或战役战术计算等形式。

（四）自习和辅导

自习和辅导也是俄罗斯陆军院校常用的教学方法。自习是学员巩固知识、提高思维能力的重要手段。自习通常与教员辅导结合进行，视情况可采用集体辅导和个人辅导两种方式。在辅导过程中，教员解答学员提出的疑难问题，并指出需要掌握的重点。

（五）组织到部队实习和参加演习

俄罗斯陆军院校经常组织学员在教员的带领下赴部队实习，目的是使学员熟悉部队情况，把学到的知识用于部队实践，同时丰富自己的知识。陆军军事学院、陆军军事大学指挥系的学员还要参加军区组织的演习，以检查和提高学员履行指挥或参谋职责的实际能力，积累组织演习的经验。在实习和演习结束后，各教研室要对学员在实习和演习中的表现做出鉴定。

（六）实验讲授法

实验讲授法是伏龙芝军事学院经过长期研究和摸索形成的一种高效教学方法，后被进一步完善和推广运用。实验讲授法的具体做法：学员受领 1 个月的课程内容，其中规定了每一科目需掌握的内容和课时数量，明确需要在课堂上与教员共同研究和自己独立钻研的问题，确定研究这些问题的方法和完成期限。要求学员一月一次呈交详细笔记，报告自己掌握学习材料的情况，以此增强学员自主准备功课的作用。

实验讲授法让学员有了进一步深研学习材料和掌握先进技术的机会。教员通过课题讨论、学术会议和实践作业，对学员独立自主学习进行监督，有效促进了学员的主动思考和创新思维的培养。

为了提升教学质量和效果，伏龙芝军事学院在教员运用实验讲授法的过程中，提供紧贴实战的教学保障设施。例如，在讲解弹药的教室配备了各种炮弹实物，还有厚度不一、被炮弹炸过的钢板，这样，每种炮弹的毁甲、穿甲能力一目了然，便于学员身临其境地消化和吸收相关知识。

五、教学管理

俄罗斯陆军十分注重院校教学的管理，从更高层面考核院校人才培养的质量。具体来讲，就是考核院校的教学计划、课程设置、教学内容、教学方法，是否符合武装力量改革整体规划，是否符合军种建设对人才的需求，是否符合学员个体塑造的规律。每年考核后，院校领导专门进行考核总结，并把考核结果作为制订新年度教学计划、调整与改革教学内容的重要遵循，保证院校的教学内容能够紧贴部队实际需求，经得起实战检验。

俄罗斯陆军院校自身也十分重视教学管理工作。在课程安排上，院校实行每周6天工作制，每天的9~14时安排6节课，1周开设3门至4门不同专业课程。在教学保障上，因受经费不足等因素制约，陆军院校比较节俭，但保障规范、实用、简便。各专业教室四面墙上都挂满图板、表格，还有反映历史荣誉和发展成就的照片。在教学秩序上，陆军院校要求教员和学员正课时间着装整齐，穿戴制式服饰，不准迟到早退。每次上课前，学员们听口令起立向教员问好，学员班组长向教员报告学员的到课情况。在安全保密方面，规定任何人进出教学楼、公寓楼都要出示出入证；专业讲座授课一律使用制式保密本做笔记；从保密图书馆借出的条令条例、教科书、参考书、想定作业等任何材料，哪怕是一张纸，都要按日期、名称、编号、页码等内容逐一登记签名，借书还书必须由本人凭院校出入证、携带制式保密包才能办理。学院还要求学员对所借阅的材料进行每周自查、互查 1 次；年级长、系副主任进行抽查。如果学员丢失、损坏涉密材料，将受到行政处分、罚款，甚至退学处理。[1]

第三节　其他国家陆军院校教学模式

英、法、德等国的陆军院校办学历史悠久，在长期的办学实践中积累了各自的办学经验，形成了拥有自身特色的办学模式。

一、教学理念

教育理念是院校精神的结晶，是院校的灵魂，是在长期办学实践中自发形成的。除美、俄外，其他国家陆军院校也有其独特的教育理念。

（一）服从战备需求理念

服从战备需求是各国陆军院校最基本的育人准则。以德国为例，冷战结束以来，德国的安全和国防政策发生了根本性变化，德军的使命任务也随之大幅调整。2016 年发布的《德国安全政策与联邦国防军未来发展白皮书》中，德国政府如此定义德军的使命任务："联邦应为国防目的的建立武装部队。""防御"一词在当今德国有着较冷战时期更为丰富的内涵，网络安全威胁、国际恐怖主义乃至流行病如新冠感

---

[1]　郝智慧. 俄罗斯高等军事任职教育的十大做法 [J]. 国防，2019（1）：75.

染等非传统安全威胁，都需要德军直接面对并与之相抗衡，同时还要履行人道主义援助、抢险救灾、反恐斗争等复杂多样的新任务。

随着德军部队使命任务的转变，德军院校的教学任务也紧跟其后进行了调整和扩展。汉堡联邦国防军大学校长克劳斯·贝克曼称："我们是一所由军队资助的大学，这意味着只要军队对某学科没有需求，该学科专业就不会于此存在。"该校曾于2020年开设了新的学士学位课程——《公共行政法》，在此之前虽曾有过开设法律学位课程的计划，但因当时的军队尚无相应需求而作罢。后来随着联邦国防军对法律方面更专业、更高层次服务的需求日渐增大，该校便根据部队的需要开设了这门课程。

（二）紧贴作战要求理念

在大数据时代，未来战争的胜负将更多地由信息网络而非武器装备决定。为解决"未来战场如何打仗""未来士兵如何装备和训练才能在战斗中生存"等问题，外军认为，需要的不仅仅是最新的技术、装备，思维与理念的更新同样不可或缺。因此，外军院校确立了信息主导观念，转变了培养目标，更新了教学内容，构建了信息化作战课程体系。一是增设信息化教学机构和组织。就是在军事院校中成立专门从事信息战与信息技术教学的机构和组织，负责对信息战与信息技术进行研究与教学。二是开设信息战课程和专业。英国的军事院校还专门增设了信息战专业学科，将信息战课程作为主要学习内容。三是设置信息化作战教学内容，加强一体化联合与联军作战教学。[1]

目前德军处于积极的信息化建设之中，其信息化建设计划于2018年12月6日在德累斯顿启动。德军所有院校都将信息战与信息技术人才培养作为院校教育改革的首要任务，制定相关战略并增设针对性课

---

[1] 耿卫，马增军.外军院校教育研究文集[M].北京：海潮出版社，2013：75.

程、大力更新信息化作战教学内容,强化指挥控制、有效交战、侦察情报、支援与维护、生存与防护 5 种作战能力。

(三)专业多能理念

在现代社会,高度专业化是职业军官戎马生涯的题中之义。在此基础上,外军院校教育正向着专业化程度越来越高的方向发展,以往航空航天工程、电气工程和计算机科学等学科占据主导的局面正被人文学科占比逐渐扩大的趋势所改变。

与此同时,"多能""通才"也是外军院校普遍的培养目标,以提高军官应对未来不断变化的战争的适应能力。执行任务的多元化,也要求军官对全球各地的政治、经济、文化等情况有所掌握。德军院校非常强调跨学科的教学方法。慕尼黑联邦国防军大学设立了名为"Studium Plus"(学习+)的研究所,举办各种以"安全政策""伦理与人工智能"等为主题的学术研讨会,并要求不同专业的学员积极参与。而在汉堡联邦国防军大学的课程设置要求里,所有学员每学期都至少要学习 2 门非本专业的课程。

外军院校除向学员灌输军事、科学文化知识外,更要求其具备对于优秀的领导者而言必不可少的个人素质,如专注力、社交技巧、情感管理、礼仪、演讲能力、说服力、领导力、时间管理、媒体应对、跨文化沟通技能等,确保军官有足够的能力高效、理性和负责任地决策与行动。英军院校在注重学员的科学文化基础知识、专业训练技能的同时,强调培养学员的战略意识、道德与品格、领导才能、表达能力及智力素质,为部队输送高素质的军官。[1]

(四)联合育人理念

"联合化"办校早已成为世界主要国家军队教育改革与发展的共同

---

[1] 耿卫,马增军.外军院校教育研究文集 [M].北京:海潮出版社,2013:46.

选择，此举既客观上提高了学员的培养质量，又最大化地实现了资源合理配置、节约军费。例如，德国依托其强有力的国民教育优势，积极向军队引进社会优质教育资源。两所联邦国防军大学均为军地共管，分别受其所在州文化教育部门和国防部的双重领导。不仅学习内容与州立大学相同，学分也可同州立大学互认，最后颁授的学位也得到国家认可。军官在国防军大学接受的教育与获得的学位，都将成为其退役后职业生涯的良好保障。此外，德军院校还经常邀请地方院校教授、研究机构的研究员为学员讲授相关科目的前沿理论知识和技术发展动态，或邀请政府部门专家为学员讲解国际形势、分析最新政策等，使教学内容紧跟国际形势的变化，保持学员对时事、时政的高度敏锐性。

（五）人才国际化理念

外军院校开放式办学的两种基本组织方式为"请进来"与"走出去"。"请进来"的做法通常有：一是提升授课内容和师资队伍的国际化标准，常态化邀请外国军官讲授该国的军事理论知识。二是增加客座教授的数量与规模。三是定期邀请外军院校教官和学员来访，举办国际军事交流活动，让学员有多次同外军军官进行军事学术交流的机会。"走出去"的做法通常是派遣优秀学员赴外军院校参加国际交流活动或出国留学等。例如，在德国汉堡联邦国防军大学，学员可以在遍布世界各地的、同该校有合作关系的50余所军队院校中选择留学或访问。法国陆军院校亦走开放式办学的道路，大量吸收外军学员，加强教学交流，扩大教学面，在世界军事发展的潮流上，决定未来学员的任职方向，为未来的国际防务合作奠定基础。法军院校除向国内开放外，大多数院校还向国外开放，每年要接收3500多名来自70多个国家和地区的外国学员。各院校还经常结合教学内容，组织学员到部队、社会乃至国外参观、见学或短期实习。

二、教学策略

为了提高教学质量和效果，外国陆军院校积极采取各种有效措施，激励学员主动学习，勤于思考。

（一）遵循"小班化授课"原则

除教官队伍普遍能力过硬外，充足的人力资源配备也是外军院校的一大优势。例如，在德国慕尼黑联邦国防军大学与汉堡联邦国防军大学，多数课程以 25 人以内的小班化形式进行教学。而在德国州立大学，可能出现超过 100 名学生仅由 1 位教授指导的现象。因此，在德军院校中，每名学员都可以获得教官直接、及时、充分的指导。

（二）缩短培养周期，加大训练强度

在德军院校中，一方面，除两所国防军大学外，其他院校均为任职教育院校，采用"订单式"育人模式和培训时间浮动制，各种培训班的培训规模及时间根据军队岗位需要而定，一般为几个月到 1 年。短的如德国德累斯顿陆军军官学校营职指挥官培训班等，培训时间仅有 2 周。另一方面，对于德国的两所联邦国防军大学而言，其学制最明显的标志是将 1 个学年分为 3 个学期（Trimester，有别于普通的 Semester，即将 1 个学年分为 2 个学期的学期制），每学期 12 周。学习周期的缩短导致学习强度的提升，学士学位课程须在 7 个学期以内达到规定的学分，硕士学位课程则包括 5 个学期，故而整个学士和硕士学位课程必须在 4 年内完成。学员每学年最多可获得 75 学分，而州立大学则为 60 学分。学员在联邦国防军大学获得的硕士学位，用时显著少于州立大学所需时间，这就是所谓的"强化学习"。

（三）注重发展智力和培养能力

外军认为，军校教学的目的是培养学员的实际工作能力。知识是形

成能力的基础，智力是能力的核心，传授知识和开发智力都是为最终形成能力服务的，故主张在教学中不约束学员的思维。教员在讲评学员的回答或作业当中，只要学员能自圆其说，就不轻易否定学员的答案。同时，通过实践性教学环节培养学员的实际能力。德国陆军院校不仅将教学和部队实习有机地结合起来，以加大实践教学力度，还加大实践课在教学中的比例。如陆军教育专科学校学制为 30 个月，其中军事实践课占 5%。指挥学院学员基础训练结束后，要到机关任职实习 1 年，然后再回到指挥学院进行军事业务训练。此外，军校还通过参观、演习等方式进行动态体验，培养学员实际能力。

（四）教学内容适当超前，突出应用

外国陆军院校所开设的课程，根据院校层次及班次的特点有所不同，但基本围绕学员岗位任职需要进行设置，且具有一定的超前性，突出实用性。例如，德国陆军学校的若干想定作业中，其中一个想定是训练在巴尔干半岛执行维和任务，就是因为学员毕业任职后很有可能在该地区执行维和任务，或在世界其他地区执行类似的维和任务。

外国陆军院校在教学设计时，为了突出重点，且保障所突出的重点有足够的学时，一方面充分利用学员具备自学能力的优势，鼓励学员自学完成，正课时间不作安排；另一方面运用讨论或作业的方式，迫使学员充分利用自习时间进行自学。如军事历史课，教员在课堂上讲脉络、讲要点，然后指定参考书目，学员在课余时间自学，课堂上用一部分时间进行讨论，如讨论对历史事件的看法，对历史事件进行分析，以及如何以史为鉴研究现实问题，也就是我们说的"古为今用"。

三、教学方法

外军认为，教学是实现人才培养目标的主要渠道，是唤醒课程生命力、丰盈课程灵性的基本平台。不同类型的课程，其教学的方式、方

法也不一样。

（一）问题引导法

问题引导法的程序：①提出问题，提问的主体可以是教员也可以是学员，或者是教员和学员共同提出问题；②学员阅读教材、资料，为发言作准备；③组织讨论；④教员小结。如英国国防学院采取教员与学员共同提出问题，然后在学员阅读教材、资料的基础上，围绕问题展开讨论的方法。在具体组织过程中，可以是教员提问，由学员自由作答；也可以是由学员提问，教员回答。使用这种方法可以使学员处于主动学习地位，在相互交流中拓宽学员的知识面，培养学员活跃的思维能力和迅速、准确回答问题的能力。

（二）实践教学法

外军院校不拘泥于只在教室授课，而是把"课堂"放到实验室、外场和部队，并且通过外出参观、见学的方式授课。德国候补军官培养过程的 7 个阶段的培训环境类型多样，从军事院校到军地共管的国防军大学，从语言培训中心到作战部队，整个过程反复强调学员的实践能力锻炼，从新兵入伍训练筑牢军事基础素质，到军事院校实践战术指挥能力培养，再到毕业前兵种分队指挥岗位分队长职业培训实习，都体现出在掌握知识的同时强调指挥实践能力的锻炼的特点。[1] 英国皇家陆军军官学院实践性课程占总学时的 70% 以上，如开设有历险训练课程，组织学员进行远程历险训练，内容以反恐怖、难民救助、维和行动为主，着力培养学员的现场指挥才能和在艰苦复杂环境下正确决策的素质与能力。[2]

---

[1] 高博，弥鹏，杨阿锋 . 德国军事教育改革与人才培养体系 [J]. 世界教育信息，2016（6）.

[2] 耿卫，马增军 . 外军院校教育研究文集 [M]. 北京：海潮出版社，2013：197.

（三）自学方法

对于军队院校而言，学员自学是最常用的教学方法。如德军院校的教学理念为"基于问题的学习"，因此教学通常采取授课与自学相结合的方法，且学员自学先于教官授课、重于教官授课。教官讲授以启发式为主，所占课时较少，而将课堂时间更多地留给学员理解问题、展开讨论及解决问题，从而提升学员的课堂参与度，调动学员学习的主动性，启发学员独立思考。

（四）专题研讨教学法

外军认为，专题研讨的教学形式不仅能增强学员学习的兴趣，而且能活跃学术气氛，提高教学质量。在授课形式上，注重专题讨论、增强互动性，以锻炼学员的表达能力及团队协作能力。在课堂以外的时间，通过组织学员阅读专业资料、参观见学和专题讨论等方式，加深理解课堂上所学到的知识。这样，不仅能加深学员对教学内容的理解，而且能更有效地使教员和学员、学员和学员之间真正沟通，提升双向交流的质量。这不仅有利于学员的学习，而且有利于教员课堂管理能力的提高。

第四章　外国陆军院校师资队伍

列宁曾一针见血地指出："学校的真正的性质和方向并不由地方组织的良好愿望决定，不由学生'委员会'的决议决定，也不由'教学大纲'等决定，而是由教学人员决定的。"[1] 对军队院校来说，要把学员塑造成什么样的人，首要的是应该把师资队伍培育成这样的人。美、俄、英、法等国的军队院校就非常重视师资队伍建设，紧跟时代发展要求、不断优化师资队伍的组成结构，贴近部队人才建设要求、不断提高师资选聘标准，重视师资队伍培养使用、谋求军事人才培育质量，实施灵活管控策略、持续挖掘师资队伍潜力，形成了各具特色的师资队伍建设的做法。

第一节　美国陆军院校师资队伍

美军能够成为当今世界实力最为强大的军队之一，不仅得益于其独具特色的人才培养模式，也得益于其优秀的师资队伍。美军认为，即

---

[1]　佘双好. 办好思想政治理论课关键在教师 [N]. 光明网，2019-04-19. https：//m.gmw.cn/baijia/2019-04/19/32755827.html.

使拥有完善的课程设置与出色的学员素质，也无法弥补平庸的师资队伍所造成的缺憾；高质量职业教育的决定性因素是师资队伍素质，必须把那些刚刚完成作战任务并熟悉了解最新战术和政策的军官选拔到师资岗位上来，引导学员学习诸如战略等复杂课题，才能培养出高质量的军事人才。系统研究美国陆军院校师资队伍建设情况，既有利于加深对美军人才培养状况的全面了解，也有助于充分汲取其经验教训，进而反求诸己。

一、师资队伍结构

师资队伍结构是指教员队伍整体要素的构成情况，通常包括编制结构、学历结构、年龄结构、能力结构和专业结构等。美国陆军把优化师资队伍结构作为院校建设的一项重要工程，结合时代发展和战争形态变化对陆军人才培养的需求，采取多种有效措施，不断优化师资队伍结构。

（一）编制结构

美国陆军院校的师资队伍是一支人数多、素质高的人才群体，采用编制内与编制外相结合、军职与文职相结合的结构方式进行编配。美国陆军有 29 所院校，其师资队伍由编制内人员与编制外人员共同组成。如陆军军事学院编有 160 名教员，其中 100 名军职教员、60 名文职教员，这些人员都属于编制内人员。[1] 美军认为，没有一所学校能在所有学科都保持领先的学术地位，聘请在其研究领域有所专长的人员任教或讲学，有助于营造一流的学术环境，保持高水平的教学质量。长此以往，这些被聘请人员就顺理成章地成为院校编制外人员。如西点军校，就经常根据课程教学需要，大量邀请地方政府官员、大企业管理人员和科学家，就政治、经济、科技、文化、外交等与军事有关的课程进行

---

[1] 姜廷玉 . 外军名校与名将 [M]. 北京：中国人民解放军出版社，2007：337.

讲学，[1] 这些人员就是西点军校的编外教员。陆军运输学校的管理学课程和铁路运输专业课程，分别聘请地方大学教师或地方铁路技术人员授课，或者聘请政府运输部门的官员或设备供应商授课。[2]

编制内的教员主要由军职教员和文职教员组成。军职教员主要来源于现役军官和士官；文职教员主要来源于地方高等院校、研究机构和政府部门。这两类人员的占比没有固定标准，通常根据院校层次和培养目标的不同，有不同的占比。美国国会要求学历教育院校中文职教员占比应达到25%，西点军校文职教员的占比一直保持在20%左右。

（二）学历结构

学历结构反映着师资队伍的知识结构和学术水平。美军要求军兵种初级院校教员应具有学士学位，中高级院校教员以硕士、博士为主体。美军院校共计约18万人的师资队伍中，90%以上的人拥有硕士或博士学位。陆军各类院校的培养目标不同，对师资队伍的学历结构要求也相应不同。如陆军军事学院的160名教员中，拥有博士学位的教员占75.6%。其中，86%的军职教员拥有博士学位；文职教员100%拥有硕士及以上学位、58%的人拥有博士学位。陆军指挥与参谋学院约有军职教员200名，其中70%以上的人拥有硕士或博士学位。[3] 西点军校的600多名教员中，99%的人拥有硕士及以上学位，15%的人拥有博士学位，他们当中的许多人已成为美国军界的名人，而且有不少人是美国学术界的知名人士。[4]

[1] 龚深深，张怡.美国西点军校师资队伍建设特点研究 [J].科技创新导报，2010(11).
[2] 贺宇，张春润.美军的军交运输院校教育 [J].国防交通，2006（4）：73.
[3] 姜廷玉.外军名校与名将 [M].北京：中国人民解放军出版社，2007：337，339.
[4] 刘建清，李秀娟.西点军校发展历程对我们的启示 [J].武警工程学院学报，2006（79）.

（三）年龄结构

美军认为，教员与学员年龄相仿，生理、心理特点接近，便于教员了解和掌握学员的兴趣、爱好，有利于教学和管理。在美国陆军院校中，除了少数文职教员年龄偏大一点外，教员以中青年为主。在通常情况下，初级院校教员的平均年龄构成，一般比本级院校学员平均年龄大 3~5 岁；中级指挥院校教员的平均年龄构成，一般比本级院校学员平均年龄大 2~3 岁；高级指挥院校教员的平均年龄构成，一般比本级院校学员平均年龄大 1~2 岁。如陆军军事学院军职教员平均年龄为 43 岁，学员平均年龄为 42 岁。

（四）能力结构

对于军职教员来说，因其所承担的课程以部队作战、训练、管理相关的课程为主，对任职经历和实践能力要求更高。如陆军初级院校对教员的要求：须经过战略战术及专业技术科目学习，并担任过连长、排长或营级司令部参谋等职务；陆军中级院校对教员的要求：须经过初级院校培训，担任过营级指挥职务或旅级司令部参谋等职务，有 12 年以上军龄的少校或中校军官；陆军高级院校对教员的要求：须经过中级院校培训，担任过旅级、师级领导职务，在军以上高级司令部工作过 2 年、服役 18 年以上的中校、上校级军官。

对文职教员来说，所承担的课程更多地反映在基础理论、前沿科技和技能性强的专业课程中，因而对教员的学识水平要求更高。如陆军运输学院的文职教员，主要来自美国国防部运输部门、军方研究机构的高级文职人员，且具有长期从事军交运输计划、管理或研究工作的经验，担任运输计划、运输管理等高级课程教员。学校根据课程安排，临时选调他们到校授课，完成教学任务后仍回原单位任职。[1]

---

[1] 贺宇，张春润.美军的军交运输院校教育 [J].国防交通，2006（4）：73.

（五）专业结构

美军规定，各军种院校的军职教员主体来自本军种，部分来自其他军种，院校级别越高，多军种教员队伍的占比就越大。因而，陆军院校的军职教员大部分是从陆军现役部队选拔具有连职指挥经历和参战经历、完成了初级军事职业教育培训的上尉或少校军官，只有小部分来自其他军种。如陆军军事学院是陆军高级院校，其师资队伍中的陆军与海军、空军教员的占比为 50：25：25。陆军指挥与参谋学院是陆军的中级院校，其师资队伍中的陆军教员的占比要略高于 50%，通常来自其他军种的教员不低于 15%。

美国陆军院校师资队伍中，能够终身从事教员岗位的人属于极优秀者，数量非常少，绝大多数教员是要流动的。美军教员流动并不是"一刀切式"的大换班，而是根据教学需要和教员素质情况，有计划地进行交流，以保持师资队伍专业结构合理、相对稳定和按需流动。在通常情况下，军职教员实行短期流动，任期通常在 2~4 年；文职教员实行长期流动，任期通常在 6 年左右。美军认为，定期轮换便于教员熟悉部队情况，有实践经验，教学针对性强，有利于院校和部队之间及时顺畅地交流信息，实现院校所教与部队所用无缝衔接。

二、选聘标准与流程

为规范院校师资队伍建设，美国陆军针对不同层次院校的培养目标，区分不同师资类别，建立相应的选聘标准和流程，目的是把好师资队伍的入口关，提高师资队伍的整体素质，提升军事人才的培养质量。

（一）教员的选聘标准

美国陆军院校通常根据人才培养需求，结合具体编制来选聘所需要的军职教员和文职教员。

1. 军职教员的选聘标准

美国陆军高层认为："选拔最优秀的指挥军官担任教员，对整个陆军、其他各军种及军官学员而言，都极为有益。"美国陆军院校师资队伍的选聘对象主要包括现役各军种部队和后备役部队的军官、准尉、士官，通常采取"要素＋基本条件和补充条件"的方式，区分受聘对象的年龄、军龄、军衔、学历、职务、经历等要素（表4-1），并依据上述要素，各层次院校再设置相应的基本条件。

表4-1 美国陆军院校军职教员选聘标准

院校等级	选聘标准
初级院校	必须是与受训对象年龄相仿、服役在6~9年，中尉、上尉军衔，大学本科以上学历、学士以上学位，在军兵种初级院校进修过战术、领导艺术及专业技术课程，曾担任过排级、连级指挥员或营级参谋等职务
中级院校	必须是与受训对象年龄相仿、服役在12年以上，少校、中校军衔，硕士、博士学位，同级院校毕业的培训经历，担任过营级指挥职务或旅、师两级司令部参谋等职务
高级院校	必须是与受训对象年龄相仿、服役在18年以上，中校、上校军衔，硕士、博士学位，同级院校毕业的培训经历，担任过旅、师两级领导职务，并在军以上高级司令部或盟军司令部工作过2年

美军重视联合作战人才的培养和使用，陆军院校的师资队伍中，通常都有来自其他军种相应职衔的人员担任教员。如陆军的工程兵、野战炮兵、装甲兵、防空炮兵和步兵等兵种，以及海军、空军、海军陆战队各派出1名军官作为本军兵种的代表，在西点军校的军事教育系任教，讲授本军兵种的知识，每3~4年轮换1次。拥有联合作战经验的军官到了退役年龄，有较高概率会被返聘任用。此外，各院校还针对课程性质设定补充条件，以满足课程教学需求。如西点军校在选聘文化课程教学的教员时，偏重学历、实际任教能力和在部队工作年限，对教员的实践经验、口头表达能力，以及相关学科知识和学术科研能力等也有相应的要求。在本校毕业生中选聘教员，应是优等生，且通

常在部队服役 5~7 年后才可回校任教。在准尉和士官中选聘教员，对学历要求不严格，但必须精通专业技术，达到该领域技术专家的水平。如陆军运输学校的准尉和士官教员选聘，首要条件是具有丰富的实际工作经验，一般要求在运输部队或运输指挥、参谋机构有至少 5 年的服役经历，还应具备师资的基本素质。[1]

2. 文职教员的选聘标准

美国陆军院校文职教员的选聘对象范围较广，成分更为多样，主要包括地方高等院校、研究机构、政府部门的学者、教授、专家或知名人士，担任某些特殊课程的教员也可以从外国军队的军官、军士或非军人中招聘。如西点军校担任《军士与连队管理》课程的教员，就是来自英国皇家陆军部队的士官。选拔讲授某一国家的语言、国情等教学内容的教员时，也可以根据需要招聘该国学者、知名人士等外籍文职教员担任该课程的主讲人。美国陆军文职教员的具体选聘标准如下：热爱军事教育，有硕士及以上学位，高级讲师或副教授、副研究员及以上职称，有学术著作或较突出的科研成果，有渊博的知识和丰富的教学经验，是学科带头人或权威。正是由于有严格的选聘标准，在源头上保证了美国陆军院校文职教员队伍的高质量教学，使他们能够在被选聘的工作岗位上充分发挥自身特长，实现自身价值，很好地弥补了陆军院校某些领域师资力量不足的缺憾，也为学员及时了解和掌握某些领域的新鲜知识和先进技术提供了信息资源，推动了军事人才培养高质量发展。

（二）教员的选聘流程

为了确保师资队伍选聘质量，美国陆军各级院校均设有常设或临时评选委员会，或教研人员发展委员会，作为选聘组织机构，负责军职和文职教员的招聘、推荐、评选与审查工作。选聘机构通常由院校行

---

[1] 贺宇，张春润. 美军的军交运输院校教育 [J]. 国防交通，2006（4）：73.

政与专业人员组成，人数不少于4人，每届任期2年，可以连任。如西点军校选聘由各类专门的评选委员会负责，每个评选委员会至少由4名成员组成，委员任期2年。

1. 军职教员的选聘流程

军职教员的选聘对象有新任教员和教员晋升两类，其流程主要包括推荐、审查、评选和任命等步骤。

新任教员通常由院校选聘组织机构推荐，组织审查和评选，再由院校相应机构任命。教员晋升通常依据管理权限，分别由院校内的相应机构领导者推荐、评选委员会组织审查和评选，再由上级领导任命。在审查和评选环节，尤其要重视考查受聘人员的学术、专业和个人素质情况。如西点军校教授与常任副教授选聘，首先由评选委员会公开宣布招聘人员，其次考查候选人学术、专业和个人素质情况，再次向相关学科的地方著名学者提出咨询，最后向教务长和校长汇报咨询结果。[1]美国陆军规定，在基础教育院校任教的军职教员中，任职3年的高级讲师、讲师和讲师以下职称的教员，由教学系主任推荐、教务长批准、校长委任。助理教授由教学系主任推荐、人事行政参谋主任委任。副教授由教学系主任推荐、教务长批准、校长委任。常任副教授由校长提名、军种部委任。教授由教学系主任推荐、校长提名、军种部批准、总统委任，并经参议院确认。客座教授选聘的主导权在院校，由教学系主任推荐客座教授人选，教务长负责审查推荐人选，并将合格者提交校务委员会审批，通过后以校长名义签发聘书，正式聘用。美军十分重视选聘有作战和部队训练等实践经验的军官到院校任教。海湾战争结束后，美国陆军选聘了一些有实战经历的中级、高级军官充实院校师资队伍，提升军事人才的培养质量。

2. 文职教员的选聘流程

文职教员选聘与军职教员略有区别。文职教员选聘是面向全美国，

[1] 龚深深，张怡.美国西点军校师资队伍建设特点研究[J].科技创新导报，2010(11).

甚至可以面向外国。因此，选聘的第一项工作就是由教员人员初选委员会在美国主要报纸、杂志上公开刊登招聘启事，接受应聘者的咨询和投寄个人资料，评审应聘者的资质，然后由学科委员会推荐，校务委员会审批和录用。通过这些规范的专业程序选拔，美国陆军将许多地方及外国的优秀教育专家选聘到院校教员的工作岗位上，为陆军人才的培养发挥重要作用。

三、能力培养方法

美国陆军认为，院校的师资队伍应该不只是理论的空谈者或推动者，他们必须教学；必须是本领域的专家；必须获得机会并通过研究和著书立说，进一步提升其专业水平。为了提升师资队伍的整体素质，美国陆军院校从 5 个方面加强师资力量的培养与使用。

（一）从事教学实践

对于新任职的教员，美国陆军院校通常采取"培训 + 指导"的方法，帮助其快速积累教学经验。培训内容主要包括编写教材，使用各种教具、模型和教学设备，评定学员成绩，熟悉所教授的科目等内容。指导方式主要采取观摩老教员的示范教学、新教员备课试讲、各级领导和老教员指导帮助等。只有得到有关领导和资深教授认可后，才可以登上讲台授课。为了使新教员更快地适应新岗位，有时也需对其施加一定的心理压力，促使新教员尽快成长为一名称职的教员。

（二）选送进修深造

美国陆军认为，到军队或地方高等院校进修深造，是教员拓展知识眼界、快速成长的重要途径。因此，各级院校都积极鼓励教员利用 1~2 年的时间进修硕士或博士研究生课程并获得学位，所进修的课程应与其日后讲授、研究的学科有关，或对未来完成教学任务有直接帮助。

多所陆军院校与哈佛大学、麻省理工学院等著名大学签订合同，培养部分教员和技术军官，时间为 1 年。同时，每年抽调少量的初级、中级院校的教员到国防大学和各军种军事学院学习，或担任客座教授、客座研究员，目的是拓展教员的知识面和培养其战略思维能力。教员在军事院校或地方高等院校进修学习时，课程量应与全日制学生的学习量相当；在军队或地方院校任教时，应承担与该校专职教员相当的授课量；进行学术研究时，应取得明显的学术成果，撰写的著作与论文应能够出版和发表。

（三）出国学习考察

积极开阔国际视野，善于学习外军经验，是美军的一个显著特色。美国西点军校的建设与发展离不开学习西欧国家军队院校的办学经验和师资队伍建设经验。如今，美国陆军院校的教育水平已经超过西欧国家军队院校的教育水平，但这并没有阻止美军院校与西欧国家乃至其他国家军队院校的交流。美军院校与西欧及其他国家的一些军事院校签订有相互交流教员的协议，有计划地选派教员和研究人员到这些国家学习、考察和研究，学习有益的办校治学经验。

（四）开展学术活动

美军强调院校教员不仅要精通自己的专业，还要熟悉邻近专业，具备创新能力；要求教员不仅要拥有硕士及以上学位，还要富有创造精神，经常产生学术成果和科研成果；强调院校师资要开展经常性的学术研究与交流，鼓励各院校之间加强联系与学术交流。为此，美军各院校之间、军地院校之间、军事院校与国防部下属机关和部队之间，都建立了密切的学术科研协作关系，鼓励教员在遵守军事秘密等有关规定的前提下，开展学术研究，发表学术文章，出版学术著作。为了鼓励学术研究，美国陆军各院校都制定了相应的政策与规定，保证教员在从事学术研究时能享有最大的自由。如规定学校的实验室、研究设备优先供教员使用，并为学术研究提供财政支援，包括个人赠款、助学金、奖学金、生活津贴、研究员基金、校外拨款、资助及一些专设的资金等；教员外出参加学术活动可以享受学术休假；鼓励教员以学术团体成员的资格出席各种学术会议，或与其他军种院校、地方大学的相应机构建立协作关系，保持与发展专业联系；鼓励教员到其他高等院校担任客座教授；鼓励教员与国防部下属机构、院校、部队或盟军院校建立和保持稳定的联系。正因为拥有宽松的学术科研创新环境，大量美国陆军院校教员获得了高级学位和职称，多数教员著有学术著作，部分学术著作还享誉世界。

（五）参与军队建设

美国陆军把提高院校师资队伍的教学能力、专业知识水平和综合素质与军队建设的各项决策和实际工作联系在一起，根据教学任务和军队建设实际，将教员安排到和参谋长联席会议、联合与特种司令部、陆军参谋部及陆军一级司令部共同完成的工作之中，使其在实践中发现问题、思考问题和研究解决问题。高级院校还抽调部分师资力量组成"战略思想库"，为各军种参谋长和高层领导提供咨询与建议。正是这种直接参与决策和实际工作的做法，促进了院校教员的教学科研工作与部队作战训练活动紧密结合，既丰富了教员自身的专业知识与工作经验，也为教员日后轮换到部队指挥岗位工作奠定了基础。

四、建设与管理措施

师资队伍建设与管理是军队院校建设与管理的重要组成部分，师资队伍建设与管理的成效，不仅反映在陆军院校建设管理之中，也反映在陆军建设发展之中，成为美军建设管理的一个缩影。

（一）从制度上确立了教员岗位的重要地位

美国西点军校是世界公认的一流军校，其中关键的一点就是它紧密联系军队的发展和军事人才的需要，为部队建设服务，为未来战争服务。因此，熟悉部队、正确认识战争是军校教员的基本素养，西点军校的军职教员全部来源于军队内部不同岗位就充分证明了这一点。不仅西点军校如此，几乎所有美军军事院校都是如此。美军在制度设置上，明确了教员职务并不是军队的一个特殊职业，而是与部队指挥职务、参谋职务完全相同的职业，军官的教员经历是晋升中、高级指挥岗位的重要条件之一。在美军内部，没有人认为走上教员岗位就意味着到达了人生职业生涯的"终点站"，而是作为一个职位的起点，只有优秀的军官和文职人员才有资格担任教员。美国军人把任教经历看作军事职业生涯中获得多种经验和展示自己才能的一个舞台，所以，许多军官愿意到院校教书，并以从事教学科研为荣。在美国历史上，有许多著名的军事将领就是从教员岗位上脱颖而出、走向高级领导职位的，如"二战"时期的五星上将麦克阿瑟就曾执教过多所军队院校；出任海湾战争指挥官的美中央司令部前司令施瓦茨科普夫上将曾在西点军校从事2年的机械工程原理课程教学。

（二）从机制上实现了不同岗位的交流互动

美国陆军注重把院校建设与部队建设紧密结合在一起，通过院校建设促进部队建设，通过部队建设带动院校建设，并把院校与部队人才队伍良性互动作为实现二者深度融合的有效措施。美军认为，院校与部队人才定期轮换，信息及时、顺畅交流，能够使院校教学内容与部队训练活动有机地结合在一起。对于院校建设来说，可以促进师资队伍熟悉部队情况，丰富实践经验，提升教学的针对性。为了使教员岗位与部队指挥岗位轮换更为科学、稳妥，美军不是采取"一刀切"的大换班，而是根据院校教学需要和师资队伍的素质情况，实施相对稳定状态下的合理流动机制，以确保院校人才培养质量稳中有升。西点军校规定，以陆军部队为主，选聘 6~9 年军龄的上尉和少校军官担任教员，先选送到地方大学对口学习 3~5 年，然后任教 2~3 年。任期结束后，大多数教员离开教员岗位，赴各级部队或司令部任职，将自己的知识运用于部队工作，在实践中检验和提高自己；或赴军队或地方院校攻读学位，拓展知识，提升学术水平。当然，美国陆军院校中，也有一小部分教员是不流动的，担任常任教授或常任副教授，可以在校工作 30 年，直到退休。西点军校编制的常任教授有 23 名，可以工作至 64 岁。这种教员队伍总体流动下的局部稳定性，较好地解决了教官交流与保留教学骨干和学科建设之间的矛盾，保持了学科建设的持续性和教官岗位轮换的经常性。实施相对稳定状态下的合理流动机制，实现了人才的空间位移，实质上是人才的一次再分配，能够改变院校在师资队伍建设中存在的技能、知识更新及结构等方面的不足，确保师资队伍的知识结构和素质状况等始终处于最佳状态。

（三）从政策上充分激发师资队伍的活力

最大限度地发挥师资队伍的作用，是所有院校追寻的目标。美国陆军院校坚持全过程跟踪和把握师资队伍建设质量，及时调整和制定相应的政策措施，充分激发师资队伍的活力。

1. 提高教员待遇

为了合理提升教员待遇，美国陆军院校采取了一系列行之有效的措施。例如，提高教员工资标准，使教员工资比同职级其他人员的工资普遍高 10%~20%。对获得博士学位的教员，在住房等问题上另有优惠政策。陆军各院校还有相应的优待措施。如西点军校对客座教授的优待，主要包括发给文职人员优待证件，凭证件可在军营食品店和陆军消费合作总社购物，在六级小酒店、陆、海、空消费合作社、影剧院及军营俱乐部参加娱乐活动和就餐，有偿使用住宅和营房部门提供的有限数量的家具，在生命危急时享受急救治疗等。

2. 延长教员岗位任期

高级职称教员在西点军校教员中的比例约为 17%，通常以陆军中校和上校军官为主。这些教授和副教授同时还担任系主任、副主任等领导职务，是学术教育的核心领导者。他们可以在西点军校工作到退役。西点军校设立了学术休假制度，常任教授每工作 6 年便可享受 1 次最长 1 年的学术休假。利用学术休假，常任教授可以到其他院校、政府部门、研究机构从事教学、研究活动，也可进行著书立说等专题性研究，或选学博士课程等。

3. 鼓励教员参加教学和科研活动

为了充分激发教员的活力，美国陆军院校积极鼓励教员参加教学和科研活动。如设立教员岗位补贴、生活津贴、奖学金、研究员基金、校外拨款和校内专项资金，使教员拥有优越的生活保障和良好的工作条件。学校用提供奖励经费的方式鼓励教员在期刊上发表联合作战方面的学术论文和研究成果；为教员提供数额可观的学术著作出版经费，使其既提高学术声望，又得到一定数额的经费补贴。各类院校的实验室、研究设备优先提供给教员使用，经费保障也相对充足。

4. 减轻教员评定职称的压力

职称评定有严格的标准要求，特别是在学术科研成果方面有更高的要求。对于来自部队、任职数年后又要回到部队任职的教员来说，短期内产出一定数量和标准的学术科研成果是有一定难度的，而且会形成较大的工作压力，甚至还会影响课堂教学工作。为此，美军规定，院校承担军事课程的教员不评定职称，而以军衔加以区分，为从部队引进的教员减少了评定职称的后顾之忧。[1]

---

[1]　高永平，李江.外军任职教育院校师资队伍建设及启示[J].继续教育，2009(9).

第二节　俄罗斯陆军院校师资队伍

俄军认为，师资队伍是培养合格军人的特殊群体，是院校教育训练的重要支柱，只有拥有高素质的师资队伍，才能培养出高质量的军事人才。师资队伍的能力素质与部队人才的培养需求是随着师资任职时间的变化而发生变化的，不能永远是"优秀分子中的优秀分子"。因此，俄陆军把建设一支高素质的适应军事教育需要的师资队伍作为院校建设的基础工程来抓。

一、师资队伍结构

俄陆军紧密结合现代军事人才培养特点，建立了一支适合本国本军种军事教育需求的院校师资队伍，较好地满足了陆军人才的培养需求。其院校师资队伍结构呈现出以下特点。

（一）编制结构

俄罗斯陆军构建了由军职教员和文职教员组成的二元化师资队伍编配结构。其中，军职教员主要由现役军人构成，在师资队伍中占多数，主要来源有三条渠道：一是从获得副博士学位以上的毕业学员中择优选拔的人才。俄军建有"院校后职业教育体系"[1]，通过这一体系教育的人员具有"高等院校师资"资格，是选拔进入军队院校师资队伍的重要来源。二是从作战部队选调经过高等军事学院培训、具有丰富实践经验的优秀军官担任教员职务。在俄军的历次改革中，为保留人才，从作战部队选调了一大批实践经验丰富的军、师、团主官和参谋长充

---

[1]　指在俄军一些军事院校和科研单位，开展面授和函授军事副博士和军事博士生教育。此外，科学博士和副博士教育既可以通过申请攻读学位的方式进行，也可以通过将师资转变为高级研究员、完成博士论文答辩等方式进行。申请攻读军事副博士学位的人应具备高等职业教育经历，申请攻读军事博士学位的人应具备科学副博士学历，通过学位论文答辩后，可以获得"高等院校师资"的补充技能称号。

实到军职教员队伍之中。三是开办专门师资班，以培养满足专业教学需要的军职教员。文职教员主要是受过良好正规教育的地方专业人员，他们大多具有教授、工程师等较高职称，经部队征召后，承担军队院校的社会科学、基础文化和工程技术学科的课程教学任务。军职教员与文职教员的比例大体保持在 55%：45%。

在军职教员队伍编配上，俄罗斯陆军院校采取全职和半职相结合的编配模式。全职教员是指纳入院校军人教员编制内的人员，是俄陆军院校教员的主体，承担军事课程的主要教学任务。半职教员是指对一些已经退休的教授、副教授，因教学任务需求采取延长其服役任教期限，或在其退役之后由教研室实行返聘留用，通常一个职位聘用 2 人，每人各承担一半的工作量。返聘人员往往是某些军事专业领域的权威，工作在教学和科研第一线，起着学术带头人的作用，可以不限制年龄。半职教员的聘用不是越多越好，而是有一定的限制。通常在每个教研室可以预留 1~2 个教授（副教授）职位，用以聘用半职教员。俄罗斯联邦武装力量诸兵种合成军事学院是培养陆军营级、旅（师）级指挥与参谋军官的院校，现编有教员 776 人，其中返聘教员达 134 人，返聘教员占比为 17.3%。全职教员队伍与半职教员队伍相结合，实际上是新老教员队伍传承上的一种有益做法，较好地缓解了某些领域教员青黄不接的矛盾，是俄军院校教员队伍建设的一种经验传承。

（二）学历结构

俄罗斯陆军院校十分注重师资队伍的知识结构，把教员学历作为选聘的一条重要标准，使教员中拥有副博士以上学力的人数占比保持在较高的水平上。俄罗斯联邦武装力量诸兵种合成军事学院的教员绝大部分来源于部队的优秀师、团指挥员和军级以上的领率机关资深参谋军官，部队工作经验丰富（表4-2）。通常，教员年龄为 40~50 岁，有 5 年任教经验的占 40%，10 年的占 50%，军衔多为上校，副博士比例在 70% 以上，副教授约占 50%。以俄罗斯陆军防空军事大学为例，该大学有教员近 400 名，在 200 多名军人教员中，有 100 多人是研究生毕业。教员的学历和职称都比较高，有 8 名教授、近 100 名科学博士和副博士、49 名副教授和高级研究员。[1]

表 4-2　俄罗斯联邦武装力量诸兵种合成军事学院教员队伍经历与阅历

战术教研室教员	担任过团长或者副团长的占 80%，任副师长以上的占 11%
战役教研室教员	拥有军区和集团军工作经历的占 80%
教研室主任	主要来自集团军司令、参谋长等高级军官岗位

为了提高教员队伍学历水平，俄罗斯陆军院校对在职教员实行研究员制度。即每学年初，学校领导根据教学情况，指定学科基础理论好、教学效果显著、有培养前途的教员担任研究员，要求他们在 2 年内一边教学，一边完成博士或副博士论文，给 3 个月撰写论文的创作假。2 年结束后，到指定院校进行论文答辩，通过者授予博士或副博士学位。

（三）能力结构

能力是衡量一支师资队伍教学质量的重要参考，俄陆军院校非常注重师资队伍的经历与阅历，以此衡量教员所具备的能力与素质，尤其是在中、高级指挥院校中承担军事课程的教员，大多有部队、机关、院校多重经历，多数具有亲身指挥作战或参与实战的经验，很少见到从院校到院校的单一经历人员。军职教员通晓实战，又熟悉部队，知道部队训练和日常工作需要什么样的知识。他们在授课时能够"因情施教"，将理论与部队的实际相结合，教学活动生动、具体，教学内容实用、管用，符合学员的学习需求。

此外，为了提高师资队伍的任职能力和业务素质，俄罗斯陆军院校采取了岗前培训、离职深造、在职培养、部队代职、开展科研和学术交流等一系列措施，加强对教员能力的培养；通过科学而灵活的管理

---

[1]　姜廷玉 . 外军名校与名将 [M]. 北京：中国人民解放军出版社，2007：285-286.

机制，保障院校教学科研质量；通过大幅度提高教员福利待遇，确保师资队伍持续稳定。

二、选聘标准与流程

师资队伍是军事理论知识教学和作战经验传授的中枢环节，是军队优秀传统和军事人才培训经验的载体，是各种军事思想和训法、战法的创新群体。选拔优秀人才担任军队院校教员职务，创造必要的条件使其不断学习和进步，成为军队院校需要优先解决的问题。俄罗斯陆军在历次院校调整改革的过程中，通过严格的选聘标准与流程，确保师资队伍的知识、能力、素质保持在一个较高的起点上。

（一）教员的选聘标准

俄罗斯陆军院校师资队伍区分为军职教员和文职教员两类人员，这两类人员的选聘标准既有共性，又有不同。

1. 两类师资的共性选聘标准

军职教员和文职教员两类师资的共性标准包括以下几点：一是对师资岗位的热爱。热爱师资岗位是做好军事教育工作的前提和基础。只有热爱师资岗位，才能够在师资岗位上做出杰出的贡献。如果缺少对师资岗位的热爱，也就缺少了从事军事教育工作的动力和热情。因此，俄陆军院校始终把热爱师资岗位作为考查预选对象的一条标准，主要通过谈话交流、业绩考查等途径评估其热爱师资岗位的程度，择优推荐。二是拥有现代军事教育理论知识。这是从事军事教育的基础。俄军认为：师资岗位不仅仅是一个职务，更是一种艺术，是一种必须经过专门训练、懂得教育科学和对教育工作特别热爱的创造性劳动的艺术。过去对师资的选拔和培养偏重专业知识和实际工作经验，现在则要求师资不仅在业务上是专家，而且是一个教育家。所以，在选聘考查教员时，需要考查应聘对象的现代教育理论、军事教育教学方法和军事教育心理学等相关知识，以确保师资走上教学岗位后，能够将这些知识灵活自如地运用到教学中，以辅助学员对军事课程知识的学习和消化。三是拥有副博士及以上学历学位和相应的学术科研能力。攻读副博士及以上教育层次的培训，其中重要的一条就是完成相应的学位论文与答辩，俄军院校对学位论文的把关十分严格，有一套严格的审查和答辩程序，学员不经过刻苦学习、严谨思考和创造性地集成创新，顺利通过毕业、获取相应学位是一件非常困难的事。因此，俄军院校把这一条作为选聘教员的标准，就是考虑到了师资岗位的特殊性和对学术科研能力的特殊要求。目前，在俄军军事院校中，有职称和学历的师资人员平均占到了60%。而从总体上讲，军事院校中汇聚的科研力量占俄军整个科研力量的70%左右。[1]

2.两类师资的个性选聘标准

因师资身份差异和岗位教学任务分工不同，军职教员和文职教员两类师资队伍的选聘标准也呈现出个性化的差异。一是军职教员应侧重于实践和战斗经验。首先要有毕业于高等军事院校的经历。高等军事院校通常具有雄厚的军事实力和严谨的教育体系，在人才培养方面更加注重知识传授的体系性、军事能力的实用性。选聘有这种背景的人进入师资队伍，角色转换快，更能够适应教员岗位需求。因而，俄陆军院校把它作为军职教员选聘的基础条件。其次要有部队任职经历，有实战经历更佳。俄军规定，初级军事院校毕业的学员不得留校任教，必须到部队、机关或科研部门任职，积累工作经验；在部队或相应机构任职数年后，再经过中级军事院校深造，并获得副博士学位及具有团以上机关工作经历后，才能成为师资的预选对象（表4-3）。一名军人成长为陆军旅（团）职军官，至少要经过8年的院校培训。这也足以说明，成为俄军院校师资不仅要兼有部队、机关、院校多重经历，

---

[1] 斯米尔诺夫.俄罗斯军事教育体系介绍[J].中国军事教育，2005，17（6）：61-62.

而且绝大多数师资还要具有实战经验。[1]正因如此，军职教员普遍乐于谈及自己的经历，许多抽象的教学内容经过他们的演绎会变得十分具体，易于学员理解、消化和吸收。最后要有深刻理解和把握军事科学的理论基础。俄军认为：掌握一定的军事科学知识，对于师资教学活动将起到很大的作用，特别是对新式武器和新式技术装备技能的掌握，对现代战争形态和军种作战、跨军种作战机理的掌握，更离不开军事科学知识这一基础。从实践来看，师资队伍中，经过初、中、高三级军事院校培训的教员，对战略、战役、战术和专业技术比较熟悉，加上其部队实践的经历和参与科研的磨砺，使其在教学和学术科研的过程中，思路更为开阔，专业造诣更佳。

表4-3　俄罗斯国防部和总参谋部联合制定的原伏龙芝军事学院
师资的选聘标准

战术教研室师资	必须是团以上优秀主官，任职满2年以上，并受过同级院校的培训
战役教研室师资	必须是师以上优秀主官，或在军区、集团军及领率机关工作的优秀处长或资深参谋，经过同级院校教育，拥有副博士学位。如没有学位，则要先进入研究生队攻读战役学专业的副博士学位
军兵种教研室师资	必须是在相应军(兵)种部队担任过团以上主官，或师以上军(兵)种主官，受过同级院校培训，拥有相应专业学位、任职满2年以上的优秀军官

二是文职教员侧重于理论水平和教学与科研能力。文职教员的选拔对象主要来源于受过良好正规训练的、地方相关专业的教授或工程师等，也有来源于军队的有一技之长的退役人员，包括部队指挥员、参谋人员和院校的退役教员等。前者主要担负社会科学、基础文化和工程技术学科的课程教学任务；后者主要从事军事专业特别强的课程教

---

[1] 高永平，李江.外军任职教育院校师资队伍建设及启示[J].继续教育，2009(9).

学任务。文职教员更善于把教学与科研结合起来，是对军职教员长于实践和作战经验传授的有益补充。

（二）教员的选聘流程

为了确保教员选聘的公正、透明，俄军院校通常采取部队推荐和院校物色相结合的方法选聘教员。

部队推荐遵循以下四步：第一步，设立专门的教员选聘机构。根据院校级别层次，建立相应的临时机构。总参军事学院选聘教员，由国防部临时组成的教员选拔委员会，按照相应标准在全国范围内进行选拔。陆军等军种院校选聘教员，通常由院校内部设立临时选聘机构负责选拔。第二步，发出选聘通知。由院校提出需求，包括人数、专业、任职经历、年龄、受训情况等标准，经上级主管部门审核后，再由其向有关军兵种、军区等军事单位和地方相关部门下达相关任务，提出具体要求。第三步，推荐或应征。在军职教员候选人产生中，通常由个人申请、各军区组织选拔推荐。在文职教员候选人产生中，通常由个人自愿报名、院校对照标准进行初步审查，合格者列入候选人员名单。第四步，考核任命。列入候选名单者须参加由院校组织的国家考试，并根据考试成绩择优录用，进入教员试用期，参加岗前培训，合格者进入师资队伍。俄罗斯联邦武装力量诸兵种合成军事学院的教员资格确定后，才可进入学院教员研修班学习，学习结束并考试合格后，还要经过国防部和学院"教员资格评审委员会"组织的教员资格审查测评，通过后，才能由国防部正式下达教员任职命令。

院校物色军职教员的方法有两种：一是在参与部队演训活动中发现教员苗子，通过教员试用期后录用。二是从在校学员中物色教员苗子，毕业后结合部队任职进行考查，合格者调回院校任教。文职教员通常采取竞赛的办法，由院校选聘教员小组制定竞赛题目，组织应征者到院校参加竞赛，包括专业基础理论考核、试讲、上实验课和实习课等。

竞赛结束后，再由选聘教员小组对应征者的竞赛成绩进行分析鉴定，并上报系务会和校务委员会进行衡量，决定录用名单。

三、能力培养方法

军职教员和文职教员两类师资的培养与使用略有差别。文职教员任职后，需要定期到地方院校的教员进修学院（系）进修，以提高自身的理论素养，改善知识结构。军职教员的培养与使用要相对复杂，主要表现为以下5种方式。

（一）岗前培训

岗前培训是俄罗斯陆军院校对新聘教员进行的教育培训。通常，编制内的教员实行职业制，即教员岗位职业化发展，被选聘的教员在军队院校教学岗位上不是短期的轮换，而是任教时间相对较长，便于师资队伍保持相对稳定。这对教员的能力素质要求高，并不是人人都能成为教员中的一员。一名部队军官成为军队院校的称职教员，需经过多年的培养、磨炼，新聘教员的岗前培训就显得尤为重要。为此，俄军专门制定了教员"入门训练大纲"，新聘教员要按照入门训练大纲设定的目标和要求，参加为期3个月的教员职业培训。具体安排：第1个月为军队院校集训，主要学习掌握作为教员应着重把握的相关政策、技能和军事教育方面的知识；第2~3个月由各教研室组织，围绕教学任务和承担的课程教学要求开展备课试教。在这个环节，既靠个人的勤奋学习，也要依靠教研室的组织帮带。通过备课试教后，还要参加考试，主要考核战略战术、专业知识和教学法等内容，考试合格者方可走上讲台任教。

（二）离职进修

离职进修是俄罗斯陆军院校针对特定群体实施的教育和培训，其目的是培养高水平的师资队伍。俄罗斯陆军院校教员离职进修的特定群体包括没有经过研究生班培训的教员和新聘教员。离职进修教育通常由俄国防部或军种指定一些教学条件较好的院校主办，依据教员进修大纲，着重抓好两项进修任务：一是根据军事科学和技术的最高成就，增加、补充教员的专业课知识；二是研究军事教育学和心理学，在优秀教员的指导下提高教学技巧。通常与攻读副博士学位相结合，进修期限为 3~5 年，进修结束时通过副博士论文答辩则授予相应的学位。要求进修课程和学习内容与受训者承担的教学需要相匹配。有的院校还给有培养前途的教员开办 1 年制的研究生班，保留其编制职务，主要是围绕科研课题，在学术造诣较深的教授或博士指导下，撰写副博士论文，并参加学位论文答辩，通过者可授予副博士学位。文职教员主要是定期到地方院校的教员专修学院进行为期 1 年的进修，2 次进修间隔时间通常为 5~7 年，也可以在职或离职攻读高级学位。实践证明，俄军院校的进修做法，既可以促进受训者能力、素质的快速提升，又可以提升师资队伍的整体水平，更好地为部队人才培养服务。

（三）集中培训

集中培训是俄罗斯陆军院校针对在岗教员开展的在岗培训，是师资队伍能力素质建设的常态化方式。军事教育方针政策的调整变化、军事理论的创新发展、军队组织结构的改革重组、武器装备技术的更新换代、作战训练方式的转型发展，以及军事教育经验的推广等，对教员的知识结构都会产生影响，都需要通过在岗集中培训的方式，组织教员学习掌握。为此，俄陆军院校经常组织全校、教学系和教研室等层面的教员集训活动，活动主题和形式十分多样。如聘请教学经验丰富、知识渊博的学者、专家讲授新专业、新领域的理论知识，解答教员在教学实践中遇到的疑难问题；举办教育学、心理学、逻辑学等方面的理论讨论会和讲座活动，提高教员的军事教学理论和教学艺术水平；各层级的教学领导者或教学经验丰富的教员讲授示范课，示范各种兵器和技术器材的使用方法等。俄陆军院校通过经常性的在岗教员集中培训，丰富了教员的知识，活跃了教员的思维，改进了教员的教学方法和技能，促进了教员教学能力的提高。

（四）实习体验

实习体验是俄罗斯陆军院校组织教员到部队进行实践锻炼的一种岗位任职培训。俄军的办学思想就是要突出战争需要，为战争培育军事人才。陆军院校始终把传授"战争经验"作为教学核心内容，因此在教员选聘和使用上把好两个关口。一是入口关，始终注重把实战经历和部队任职经历作为教员选聘的重要标准，只有达标者才有可能进入师资队伍。二是直通部队关口。在教员岗位工作久了，原有的实战经历和部队任职经历就有可能跟不上时代发展步伐。为此，俄陆军要求军校教员每5年到部队实习1次，时间为1~3个月，可担任指挥员和司令部参谋等职务。还可到其他军队院校、国防部机关和有关单位实习。俄陆军认为，组织教员赴部队实习体验，可以收到三个方面的好处：一是可以提高教员的战役、战术素质，丰富其相关专业知识。二是可以吸纳部队各种演习、训练的先进经验，充实院校教学内容，使教学更具指导性、前沿性。三是听取部队对毕业学员的反映和意见，有利于客观地评估教学效果，在今后教学中充分体现部队的要求。

（五）学术研究

引导教员参与学术研究，让教员领衔或参与国家、军队和地方重大学术科研项目，通过科研攻关，形成对国家、军队和地方有贡献的成果，这对教员本身就是一种培养，也是对军队院校资源的挖掘和利用。俄陆军院校拥有雄厚的科研力量，为俄军科学研究工作做出过突出贡献。如马林诺夫斯基装甲兵学院的科研人员曾是T-72坦克的主要设计者。俄陆军认为，让院校教员开展学术科研工作，这样既有利于充分发挥院校所拥有的雄厚的科研力量，为军队科学研究工作做出贡献，又可将研究成果运用于教学，提高教员专业水平和人才培养质量。因此，俄陆军各院校普遍重视教员的学术科研活动，将其作为培养教员的重要措施之一。自20世纪90年代以来，院校较好地坚持了为应考科学博士学位的教员实行研究员制度，任命能够单独攻克重大学术问题并从理论上加以总结的教员担任研究员，要求他们自选课题，边教学，边完成博士或副博士论文。这种提高教员科研水平的形式，为具有才华的教员完成和通过博士论文，使教员队伍不断得到高级人才的补充，提供了广泛的可能性。此外，院校还注重将研究课题与教学任务结合起来，注重在产出科研成果的同时，培育好教学人才；注重结合研究课题，将院校教员与部队指挥员紧密结合在一起，既促进了两者的互动交流和思想碰撞，又带动了科研成果向部队转化，提高了训练质量。近年来，俄陆军院校更加注重结合信息化战争形态的发展变化，积极引导教员研究信息化、智能化作战指挥的特点和规律，探讨信息化、智能化局部战争的战法，为师资队伍培养注入了新的活力。

四、建设与管理措施

俄罗斯陆军院校师资队伍建设拥有自身的特色，表现在师资队伍入口标准上重实践性、实战性，进入师资队伍后的岗位保持稳定性，教员实践能力培育上重在与部队接轨，常态化建设管理上突出了政策激励，较好地保证了师资队伍的活力和工作激情，师资队伍在服务军事人才培育方面发挥出积极的作用。

（一）提高教员地位，使其成为军人向往的职业

俄军非常重视教员的地位作用，认为正是由于教员的辛勤耕耘，才能把学员培养成为优秀的指挥员和高级将领，有的学员还进入军队的领导核心。基于这种共识，俄军采取了各种有力措施，改善教员待遇，以吸引更多的人才成为师资队伍中的一员。一是提高工资待遇和各种补贴。俄军虽然经过多次精简整编，在军费紧缺的情况下，依然坚持实行教员岗位补贴制度，采取不同学衔不同待遇、每晋升一级学衔增加10%的工资，使其工资水平高于同职衔的军事机关和部队军官；提高教员的教龄补贴和课时补助，鼓励教员积极参与教学工作。二是适当延长教员的任职年限。俄军从立法上完善保留院校教学科研骨干的机制，使一些名师退休年限可以延长至60岁或更高龄。三是加大对做出突出贡献的教员的奖励。例如，设立优秀教员奖，获奖的教员可获得10万卢布的奖金；设立教学科研成果奖和学位论文奖，给予相应的资金；对获奖的教员，在业务深造和提前晋级等方面给予优先考虑；每年除寒、暑假外，还组织表现突出的教员进行疗养等。

（二）常态化开展院校与部队岗位的交流互动

俄军包括陆军院校在内的教员均实行"职业制"，教员一旦通过选聘入口关，就可以长期在院校潜心钻研教学科研工作，为军事教育研究贡献智慧和力量。这种职业制体制有利于教员几十年如一日地开展教学科研工作，使之成为某一军事专业领域的专家、名家或权威。但是，如果缺少使教员与部队保持直接沟通交流的机制，院校与部队就会成为两个独立循环的系统，两者的人才队伍建设之间缺少了必然的沟通交流机制，长期如此，就会使教员容易脱离部队，其教学科研成果犹如"空中楼阁"。同样，部队作战训练得不到院校教学科研成果的指导与帮助，也会陷入低层次的徘徊循环之中。为了解决这一问题，

俄陆军建立了院校教员与部队军官交流互动的机制。一是院校教员经常深入部队，调研掌握部队人才培养的实际需求。教员亲身参与部队训练、演习等活动，甚至深入基层班、排小分队之中，观摩其训练情况，熟悉其武器装备的技术、战术性能和使用方法，结合自身所承担的教学科研任务，有针对性地开展教学改革和科研创新，为部队人才培养提供高质量的服务。二是院校根据教学科研任务和课程教学、课题研究需要，聘请机关和部队有专业特长或作战经验丰富的军官走上院校讲台或参与项目研究，传授专业技能和作战、训练经验，弥补院校在这方面的欠缺。"俄军各个军种和兵种的领导、国防部各总局和中央局的领导，还有陆、海、空军的其他代表，会经常到军事院校就军事理论和实践的现实问题开设讲座。"[1] 这不仅提高了院校的教学科研质量，也提升了军事人才的培养质量，一举双赢。

（三）结合岗位实践抓好师资队伍的质量管控

长期保持师资队伍的稳定，既有有利的一面，也有不利的一面。如果管理跟不上，或管理手段滞后，就容易使师资队伍建设质量出现问题，直接影响军事人才的培养质量。为此，俄陆军始终将师资队伍建设质量作为常态化管理的一个抓手。一是抓好教员教学和科研两种能力的培育。称职的教员必须同时具备教学和科研两种能力，缺一不可。俄陆军强调对教员的教学和科研两种能力的综合考核，这样做的目的在于提高教员的综合能力，使教学和科研相互促进。同时，也有利于挖掘教员的科研潜力，更好地为军事科研服务。在具体做法上，强调教员与部队指挥员相结合，使教学和科研贴近部队训练实践，重在解决实际问题；个人与集体相结合，使教学和科研成果在汇集智慧的基础上提升质量层次等。二是定期组织开展教学和科研经验交流活动。院

[1] 斯米尔诺夫.俄罗斯军事教育体系介绍 [J].中国军事教育，2005，17（6）：61-62.

校是人才会聚的场所。如果为教员搭建适合的交流平台，将有助于教员学习和提高教学科研能力，能够更好地促进师资队伍建设。俄陆军院校内部通常设有可供教员交流的教育技术中心，其功能是收集和总结师资队伍的教育科研经验、成果，通过相应的媒介平台将其展示出来，本院、本军种院校和更大范围内的教员可以学习借鉴，这就形成了教学科研经验成果在本院校、本军种院校和更大教育科研系统内的传播，每一位教员都可以在这"三环同心"的系统内吸收借鉴有益的经验成果，以滋养自身的知识能力素质。三是保持对教员进行阶段性和计划外的鉴定。阶段性鉴定主要结合教员的任职时间，开展任期考评或年度考评；而计划外鉴定是结合院校管理需要而开展的一种非常态化的考评方式，鉴定的主要内容包括教员的任教能力、任教水平、任教表现等，目的是评估教员是否适合所从事的职务，以评估其职业发展前景。

第三节 其他国家陆军院校师资队伍

当今世界主要军事国家通常指美、俄、英、法、德等国，研究了美、俄陆军院校师资队伍建设情况，就可以大体上认识和了解外国陆军院校师资队伍建设的一些规律性做法。如果对陆军院校师资队伍建设进行深入性、有特色的探索，还需要对英、法、德等国陆军院校师资队伍建设开展必要的研究，因为这些国家的陆军院校建设历史悠久，积累的经验教训同样丰富。

一、师资队伍结构

其他国家的陆军院校师资队伍组成，总体上也分为军职教员与文职教员两大类，以军职教员为主。如德国军事院校的文职人员占40%，日本自卫队院校的文职教官占20%~30%，法国军事院校的文职人员占

7%。层次越高的院校，其文职教员的编配比例就越高。除此之外，各国陆军院校在师资队伍组成上有一定的区别。

（一）专职教员与临时聘用教员相结合

学员对知识的无止境追求与教员知识储备和执教能力相对不足的矛盾是始终存在的，其他国家的陆军院校同样存在这样的矛盾，为了及时缓解这一矛盾，他们采取了专职教员与临时聘用教员相结合的做法，在专业教学上依靠专职教员队伍，在满足学员求知需求方面依靠临时聘用教员。英国陆军高级院校在编专职教员并不多，各院校根据课程教学需求，尤其是专业技术课程教学需求，通常聘请军内外专家、学者授课，有的院校甚至邀请英军或盟军的高级军官、政府官员和学术界知名人士来院授课、做报告，或从退役的高级指挥军官和高级专业技术人员中选聘教员。法国战争学院有军职教员34人，其中5人负责教学计划和评估、5人负责组织教学和演习，还有4名系主任和20名班主任负责管理和组织学员系、班的教学活动。此外，还聘请20多名在法军一线岗位工作的高级军官作为临时教员，参与组织若干专题的教学和研讨。他们有的是联合参谋部或军种参谋部的指挥官，有的是刚刚从阿富汗战场回来的部队指挥官，有的是总参部门的负责人或高级参谋。比利时军队院校的做法更为奇特，他们认为，学员需要听取各种高水平的课程，而具有这样水平的教员，如教授、研究员很难编在同一所学校里，与其有的有、有的没有，倒不如全部聘请讲授人员，使学员听的全部是高水平的课程。所以，比利时皇家高级参谋学院大量聘请地方院校或政府机关有关学科的专家和权威人士到院校讲课。

（二）注重师资队伍组成的合成性

信息化战争的基本形态是联合作战，这一战争形态的变化对军事人才的知识结构带来了很大的冲击，单一军种院校满足于本军种知识、技能的传授，已远远适应不了信息化战争对军事人才培养的需求，改变军种院校教育方式、改变师资队伍组成结构，已成为许多国家陆军院校的做法。英国陆军院校师资队伍建设特别强调整体合成，注重从海、陆、空三军所属各兵种的现役军官中进行选拔，以便在战役、战术教学中，努力使各军兵种都能够做到相互协调、体现联合作战。对于部分专业性较强、教学过程中涉及较少的技术兵种，主要采取客座教授的方式，以弥补因专职教员编制限额所带来的矛盾。法国圣西尔军事专科学校教员来源多样化，共有各类教员264名，来自5个方面（表4-4），既确保了军队内部的合成，又考虑到了军地融合。

表4-4 法国圣西尔军事专科学校师资队伍构成

类别	人数	特色
在编的军职、文职教员	共85人，其中军职教员55人、文职教员30人	军职教员大部分为校级军官；文职教员大多为教授、副教授
其他军校的军职教员	约20人	主要来自设在巴黎的各类高级军校，大部分为校级军官
国家高教部派往军校的师资	约25人	高教部派出的教员均有讲师以上职称
从地方聘请的合同制师资	约50人	大部分是某一方面的专家、学者或高级研究人员，均有研究员、副教授或教授职称
服兵役的大学毕业生	约80人	招收部分服兵役的国家重点院校毕业生担任学校教授、副教授和专家、学者的助手，个别还可以独自承担部分教学任务

二、选聘标准与流程

尽管其他国家的陆军院校师资队伍建设存在一定的差异，但在选聘标准与流程上有着一些规律性的做法。

（一）将最优秀的人选聘到师资岗位上

俗话说"名师出高徒"，将最优秀的人选聘到教员岗位上，教员可以用自身所拥有的知识、能力和素质去影响和引导学员，为学员成才起到榜样和模范作用。德军认为，提高军官素质的关键在于培训，培训的关键在于教员，必须把最优秀的军官派到院校去培养接班人，才能造就高质量人才。为此，德军把军事院校改革的重点放在提高教员素质上，从选拔教员的入口关抓起。一是利用军官在校学习、学术交流、训练演习、短期集训等时机，发现和选聘优秀人才；二是赋予部队指挥员推荐教员的权利，使他们有责任、有义务把那些有联合作战实践经验、理论基础好、岗位业绩突出和有影响力的军官推荐给院校。选聘文职教员则需要满足"教授或工程师、有一技之长、热爱军队"这3个条件，且缺一不可。英国陆军要求到陆军院校任职的军官，必须有较为丰富的阅历、有实战经验或有海外工作的经历等，必须经过本级院校或相应院校的培训，还特别强调从专业军士中选拔教员，发挥他们具有丰富实践经验的作用。在文职教员队伍中，有的还是毕业于牛津大学、剑桥大学等世界级名校的高才生。日本自卫队强调，教员不但要有良好的军事素质、大学文化程度，而且必须具有爱国精神及良好的道德品性。以色列军队院校突出教员的实践经验，要求教员善于将教学与实践结合起来，在选聘标准上，要求教员要具备一定的理论素养和丰富的实际工作经验，因此，以色列军校教员都要经历基层的锻炼，在部队积累了丰富的实践和作战经验后，表现出色的人员再经过一定的专业学习和培训，才能走上教员岗位。

（二）围绕质量标准，严格教员选拔流程

按照质量标准选聘教员是外军的普遍做法。为了确保选聘师资队伍的质量，其他国家的陆军院校扩大选聘范围，普遍采取全军推荐、全国招聘、优中选优的做法。如英国陆军院校采取"全军推荐、选优任用、任期交流"的流程选聘军职教员，通常先由各院校提报教员需求，经陆军部审核后上报国防部，面向全军下达教员选聘计划，组成教员

选拔委员会，分赴各部队开展对推荐对象的相关情况进行考查摸底和基础知识与技能的考核，综合各方面情况后确定预选对象名额。预选对象经试用合格者，才能办理调入院校的手续。教员一般任期为 3 年，任期结束后交流到部队提拔任用。

三、能力培养方法

教员的培养与使用是师资队伍建设过程中紧密联系的两个方面。培养的目的在于使用，而使用是检验培养的有效方式。其他国家的陆军院校始终将培养与使用有机结合起来，做到了培养与使用并重。

（一）坚持院校自训与外出学习进修相结合

坚持教员自训，是其他国家陆军院校的普遍做法。如德军院校从部队挑选军事业务能力较强的军官和专业水平较高的社会人员进入师资队伍，主要依靠在院校内开设短期师资培训班实施入门训练，通常依据培训大纲或培训计划进行为期数周或半年的培训。第一步，从表达能力入手，练习授课时的举止，力求语言表达精准，掌握增加授课吸引力的方法。第二步，进行定向专业训练，主要通过观摩、自学、研讨等方式，使新任教员掌握专业理论知识和授课艺术。第三步，进行试教，通常由学院组织，院校长及相关教育专家参加，对照教员素质标准进行逐项考评，合格者发放任教证书，进入教学岗位；未通过考核的人员则指定专人帮带，再次进行考评。对文职教员的自训并不能完全满足师资队伍建设的需求，有的国家注重挖掘外国院校资源，走自训与外出学习进修相结合的路子。西欧一些国家的军事院校与美军院校签订了互相交流教员的协定，可以经常选派教员、军官到对方院校学习、考察和研究，以开阔眼界，丰富自己的知识。在频繁的教员互派交流中，优化了教员的知识结构，开阔了教员的视野，带动了教学质量的提升。英军还为所有希望获得职业资格认证的文职教员提供培训机会，通过提供远程教学设备、扩展语言培训、增设互动式学习设施、引进电子教学设备等举措，丰富培训资源，并加强对培训过程的监控，使文职教员的培养落地见效。

（二）坚持以开放性态度使用师资队伍资源

其他国家的陆军院校在教员培养方面持开放的态度，充分吸收院校外的有利资源，为师资队伍建设服务。同样，在教员使用方面也持开放的态度，根据课程教学需要和学员求知需求，选配最适合的教员承担教学任务，并不是依据本院校所拥有的师资队伍去安排课程。如英国皇家军事科学院的教学就不全是由专职教员承担的，每个专业仅编设数名课题主任，负责确定教学内容和选择任课教员，并承担部分课程，其余课程教学来自院外的各专业方向或课题方向上的专门机构或学院，师资队伍包括著名的科学家、学者、教授、国防政策和安全政策顾问及地方研究机构的专家等。[1] 英军院校实行开放式教学，各院校之间经常开展交流，与盟国的院校交流也很频繁，不仅包括某一军种院校招收来自其他军种的学员及外国学员，还包括吸收其他军种教员和有关国家的教员讲授有关课程。[2] 德军院校的外军教员一般是聘请相应国家军队的军官担任，如指挥学院讲授美国、法国、意大利等军队的任课教员，分别由这些国家驻德的联络官担任。"北约"成员国之间军队院校的教员可以相互兼课。师资队伍使用的互换交流，有效地提高了师资队伍的活力和动力，促进了军事人才培养质量的提升。

---

[1] 郗仲山.英国皇家军事科学院教学特点及对军事院校教育的启示 [J]. 工程兵学术，2004（5）：79-80.

[2] 张博文.社会现代化转型与军事教育变革研究[M].北京:中国社会科学出版社，2017：107.

四、建设与管理措施

师资队伍管理是师资队伍建设中的一个重要环节。科学的管理方法可以使有限的师资资源产出更大的效益。外国陆军院校在师资队伍管理方面不断优化管理方法，使师资队伍保持了活力和创新能力。

（一）确保院校与部队之间的良性互动

为了确保军事人才培养与部队管理经验、作战指挥经验和训练实践经验的紧密结合，保持院校教学的活力和创新能力，法国战争学院在师资队伍管理方面探索出了教员轮换和聘用相结合的做法，实行院校教员、部队指挥官和参谋军官之间的定期交流聘用，军职教员经过3年左右的任教，必须回到部队任职。教员来源不是从院校到院校，而是来源于部队和机关工作岗位，有的甚至来源于一线作战部队，这些教员往往能站在实践的角度看待军事理论和专业知识与技能，使院校教学的实践性、实用性更强，对军事人才培养的现实性更佳。这些教员所讲授的内容与学员关心的现实问题紧密结合，给学员传递鲜活的作战指挥和部队管理的经验和体会，让学员在第一时间获取军事专家对当前军事问题的研究心得，这是对课堂教学的很好补充，是对教学内容的有效延伸，实现了军事教学与军事实践经验的实时交互。英国、德国的陆军院校也有同样的做法，军职教员在院校工作3年左右，需要回到作战部队任职，特别是中、高级军官与教员交流已成为一种规律。当教员岗位任期结束后，原军职教员军官回到部队岗位，又能够运用在院校积累的理论知识指导和创新作战、训练和管理工作。

（二）充分挖掘和有效利用教员资源

教员培养需要经历一个复杂的过程，尤其是培养一名优秀的军职教员，需要经历"院校学习—部队实践—院校进修—部队再实践"的多次循环提升。教员的培养过程也是资源的积累过程，用好教员资源就显得尤为重要。英军就非常注重军地院校之间和军队内部院校之间的教员资源的有效利用，在院校选址时，尽可能地将各类院校建在同一区域内，便于各院校之间包括教员资源在内的各种教育资源的充分利用。因此，英军院校通常编设精干的训练机构，少编或不编固定编制的师资队伍，通常视课程需要分别请军队、政府部门、大学、研究单位的军政人员、专家和知名人士讲课。为节约和充分利用专业教员力量，不少专科学校既担负培养军官的工作，又担负训练士兵的任务，还有的学校的教学管理人员兼任教学工作。以色列是一个国土狭小、人口资源相对匮乏的国家，面对复杂的地缘生存环境，在军队院校职能的设计上，强调育人与作战两类任务的融合，既承担作战任务，又承担军事人才的培育任务，其陆军初级院校同时是预备役部队，院校校长同时是预备役旅的旅长，如军官学校（第一培训基地）兼步兵旅、装甲兵学校兼第 844 装甲旅、装甲兵指挥学校兼第 460 装甲旅等。此类院校机关按作战部队司令部的框架编制，学员编为若干学员营，战时停课投入作战。教员平时注重领导方法的传授和实际带兵能力的培养，战时担任指挥员，带领学员完成作战任务。

（三）加强师资队伍教学质量的管控

英、法、德等国的陆军院校拥有一支流动的师资队伍，尽管有些流动教员是某一领域的权威、专家，但并不等于他们的授课内容和质量就一定能够得到学员的接受和欢迎。因此，把控流动教员的授课质量，是外国陆军院校非常关注和重视的问题。其通常做法是把决定权交给学员，对外聘的专家、学者的教学能力及教学内容，通过征求学员的意见和建议，确定是否继续聘请某个专家、教授或督促其调整教学内容。这样，既满足了学员的学习需求，又保证了教学内容的合理性与针对性，还解决了师资队伍的授课内容和质量问题，一举三得。日本《自卫队法》

规定，文职教员通过选拔或考试的方式晋升，每年考核评定 1 次，考核内容包括工作实绩、性格特点、能力、工作态度及工作适应性等情况，作为晋升的依据。德军院校对教员的管控措施：每个院校的教员都必须经过该院校培训，且具有部队工作的经历；教员军衔不低于学员的军衔，保证了教员军衔上的层次；部队中准备提升的优秀军官要先到院校任教 2~3 年，保证了教员队伍的质量；加强教员与总部机关和部队军官的交流，确保教员所讲授的内容与部队实际相一致；以制度保证机关在履行职责、管理、服务保障之外没有任何特权，保证了教员在心理上的优越感和教学的中心地位；院校教育没有学历和学位，教员也没有职称，考核、考评、评比、检查等活动少，保证教员有充分的精力和时间用于教学；等等。这些措施保证了教员和教学工作的地位，同时也调动了教员的工作积极性，其结果是大大保证和提高了教学质量。

第五章　外国陆军院校学员

　　学员是外国陆军院校教育的主体，是院校建设与发展的重要力量，也是陆军院校教育目标及教学质量的最终体现者。正确把握学员的特点，增强学员的主体意识，抓好学员的全程教育与管理，对于实现陆军院校教育目标，培养军队建设与未来战争需要的合格人才具有重要意义。

第一节　美国陆军院校学员

　　美国陆军院校学员主要由军人学员和文职学员组成。军人学员包括现役军人和预备役军人，文职学员包括国防部文职人员、其他政府部门或跨机构部门文职人员，以及私营工业界的学员。院校同时也接收大量的外国军官和联邦政府机构文职人员为学员。因篇幅所限，本书仅研究军人学员，文职学员不做介绍。

　　美国陆军重视军事人才尤其是精英人才的培养。对于经过培养的学员，他们有着自己的判断和评价标准，他们一致认为，合格的毕业学员必须受到教育、锻炼和激励，勇敢、忠诚、无私地恪守自己的职位，具有领导能力、创新精神和进行有效交流的能力，且道德规范、勇敢正直、求学上进。

一、学员的入学选拔

美国陆军院校的学员主要有四种不同的类型：一是陆军生长军官学员；二是陆军初级军官学员；三是陆军中级军官学员；四是陆军高级军官学员。不同类型的学员在入学接受军事教育时，有着不同的选拔标准和要求。

（一）生长军官学员的入学选拔

生长军官学员主要指美国西点军校学员、陆军候补军官学校学员和陆军后备军官训练团学员。

1. 西点军校学员

美国西点军校有着近乎严苛的学员入学选拔标准。据统计，西点军校每年招生约 1400 人，而实际报考人数约 1 万人，能得到推荐并参加考试的仅 6000 人左右。以 2002 年为例，报考西点军校的约 1.2 万人，仅 1100 人获得入学资格。

凡报考西点军校的青年，首先必须符合基本条件：必须是美国公民（盟军学员除外），年龄 17~22 岁，身高 1.68~1.98 米，高中学习成绩名列本班前茅，身体健康，具有一定的组织领导才能，并有成为军官学校学员和以军官为终身职业的强烈愿望。符合上述基本条件者，在参加考试的前一年还必须得到美国总统、副总统、参议员、众议员、州长、市长或部队主官的推荐。[1]

符合基本条件，获得正式报考资格的青年，必须参加并通过国家统一组织的大学入学考试，由陆军学员入学资格评审委员会全面衡量，择优录取。录取的评审标准：文化成绩占 60 分（高中学习成绩 23 分，

---

[1] 姜廷玉.外军名校与名将 [M].北京：中国人民解放军出版社，2007：346.

入学考试成绩 37 分）、健康状况 10 分、活动能力 30 分（社交能力 10 分、体育成绩 10 分、道德表现 10 分）。[1] 严格的评审标准，有效保证了西点军校的生源质量。2013 年招收的 1200 名学员中，高中阶段学习成绩位居年级前 5 名的占 71%，获得过优秀学生荣誉的占 60%，校运动队员占 92%，获得过运动奖项的占 87%，担任过班干部的占 92%，担任过学生会主席的占 18%。

为了进一步规范招生程序，确保招生质量，西点军校成立专门的招生机构，设置由 1 名上校军官担任主任的 15 人招生办公室，全程领导西点军校的招生工作[2]。具体流程如下：①确定符合基本要求且具备基本资格；②申请推荐提名；③在西点军校建立档案；④填写西点军校表格；⑤推荐提名；⑥参加西点军校规定的各种考试；⑦等候入学通知；⑧参观西点军校；⑨入学准备。每一步都会被严格执行，严格按照规范程序进行入学选拔。

2. 陆军候补军官学校学员

美国陆军候补军官学校招生范围广，招生人数取决于实际需要，主要招收 20~28 岁、已取得大学本科学历的优秀士兵、军士和准尉，以及经过挑选的地方大学毕业生。地方大学生如果想要进入陆军候补军官学校学习，首先，必须符合基本要求，如大学毕业生和具有大学 2 年级以上程度的优秀士兵等；其次，必须在入学前接受为期 8 周的基础训练，包括武器使用、军兵种知识、分队战术和组织指挥等。

3. 陆军后备军官训练团学员

美国陆军后备军官训练团被称为"地方大学中的军官学校"，其每年向美国陆军输送约 6500 名新军官，占陆军任命新军官总数的 30%~40%。美国陆军通常选择专业对口并有学位授予权的工程技术或文理科院校开设后备军官训练团，主要任务是为美国陆军培养现役和

[1] 姜廷玉. 外军名校与名将 [M]. 北京：中国人民解放军出版社，2007：338.

[2] 姚羽. 美国军种军官学校研究 [M]. 北京：国防大学出版社，2014：209.

预备役军官，其学员主要是地方院校大学生。

设有陆军后备军官训练团的地方院校与美国军方签订合同，由美国军方派员在地方院校内建立军事学部，专司后备军官训练团学生的军训等工作。军事学部受军队训练部门和地方院校的双重领导，设 1 名主任、2~3 名军官和 1~2 名军士，其主要职能是向学生宣传陆军后备军官训练团的意义、参训的好处和可享受的待遇；提供相关咨询；办理招生手续；组织实施军事训练等。

陆军后备军官训练团的入学选拔要求严格，标准较高，地方院校大学生如果希望参加陆军后备军官训练团，首先，必须具备以下 6 个基本条件：一是必须为美国公民；二是必须完成大专院校的学业；三是年龄为 16~21 岁；四是在接受军官任命前不得结婚；五是身体健康；六是一旦需要，必须接受任命。其次，需由学生本人向美国军方提出申请，经军方考核和体检后，与军方签订合同，毕业后接受军方任命。

（二）初级军官学员的入学选拔

美国陆军初级军官学员主要指经过军官任命前教育后接受军官任命，在陆军专业院校接受定向专业教育的学员。例如，陆军野战炮兵中心学校的初级专业班，每年招生 1000 人，学制为 17 周零 3 天，招收的学员为刚刚分配到野战炮兵部队的少尉军官，平均年龄仅 21.2 岁。

（三）中级军官学员的入学选拔

美国陆军中级军官学员主要指陆军指挥与参谋学院学员。2005 年，美国陆军颁布了一项政策，要求所有少校都要接受全日制中级职业军事教育。他们要么在利文沃斯堡的陆军指挥与参谋学院参加为期 10 个月班次的学习，要么在其分校参加时间较短班次的学习。陆军这么做的部分原因是当今世界安全环境变得越来越复杂，越来越需要所有军官接受全日制中级职业军事教育。实际上，陆军只能派 75% 的少校到陆军指挥与参谋学院学习。兵种作战部队的少校一般到该院参加学制10个月班次的学习，非作战部队的少校则在4个分校区中的任何一个校区学习《共同核心》课程，其他课程在工作之余通过远程学习来完成。由于没有经过遴选委员会的选拔，到利文沃斯堡的陆军指挥与参谋学院参加学制为10个月的全日制班次学习的学员普遍感到，中级职业军事教育并没有他们想象的那么严格或具有挑战性，学员甚至戏称中级职业军事教育政策是"一个少校都不能少"。

陆军指挥与参谋学院分为本部教学和附设机构教学两大类，主要通过竞争选拔的方式确定学员的调学资格。

1. 本部教学

美国陆军指挥与参谋学院本部教学分为正规班、后备役班和盟军军官预科班。正规班是学院主办的本科班，主要培养营长、旅长和师级以上司令部参谋，每年招1期，每期学员800名左右。入学条件：毕业于兵种学校军官班，年龄在35岁以下，少校军衔。报考程序：本人申请，上级推荐，经考核合格后入学就读。后备役班的入学条件与正规班基本相似，所不同的是招生对象是国民警卫队和联邦后备队军官，且每年只招1期，每期学员100名左右。盟军军官预科班学员主要为即将参加正规班的外军学员补习英语和专业基础知识，使其能够适应以后的教学，入学条件相对宽松。

2. 附设机构教学

美国陆军指挥与参谋学院附设机构教学分为高级军事研究班、高级战役研究班、合成军兵种参谋班和各种短训班。其中，高级军事研究班学制为1年，每期招生48人，入学基本条件：具有学士学位，并毕业于陆军指挥与参谋学院正规班。高级战役研究班主要培养师级、军级参谋军官，每年仅招生5人，主要针对特定人员。

（四）高级军官学员的入学选拔

美国陆军高级军官学员主要指陆军军事学院学员。该学院主要招收陆军中校、上校级军官和部分海空军、政府部门相应级别的官员。以2001年招生情况为例，2001年招收338人，其中陆军212人、空军26人、海军15人、海军陆战队11人、来自国防部等单位的文职人员31人等。学员平均年龄为42岁，主要为中校、上校军衔；军龄19年以上，获有硕士学位者占72%，担任过司令部与高级机关参谋职务者占70%；西点军校的毕业生占44%。学员入学条件苛刻，除本人申请并经中级军校训练、年龄适合等条件外，还需要军种选拔委员会推荐，由陆军部批准。[1]

二、学员的教育培养

美军在其职业军事教育体系中设置了5个相互衔接的教育层次，不同层次的军官有着不同的教育培养重点（因将官教育不属于军种教育范畴，故本书不进行赘述）。对陆军院校而言，这些教育培养重点与其课程内容设置、教学方式方法、教学管理等要素密切相关。

（一）学员教育培养的目标

美国陆军从战争需求出发设定其教育培养目标，同时注重军官长远发展，从宏观角度建立健全军官职业教育体系。

1. 生长军官学员

美国陆军生长军官教育的基本任务是培养陆军战斗兵种、支援兵种和勤务支援兵种的职业军官，目的是使学员达到大学本科生毕业水平和初级军官的素质要求。西点军校要求学员在智能、军事、道德、体能、领导艺术五个方面全面发展，并不断把那些立志从军、准备终身报国的优秀青年培养成为有品格的部队领导者。

2. 初级军官学员

美国陆军初级军官学员教育培训的总目标：通过对新任命军官的任

---

[1] 姜廷玉.外军名校与名将[M].北京：中国人民解放军出版社，2007：338.

职培训，为美国陆军培养合格的初级指挥军官。例如，陆军步兵学校的培训对象和培训任务：对未经正规军官学校培训的陆军新任军官实施任职训练；培养陆军尉校两级军官。

3. 中级军官学员

美国陆军中级军官学员的教育培训，主要由陆军指挥与参谋学院承担。该学院的教育任务由美国陆军直接赋予，与中级军官学员教育培养的目标一致，即"通过学习和研究各级合成军队的作战理论与原则，培养营长、旅长和师级以上中、高级司令部机关的参谋军官，造就战时的陆军领导人才"。

4. 高级军官学员

美国陆军高级军官学员教育培养的根本目标：为陆军培养合格的师级、军级指挥员和军以上高级司令部的参谋人员，或为政府部门培养合格的高级决策人员和管理人员。

（二）学员教育培养的重点

美国陆军院校针对不同的学员类型，设置不同的培养目标，确定不同的教育培养重点。

1. 生长军官学员

针对美国陆军生长军官学员的教育目标是教育和训练每一个学员具备正规陆军军官的基本素质，鼓励学员终身为国家服务。主要围绕三个方面的培养目标设置课程：一是使学员或后备、候补军官对美国国防机构及陆军军种有基本的了解；二是培养他们具有基本的领导能力、管理能力，培养他们具有良好的道德品质；三是培养他们作为未来军官的其他必备能力素质。

2. 初级军官学员

针对美国陆军初级军官学员的教育重点：着重培养初级军官胜任其所属兵种（部门、专业）作战或参谋岗位的能力。主要围绕美国陆军的需求设置课程，重点是战术层级的作战问题。其中，对于调学对象为上尉军官的初级教育，还应重点解决战术层级的联合作战问题，并按照政策的要求设置联合课程。

3. 中级军官学员

针对美国陆军中级军官的教育，主要关注战役背景下的作战问题，旨在拓展中级军官学员对战役和战术两个战争层级中联合部队部署与使用的理解，并从联合和军种的视角加深他们对联合作战的理解。这一教育层次的本质在于培养学员的分析能力和创造性思维能力。在课程设置上，除继续培养军官的联合作战专门技能外，还要向他们讲授联合规划、国家军事战略、联合条令、联合指挥与控制及联合部队需求等内容。

4. 高级军官学员

针对美国陆军高级军官的教育，旨在培养高级军官学员的战略领导能力和战略咨询能力，教学内容主要包括：国家安全战略，战区战略和战役，联合规划程序与体制，联合跨部门、跨政府、跨国能力与一体化等。高级军事院校的课程教学，重点培养学员的分析能力、批判性思维能力和创新能力，并逐步丰富军官的教育经历。

（三）学员教育培养的模式

美国陆军通过军队自主培训与依托培养相结合，住校教育与非住校教育相结合，院校教育、作战训练与自我发展相结合等模式，培养各级各类人才。

1. 军队自主培训与依托培养相结合

陆军任命后初、中、高级职业军事教育和任命前教育的部分任务（主要指西点军校和陆军候补军官学校）由美国陆军自主培训。

依托培养主要有以下两种途径：一是依托地方培养军事人才。首先，依托陆军后备军官训练团培养陆军新任命军官；其次，陆军军官的高级学位教育依托地方高等学校培养或是与地方高等学校合作开设教育计划。陆军院校常驻的训练基地和地方高等学校密切合作，利用地方教育资源支持军队教育和训练。利文沃斯堡的合作院校有：田纳西州立大学、斯坦福大学、路易斯安纳州立大学、杜克大学等；戈登堡的合作院校有：麻省理工学院、马里兰大学、凤凰城大学、美国军事大学等；李堡的合作院校有：中央密歇根大学、弗吉尼亚大学等；本宁堡的合作院校有：哥伦比亚大学、诺威奇大学、奥本大学、南加利福利亚大学。二是依托其他军种培养。陆军选送不同层次学员到其他军种学习，为学员联合素质培养和联合作战打下基础。西点军校与海军军官学校、空军军官学校和海岸警卫队军官学校开设学员互换项目，各自选派18名二年级学员参加另一所学校三年级第一学期课程，从任命前开始培养学员的联合意识和能力。海军、空军战争学院招收陆军高级军官，海军研究生院和空军技术学院也为陆军军官提供研究生教育。

2. 住校教育与非住校教育相结合

按照教育实践途径，美国陆军职业军事教育分为住校教育和非住校教育。非住校教育可以在不同的时间或地点为学员提供学习的机会，主要通过校外教学点、远程及分布式教学、混合式教学组织实施。美国陆军早在1996年就开始实施"陆军远程学习计划"，为受到服役要求和条件的限制而无法进入课堂接受面授教育的陆军官兵提供条件，让他们通过远程教育学习相关课程。

美国陆军任命后，初级、中级和高级院校同时开设了住校教育计划和远程教育计划，为军官教育培训提供机会。陆军指挥与参谋学院设置远程教育系，为不能参加住校学习的军官提供资源，完成中级水平教育课程，学习模式分为三种：一是通过4个基地的卫星校园计划培训作战支援、信息作战等职能领域的校级军官。学员可以通过陆军院校网学习中级水平教育课程。二是混合模式，即学员通过陆军院校网，使用虚拟教室学习中级水平教育课程中的《共同核心》课程，同时赴学院位于不同区域的卫星校园接受面授教育。三是单一模式，即学员完全通过远程及分布式教学完成中级水平教育课程。这种复合式学习模式保证了所有军官在任职期间都能够有机会完成中级水平教育课程。陆军战争学院的远程教育始于1999年，每年有近800名学员入学，学制为2年。

3. 院校教育、作战训练与自我发展相结合

美军认为领导力是最为强大和重要的战争加速器，极为重视领导者的培养。领导者的培养是一个复杂、漫长且循序渐进的过程，仅凭某一途径或是某一阶段是无法完成的，这一过程需要利用多种途径进行终身学习，持续挖掘潜力。美国陆军职业军事教育通过院校教育、作战训练和自我发展相结合的模式共同培养陆军领导者，三个领域相辅相成、相互补充。

院校教育面向个人，为未来领导者的发展奠定基础，目的是培养陆军官兵的价值观、战斗精神、品质和作战行动能力等。所形成的价值观、品质和技能通过后续的实践任职和自我发展得到检验、巩固和加强，军官和士官因此获得了各自专业领域进一步发展的信心。

作战训练面向分队或部队领导者，为陆军各类人员提供了运用并进一步发展在院校教育中所获知识、技能的机会。作战训练旨在为各类人员提供作战实践机会，将所学与实践相结合，在实践中发现自身不足，为进一步提高能力明确方向，也为提高专业职能领域的领导指挥能力做好准备。

院校教育与作战训练并不能够完全满足个人职业和未来发展的需要，还需要自我发展的补充。自我发展是指个人通过终身学习追求发展目标。自我发展是陆军各类人员自我管控的渐进和持续的计划，由个人学习、教育、研究和专业阅读组成，重点是尽可能做到优势最大化、劣势最小化，需要一生不断修正与提高，以完成个人发展目标。自我发展与院校教育和作战训练同步进行，是院校教育和作战训练的补充和拓展，为持续学习和进步创造条件。美国陆军自我发展有以下三类：一是结构化自我发展，融入院校课堂学习与岗位学习；二是指导型自我发展，即从军队的视角指导各类人员的自我发展，如发布针对士官

的陆军参谋长专业阅读书目，本宁堡卓越机动中心开设的机动自学计划，开设了联合兵种作战、领导者发展、多国作战、技术条令与作战发展等课程，为自我发展提供指导；三是个人自我发展，即军人个人设计教育目标、进度和过程。

三、学员的管理

美国陆军院校制定了严格的规则制度。对学员进行严格、规范管理的制度和适应人才成长发展的激励机制，力求构建使每个学员的责任感通过自律得以发展和加强的教育环境。

（一）运用法律法规规范学员行为

为了实现军事教育的法治化和正规化，美国陆军将军事教育的若干关键制度写入法律法规，使法律法规的刚性规定和个人能动作用相结合，保证了军事教育的权威性和可操作性。

美国陆军院校对学员的所有管理都严格按照法律和规章制度实施，管理完全融入法律和规章制度的执行之中。以西点军校为例，该校仅涉及学员领导能力培养体制的文件就包括：《为 21 世纪培养部队领导人才：西点军校教学大纲战略指南》、《学员纪律体制下的行为调查规定》、《美国军校学员条令》、《领导能力评估及发展评定标准》、《学员组织和责任手册》、《战术军官指导手册》、《荣誉法典和荣誉体制手册》、《学员高级培训通告》、《"学员训练领导培训计划"和"学员部队领导培训计划"学员指导通告》、《"学员训练领导培训计划"和"学员部队领导培训计划"单位指导通告》、《学员基础训练通告》、《校际运动规定》、《课外活动的规定》、《文化科目》（红皮书）、《军事科目》（绿皮书）、《体育科目》（白皮书）等。在这些法律和规章制度中，有的是美军各院校共同遵守的，有的是西点军校学员必须遵守的，有着很强的权威性。这些法律和规章制度不仅严格规范了学员管理的各个领域、各个方面，也严密规定了学员的行为举止，为学员管理工作提供了坚实的法规基础，明确了学员管理工作的底线和标尺。

（二）设置奖惩措施，管控学员培训质量

美国陆军院校采取严格的奖惩措施管控学员培训过程，从招生环节起步，高质量保证学员的培训质量。美国陆军各所生长军官学校都以学员旅的编制对学员的日常生活、学习和训练活动进行严格管理。以西点军校为例，该校组建了由高年级学员轮流担任各级指挥军官的"学员旅"，对新入学学员进行标准化的军队管理模式，一年级学员需要进行为期6周的"学员基础训练"、为期8周的野外训练和"学员高级训练"，这些训练中就包括以严格著称的"兽营"训练。西点军校还制定了一系列严格的管理措施，激励学员努力学习。这些措施包括：学习情况评定公布与通知制、编班制、奖励制、优等生制、光荣榜制、学员军官制、现身说法制、惩罚制和淘汰制等。在这些管理措施中，最为残酷的措施是淘汰制，西点军校的淘汰率可高达30%左右。

美国陆军对学员的奖励是一种强有力的导向，以制度化和规范化的形式体现出来。美国陆军指挥与参谋学院设有12个奖项，在毕业典礼时当众宣布获奖学员的名单，并在获奖学员的学业评估报告中注明其取得的成绩。每个奖项通常每年只能有1名学员获得，被视为殊荣，对学员有着巨大的吸引力。[1]西点军校为学员设置的奖项名目繁多，不胜枚举，设立各种荣誉奖励和助学基金，使学员通过自身努力，可以在众多领域获得出头的机会。

（三）训用一致，解除学员后顾之忧

美国陆军对学员训用一致的理解主要体现在五个方面。一是把最

---

[1] 任海泉．外军院校教育研究 [M]．北京：国防大学出版社，2008：216.

应该接受培训的军官送到院校培训；二是着眼未来岗位实际，进行有针对性的院校培训；三是依据所培训的内容使用学员，用其所长、用其所能、用其所训；四是在培训内容的有效期内使用经过培训的学员；五是任职培训学制通常在 10 个月左右，确保学员所学知识不过时。美国陆军严格把训用一致的原则与军官的晋升使用结合起来。从排长起，每晋升 1 个衔职都要进入院校学习 1 次，时间一般为 2~3 个月，也有6~12 个月的。

（四）官兵合校训练，分层管理

为了有效利用有限的教育资源，美国陆军打破军官、士官、士兵分层设校的培训体制，在各兵种院校和勤务院校都实行官兵合校训练模式，对军官、士官、士兵和国际学员实施合校训练，既训兵又训官。这样，在同一所院校里，既有进修深造的现役军官，也有住校学习的士官和士兵；既有晋升前入校学习的军官，也有为了学习新技术在部队常年服役的士官，还有为了完成基本战斗训练的新兵。不同层次类型的培训对象集中在一所院校，需要根据需求实施分层管理。例如，陆军野战炮兵学校的培训对象涵盖了军官、准尉、士官、士兵和文职人员等各种类型，设 36 个各种类型的专业班，其中 23 个为士官班和士兵班，13 个为军官班和准尉班。学校对军官进行初级专业、高级专业和预备指挥培训，对士官进行准尉课程培训，对士兵进行新兵入伍训练、基本战斗训练、高级单兵训练、基本战斗训练与高级单兵训练结合的同一基地部队训练，对国际学员进行与野战炮兵官兵学员相应的训练。

四、学员的毕业任命

美国陆军任职教育院校毕业学员主要依据军官职业军事教育的规定，遵循训用一致的原则晋升和使用。例如，美国陆军军事学院招收学员为陆军中校、上校级军官和部分海空军、政府部门相应级别的官员，学员毕业后晋升为将级军官，担任旅级、师级主管或高级司令部部门的领导职务。美国陆军院校学员的毕业任命通常仅指生长军官的毕业任命。

美国陆军院校非常重视学员的毕业任命工作。以西点军校为例，学员的毕业分配实际上分为两个步骤。第一步是兵种分配，学员在校期间接受不间断的兵种教育，进入第四学年后就要选择兵种了，最终的兵种分配基于部队需求、学员意愿和学员排名（包括课程学习成绩、领导能力水平和体能情况），在满足部队需求的情况下，学员按照自己的意愿选择兵种，排名靠前的学员优先选择兵种。第二步是岗位分配，学员在毕业前夕选择任职岗位，最终的岗位分配基于部队需求、学员意愿和学员排名。和兵种分配一样，学员可以填报3个志愿，在满足部队需求的情况下，最后按照学员排名顺序，由学员依次选择毕业后的3个任职岗位。西点军校的学员毕业后主要到指挥岗位上任职，但也有一小部分学员，特别是身体条件不满足指挥岗位要求的学员，到技术岗位任职。参加初、中、高三级任职培训的学员，在入学时都会被免去原有职务，毕业后在军种范围内重新分配岗位。而岗位分配和在校期间的学业表现通常有一定的关联，学业成绩有时也会成为下一次岗位任命的考虑因素，但一般不会是重要考虑因素。

以西点军校为例，除非奉命转换兵种，西点军校毕业学员将保留原任命的终身服务兵种，均被任命在美国陆军基本兵种或专业兵种中。毕业学员可以被任命到美国陆军部队或部门任职，如步兵、装甲兵、野战炮兵、陆航兵等单位；可以选择到战斗支援部队任职，如通信兵、防化兵或军事情报部门；可以被任命到战斗勤务部门，如军械、军需、运输、人事或财务部门。在此后的服役期间，毕业学员将根据个人能力得到晋升，在更为重要的岗位上任职，如步兵军官、工程兵军官、军需军官等。西点军校毕业学员的兵种专业分配是从第四学年的秋季开始的。毕业分配包括几个步骤，依据学员在班上的名次和陆军条令的规定决定最后的结果。首先，由军事教育部发出优先分配的简报，几天后公开召开专业分配会议，学员们就不同的专业部门进行咨询之后，每名学员选定 3 个兵种专业录入计算机。其次，美国陆军根据这些信息和学员在班级上 4 年的总体表现排名进行优先权排序，实施兵种专业分配。最后，按排序由学员自行选择专业。在班级中排在第一位的学员首先选择，然后是第二名进行选择，依次进行。如果一个兵种专业达到美国陆军需求上限，就不再允许其他学员进行选择。如果一些兵种专业没有达到陆军需求的数量，就将强制要求班级排名靠后的学员进入这些兵种专业。一般情况下，绝大部分学员会得到自己 3 个选择中的一个，排名越靠前的学员，越有机会获得自己的第一选择。

第二节　俄罗斯陆军院校学员

"新面貌"军事改革之后，俄罗斯陆军院校积极采取诸多新举措，从学员入学选拔开始，层层严格管控，确保生源质量，提高学员教育培养质量。

一、学员的入学选拔

在俄罗斯陆军院校中，除军事大学和专科学院直接招收志愿报考者外，其他军事学院一般招收部队推荐的军事人员。报考军事大学和专科学院的志愿者需经过一系列严格的入学选拔，才能被录取成为军校学员。报考军事学院的军事人员，需经部队团级首长审查推荐，由师、集团军（军）、军区干部部门根据选拔计划进行逐级审批，并为预选学员入学考试创造条件。

俄罗斯《兵役义务与服役法》规定，凡具有中等文化水平且未服过兵役的 17~21 岁俄联邦公民、义务兵或已转入预备役且年龄不超过 23 岁的退伍军人，均可报考军队院校（居住在俄罗斯境外的俄罗斯联邦公民也可报考俄罗斯军队院校，但其毕业后必须在俄罗斯军队服役）。

志愿报考军队院校的地方青年，可在每年的 4~5 月向居住地区兵役委员会递交申请，并提供个人资料、当年参加考试的成绩、报考意向、自我鉴定、工作（学习）单位评定等信息；也可直接向有关军队院校递交申请，由院（校）长向考生当地兵役委员会确认其报考资格。符合招生条件的考生在每年 4~5 月参加由兵役委员会组织的预选，通过者于 7 月 3 日前根据兵役委员会或有关院校的通知，赴其报考的院校递交证件和学历证明原件，7 月 5 日至 25 日参加最终的专业选拔考试。义务兵或合同兵可在每年 4 月 1 日前向所在部队指挥员递交申请，说明个人信息和报考意向并附自我鉴定，由部队指挥员签署评定、服役卡片及 3 张免冠照片。部队指挥员在认真研究报考者的情况之后，需针对报考者资格在所属部队组织讨论并进行公开表决，经表决通过者，还须获得兵团级主官批准，方可参加预选。

俄罗斯陆军院校的入学考试由院校主官组成的考试委员会实施。除了极少数人员可享受国家和军队优惠政策免试或部分课程免试外，其余人员一律要通过入学考试，择优录取。进入中、高级军事院校学习的申报条件更加苛刻，对学员的选拔要求更加严格。通常按年度计划由国防部下达指标，然后由各部队推荐，院校进行审查，最后经统一考试录取。为了严把选拔关，控制生源质量，俄罗斯陆军规范了学员本人申请、领导推荐、逐个审查、统一考试等环节，最后择优录取。通过一系列措施确保新生生源质量。

（一）全面考查学员的基础素质

俄罗斯陆军非常重视学员的综合素质，为了避免"一考定终身"，院校从体能和职业适应性等方面全面考查学员对预期培养岗位的适应能力。

1. 体能素养考查

俄罗斯陆军院校制定了严格的体格检查和体能考查标准，要求学员在报考军校时，需参加 3~4 项体能考核。考核内容包括男生引体向上（女生仰卧起坐）、100 米短跑、男生 3000 米跑（女生 1000 米跑）、100 米自由泳、100 米蛙泳等项目，其中，前 3 项为必考科目，后 2 项为选考科目。必考科目单项考试成绩不低于 30 分，3 项总分不低于 120 分，否则考官认定学员身体素质不达标，不予录取。必考科目达标的标准：引体向上每分钟 6 个（仰卧起坐每分钟 36 个），男生 100 米短跑成绩 15 秒（女生 18 秒），男生 3000 米跑成绩为 14 分 10 秒（女生 1000 米跑 5 分 7 秒）。

2. 职业适应能力考查

对学员的心理素质，俄罗斯陆军通常采用社会心理研究、心理生理双项考查法测试。社会心理研究主要用于评估学员的个人教育和发展环境、个人军事专业发展方向、组织能力、在集体中的社交能力和品行、受教育和职业训练水平。心理生理双项考查法主要用于评估学员的认知心理过程（感受和理解等）、注意力、个人心理素质（性格、气质等）、神经系统性能（敏捷性、应变能力、承压能力等）、心理机能及神经心理稳定性。根据测试的结果，区分和认定学员的心理状况等级。

此外，俄罗斯陆军院校招生还引入军人职业选拔测试系统辅助选拔测试，确定学员适合学习的专业。该系统还可以测试学员是否存在会对履行兵役义务产生负面影响的某些倾向，以此判断学员是否适合进入军校学习[1]。

（二）建立分层递进的选拔机制

俄罗斯陆军院校采用"分层考核"的方式进行招生选拔，按照初步考核、专业考核和选拔录取的流程，分层考核和审查学员的综合素质，择优录取。

1. 初步考核

初步考核是为了核实确认学员的教育程度、健康状况、体能状况、

---

[1] 闻敏. 俄拟借助新系统选拔军官 [N]. 中国国防报，2019-03-22（4）.

专业适用等级等信息，通常由俄联邦主体军事委员会、联邦级市（区）征召委员会组织实施。通过初步考核的学员，其服役证明、体检表和职业心理鉴定表将由俄联邦主体军事委员会送达相关院校。相关院校招生委员会审核学员材料后，视情况决定是否允许学员参加专业考核，对未通过审核的学员，由相关院校招生委员会向其说明理由。

2. 专业考核

专业考核是为了评估学员掌握相应水平教育的能力，是选拔考核中的关键环节，也是全面考查学员综合素质的主要方式，通常由相关院校招生委员会组织实施。为了强化考核的专业性，俄罗斯各陆军院校成立了不同的专业机构负责不同内容的考核。其中，军人健康鉴定委员会负责体检环节；职业心理选择委员会通过社会心理研究、心理生理双项考查法评估学员的职业适应能力等级；学科考试委员会组织学员参加文化水平测试；体能测试评价委员会完成学员的入学体能测试。

3. 选拔录取

相关院校招生委员会将通过专业考核的学员列入拟录取选拔名单，按照普通教育培训成绩（或学院自主命题考试）和体能测试的总分数，区分学员报考专业分类，进行录取名次排序。在排序时，职业适应能力测定结果是重要的参考数据。如专业心理分析鉴定结果为三级职业实用性等级的学员，无论分数高低，其名次排序在一级学员和二级学员之后。当学员分数相同时，需综合考虑排序先后、是否符合优先录取条件，以及普通教育培训成绩进行确定。

（三）制定倾斜政策优选人才

俄罗斯陆军院校的入学选拔，不仅需要考核学员的体能、职业素质、心理素质，还需要通过政治审查考核学员的思想素质，考查学员是否拥护总统、意志坚定，是否愿意献身国防事业、服从命令等。同时，为了吸引地方优秀青年，激励拥有一技之长的特殊人才入伍，俄罗斯陆军院校制定了一系列向特殊群体倾斜的招生政策，如突出军人世家的引领作用，针对军人或军人子女及特殊人才制定相应的优先政策等。

1. 针对军人或军人子女的优先政策

俄军规定，执行军事任务时牺牲、受伤、病故军人的子女；已逝（牺牲）的苏联英雄、俄联邦英雄和荣誉勋章获得者的子女；在俄联邦武装力量、武装组织和军事职能机构中服兵役不低于3年的公民；俄罗斯内务部内卫部队士兵，俄联邦内务部、刑事执行系统、联邦消防部门的工作人员；在车臣共和国及其周边地区的武装冲突中完成任务的军人，被运送到武装冲突区的士兵，以及在北高加索地区的反恐行动中完成任务的军人等，享有优先录取的权利。

2. 针对拥有一技之长学员的优先政策

拥有一技之长的学员，是指奥运会冠军或奖牌获得者、世界杯赛或欧洲杯赛冠军或优胜者、中等普通教育毕业证书全优获得者、参加奥林匹克竞赛、知识竞赛表现突出者等人员，可享受政策性加分。

二、学员的教育培养

俄罗斯陆军院校对学员的教育培养主要包括两个部分。一是奠定军官职业基础的教育培养，这个阶段完成指挥军官的初级教育，培训内容包括：4年"学士"（一级）、5年"持毕业证书的专家"（二级）、6年"硕士"（三级）。二是军官职业发展的任职教育，可分为两个等级。其中，战役战术级（四级）完成指挥军官中级教育，战役战略级（五级）完成指挥军官高级教育。由于俄罗斯陆军指挥军官的初级教育涵盖了生长军官教育，因此，需要从初、中、高三个层级研究俄罗斯学员的教育培养问题。

（一）学员教育培养的目标

1. 初级军官学员

初级军官学员是指前面所述的一级、二级、三级学员。俄罗斯培养陆军初级军官学员的院校主要有陆军军事专科学院和高等军事学校，90%的初级军官学员的培养任务由这两类院校承担。除此之外，陆军军事学院和陆军军事大学的生长军官培训班也承担了一部分初级军官学员的培养任务。陆军军事专科学院和高等军事学校培养初级军官学员的目标是为陆军部队培养初级指挥和专业技术军官；陆军军事学院和陆军军事大学的生长军官培训班培养初级军官学员的目标是为院校、科研单位和部队分别培养专业技术领域的师资、科研人员和专业技术干部。

2. 中级军官学员

中级军官学员是指前面所述的四级学员。俄罗斯培养陆军中级军官学员的院校主要有陆军军事学院和陆军军事大学，这两种类型的院校设置指挥系，按照军事指挥领域的基本职业教育大纲培养中级军官学员，其教育培养目标是培养陆军团级指挥和参谋人员，以及各种专业技术副职。这一层次的教育培养以战术指挥为主，上挂战役指挥。

3. 高级军官学员

高级军官学员是指前面所述的五级学员。俄罗斯培养陆军高级军官学员的院校是总参军事学院，该学院针对陆军高级军官学员的教育培养目标是培养陆军战役战略级指挥军官和高级参谋军官，以及各院校和科研部门的高级专家。这一层次的教育培养以战役指挥为主，上挂战略指挥。

（二）学员教育培养的重点

1. 初级军官学员

依据培养目标，初级军官学员的教育培养重点主要有三个方面：一是学习适应科技和武器装备的发展，以及军队信息化建设需要的基础文化知识；二是培养学员的任职能力，使其具备灵活运用科学的组织原则去处理部队建设中的实际问题；三是培养学员的创新能力及意志、信念等非智力（意向）因素。

2. 中级军官学员

依据培养目标，中级军官学员的教育培养重点：训练指挥（指挥专业）、组织指挥（工程指挥专业）、系统技术（工程技术专业）、军事师资（军事师范专业）和其他领域专家的培养内容。因此，中级军官学员的学习内容主要包括人文课程，社会经济课程，自然军事科学课程，平时和战时指挥兵团、军团、大型军人集体和军事科研集体的基础军事职业训练，实习与见习。

3. 高级军官学员

依据培养目标，高级军官学员在总参军事学院的教育培养重点主要有两个方面：一是组织指挥能力的教育培养。重点突出指挥员和首长机关在组织战斗、战役时应当掌握的程序和方法。二是实践能力的教育培养。通过加大实践训练课程比例，制定新的课内和课外操练、演练标准。同时，采取组织学员到部队实习、参加军区组织的战备和战斗合练示范演习等措施，强化学员实践能力的教育培养。

（三）学员教育培养的措施

在长期的教学实践中，俄罗斯陆军院校不断改进和探索学员教育培养的方式、方法，形成一系列富有特色、经过实践检验且行之有效的做法。

1. 引入部队战训成果，更新教学内容

一方面，院校教育训练要贴近部队任务。例如，在以班组（群）为单位进行的分组练习中，组训者主要考查学员收集信息、判断情况、定下决心及向所属人员下达战斗任务的能力，考查一整套指挥过程。

组织司令部训练时，培养受训者侦察、搜集整理信息、实施战术计算，以及为指挥员提出决心建议的能力等，注重提高司令部组织计划战斗、作战保障及各级部队、人员之间协同的能力。组织战役训练时，注重提高战役指挥员及其指挥机关组织指挥战役能力的训练。另一方面，及时将实战成果运用于教学实践。俄军高层领导在多种场合指出，如果军队院校不能有效运用部队战斗行动经验等方面的实践成果，那么，这将是极大的错误，应充分发挥参战教员的重要作用。因此，俄军专门派教员赴叙利亚及其他冲突地区参战或参加演习，目的是让教员体验实战，总结作战经验，并将作战经验运用于教学过程。教学质量评价的一个重要标准，就是教员是否成功利用作战经验组织学员训练。同时，军校专门成立教员组，常态化研究和分析部队作战行动经验，研究部队训练体系内各级部队行动的新形式。在此基础上，院校每年需根据军事训练大纲中的变化部分，及时把大纲中的新内容补充到院校教学中，并应用于课堂教学中。

2. 拓宽实践教学渠道，创新教学方法

俄军院校把实践作为检验学员对理论知识的理解及运用程度的主要方法。首先，到部队指挥员岗位实习。毕业学员到部队实习是俄军院校的普遍做法，这种做法可以有效检验学员对所学知识的掌握程度，是否适应部队实际岗位需求，考察理论教学与实战之间的差距到底有多大。例如，武装力量诸兵种合成军事学院（陆军军事教学科研中心）及其分校学员，在毕业前的最后一个学期必须到部队实习。学员被派往各军区、兵团和部队，履行从排长到旅长各级指挥员的职责，参加部队组织的各种实战训练，在真实的野战条件下，学员在与其他人员协同行动的过程中，不断完善指挥分队、组织战斗训练作业、提高组织日常工作及训练活动等方面的技能，从而达到在实践中巩固知识和掌握技能的目的。依据所学专业不同，学员的实习时间从 2 周到 2 个月不等。其次，参加各种规模的演习。例如，武装力量诸兵种合成军事学院规定，自 2014 年起，二年级学员必须按教学计划参加所有的战略演习。在"东方-2018"战略演习中，该校参演的二年级学员就在相应岗位或毕业后所从事的岗位上实习。此次演习中，在战术、战役及战略指挥层级下，学员直接履行从团长、旅长（旅参谋长）到军团和兵团作战军官的职责，全程参与联合作战行动准备与实施，以及返回常驻点等各个阶段的指挥员工作。学员可以利用在一年级学到的理论知识和实践技能，在合成部队指挥员岗位上全面形成实战技能。例如，在突击战备检查过程中，研究兵团和部队的平战转换程序；在实兵演习阶段，研究采用新的方法在最短时间内定下决心，拟制作战文书，在战场态势急剧变化条件下高效指挥参谋机关的工作；在有限的时间内，快速、精准进行军（兵）种部队集群作战能力计算，发现在最大限度接近实战条件下组织和实施作战行动保障、部队指挥等方面存在的问题；获得指挥其他军兵种兵团、部队（分队）及特种部队的经验，以应对指挥当前及未来具有跨军种性质的联合作战行动。最后，参加校际演习。为巩固课堂理论知识，达到相互交流、相互提高的目的，俄军各军种院校之间也组织联合演习。例如，2016 年 4 月，驻圣彼得堡 5 所军事院校的 1500 多名学员参加了为期 3 天的综合实践性作业，即军种间战术演习。学员按统一的战术意图实施综合实践性作业，各学院抽调教员组成演习导演部，组织学员联合行动。据演习导演部评价，学员完成了既定战斗任务，成绩为"良好"，获得了诸兵种间协同方面的实践经验。

3. 借助各种比赛磨砺学员战斗技能

比赛是扩展学员视野、将实践经验转变为现实行动能力、创新发展军事行动理论与实践的重要途径。一方面，参加军内各种比赛。目前，俄罗斯国防部部长绍伊古决定，俄军院校派出学员参加全军范围内的指挥员业务能力比赛。在比赛过程中，学员可以真正研究战斗组织与实施的整套流程，俄军院校可以检验学员独立完成训练的能力，还可以发现训练有素、具备创新能力、思维活跃的指挥人才。同时，使学员形成分析工作、预测战场态势发展、完成各种战役战术计算，以及在各种复杂条件下定下决心的技能。另一方面，参加国际比赛。俄军院校把国际军事比赛作为了解外军训练水平的直接方式。在学员例行参加此类比赛的过程中，俄军院校达到了解对方的目的，查找自身短板，为实施针对性训练、提高学员的训练水平提供了重要的参考信息和借鉴。每次国际性比赛后，俄军就专门组成评估组评估参赛结果，并及时更新比赛大纲的具体内容及细节，将成熟的内容写入军事训练大纲之中，以备院校及时使用。

4. 盘活各类教学资源，拓宽学习渠道

俄军重视发挥各军兵种院校的特长培养人才，尤其是实践性较强的教学活动，均由国防部统一制订年度计划，由有关军事院校组织实施。年度军事演习由总参谋部统一组织，由任务军区和有关军事院校联合组织实施，以最大限度地发挥资源优势。对学术性交流活动，各院校均可以自主地聘请院外教员授课。加强军地间交流。对一些技术工程课和高新科技知识课，各军事院校与地方大学签订合同、聘请客座教授或请地方官员来院校内做外交形势与国家经济发展状况的报告，较好地发挥了专业院校和地方大学的优势。强化国际军事交流与合作：俄军把加强国际军事交流与合作作为展示实力、扩大影响、提高办学质量的重要举措。军事学院、军事科学院和三军指挥院校均向国外派出了军事留学生，同时接收相关国家互派的军事留学生。积极参加国际性的军事学术交流，定期邀请外军学者到部队进行讲学交流，派遣军事理论专家赴外军讲学，注意学习和借鉴其他国家军队的办学经验，从而使俄军的办学声誉和水平得到了提高。

5. 严抓考评制度，确保培养质量

为客观考核学员的综合技能，俄国防部成立院校考核最高机构，抽调陆军兵种或司令部相关人员，组成权威考核委员会。考核委员会在学员临近毕业时进驻陆军院校组织考核。考核分为两大部分。第一部分考核学员的综合素养。考核委员会进行跨学科考试，在理论考试的基础上，更加强调对学员综合能力的考核。例如，考核学员应对陆上复杂战场环境的能力，考核学员个体对最新武器装备性能的掌握和使用情况，能否驾驶坦克、步战车完成战斗任务；分队之间能否有效组织协同；分队指挥员能否有效组织战斗、指挥及管理分队等。这种考核具有典型的实战性质，具有很强的客观性，学员把平时的训练理论应用于各种战斗行动实践，检验自身存在的不足。基于这种考核方式，陆军院校能够最大限度地培养符合未来战争需要的人才。第二部分考核院校培养质量。主要考核院校的教学计划、课程设置、教学内容、教学方法等，分析是否符合武装力量改革整体规划、是否符合陆军建设对人才的需求、是否符合学员个体塑造的规律。考核的具体内容及考核委员会给出的结论，是院校进行下一步人才培养的重要指向。

三、学员的管理

俄罗斯陆军院校十分重视对学员的严格管理。学员入学后一直被置于严格的军纪约束之下，言行举止都要服从管理、听从指挥，否则随时可能被淘汰。

（一）运用服役合同制度管理学员行为

俄罗斯军事教育机关结合兵役制度制定了合同制度。学员入学后应与军方签订服役合同，其内容包括学员在学期内的责任与义务，以及毕业后的法定服役期限等。最初的服役期限为5年，2002年起改为10年。学员在校期间学习成绩不佳或违反军队纪律、毕业后提前退役等行为，均被视为不履行合同的行为，应承担法律责任和经济赔偿责任。

（二）编成学员旅管理学员一日生活制度

对学员的生活和作风，俄罗斯陆军院校始终秉持严格细致的管理态度。最常见的做法是设置学员旅作为学员一日生活制度的基本管理单位，学员连作为学员评估竞赛的基本单元，连战术教官作为整合教育资源、培养学员领导能力的直接责任人。例如，陆军高等军事学校通常按年级和系别编学员分队和教学班，区分营、连、排三级，营长、连长、排长均由军官担任。每个排为一个教学班，班主任由教研室主任教员担任。分队指挥员由院校固定人员担任，负责学员的行政管理和思想教育等日常工作。教学班的班长由学员担任。

（三）运用国家统一学业标准管理学员学习课程

俄罗斯陆军院校对生长军官的培训，不仅要求学员有较强的精神素质，能随时"勇敢地捍卫俄罗斯的自由、独立和宪法制度，保卫人民和祖国"，而且对学员的科学文化学习和军事专业培训有着非常规范的课程体系。从 1995 年开始，俄军初级院校普遍增设全民通用课程，特别是人文教育和自然科学教育，规定了与地方高等院校相一致的国家统一学业标准。学员在校期间除了在基础理论、科研和教学法等方面进行严格训练外，还需要进行更严格的实际技能训练。俄罗斯军队规定，教育机构学员年终考试（含实习课）全部及格才能升级；如有一门不及格，需补考及格后才能升级；如有两门以上不及格，则做退学处理，学员回原部队继续服役或退役回原籍。为加强学员纪律管理，俄军规定学员因学习成绩不合格、不遵守纪律、不愿继续学业需向国家赔偿高昂的学费。

至 2012 年，俄罗斯军队院校已经开始使用第三代联邦国家教育标准。该标准旨在使学员获得必要的岗位任职知识。依据该标准，领导能力教程、基本语言训练、紧张的体育锻炼属于教学大纲的必修内容，中、高级军官学员的任职培养可部分转入补充职业教育系统，这样，担任具体职务的军官学员可根据自身需要，学习所需的岗位任职知识，完善军事职业所需的本领和技能。

（四）运用激励管理机制激发学员学习动力

俄罗斯陆军院校规定，考试课程中 75% 的课程成绩为优秀，且毕业时参加国家考试也为优秀的学员，毕业时可以获得"优秀学员"称号，毕业证书封面为棕红色；所有课程考试成绩均为优秀，且毕业时参加国家考试也为优秀的学员，毕业时可以获得"金牌全优学员"称号，毕业典礼上由陆军（兵种）主任颁发金牌全优学员奖章 1 枚，还可受到总部首长的接见，优先得到提拔重用，并可以在全军范围内选择工作。对于希望攻读军事学研究生的学员，陆军院校也制定了相关的规定：只有在中级培训中取得优异成绩的学员，才有资格攻读军事学研究生继续深造，以确保高层次军事指挥人才在受训前就有良好的任职基础教育。

（五）强化学员创新思维和自我管理能力培养

在近年来的教学改革中，俄罗斯陆军院校非常重视学员的创新思维和自我管理能力的培养。一方面，为了培养学员的独立思考能力、独立创造精神和自我管理能力，主张给学员更多的学习自主权。俄罗斯军事教育专家认为，高等教育首先是自我教育，为此，院校的教学计划允许学习成绩优秀的学员可以按照个人计划安排学习内容。为便于学习，这些学员即使是初级院校高年级学员也可以不住校。另一方面，重视学员创新思维和能力的培养，改变过去教员一味讲授、学员只知死学的教学方式，强调通过启发式教学、因材施教、加强实践环节等方法，提高教学质量和效果。例如，陆军院校要求在教学计划中，图上作业和演练的时间占整个军事训练时间的 45%~60%，其目的就是培养学员随机灵活处理问题的能力。

四、学员的毕业任命

初级军官学员毕业后一般任命排级职务。俄罗斯陆军军事专科学院和高等军事学校学员毕业时，颁发全国统一的专业人员文凭，授予中尉军衔和相应职称，并根据所学专业，分别到陆军部队担任排长或相应级别的其他职务；陆军军事学院和陆军军事大学的生长军官学员毕业后，获得相应专业人员文凭或硕士学位，可到院校、科研单位或部队任职。

中级军官学员毕业任命视培训而定。俄罗斯陆军军事学院和陆军军事大学的指挥系主要培养团级指挥和参谋人员，毕业后一般任命为相应级别的指挥军官或参谋军官。复训进修系学员毕业后，一般在相应教育层次范围内提高一级任职。陆军合成指挥专业的学员毕业后可担任摩步团（旅）或坦克团团长（旅长）、团（旅）参谋长、师作战科科长、集团军作战处高级参谋，以及本兵种相应级别的指挥军官和参谋军官。装备、后勤、教育工作（政治工作）等专业的学员毕业后，可担任相应专业的副职。

高级军官学员的人数是根据俄罗斯部队和机关及科研部门的需要按计划确定的。高级军官学员面向全军招生，学习过程中不分专业，混合编班并实行合训，毕业时获得"国家管理专家"的技能称号，颁发国家统一样式的毕业证书，并面向全军分配，凡到指挥院校参加中级培训的军官毕业后都将被提拔使用。通常高级军官学员毕业后基本从事原来的专业，来自陆军合成部队的学员可担任师长、师参谋长或高级指挥机关的部门首长或参谋；其他学员担任本兵种相应的职务；从事装备、后勤等专业的学员担任本专业的副职。

第三节　其他国家陆军院校学员

英、法、德等国的陆军院校，根据本国军队建设需要，重视学员的选拔、教育、培养和任用工作，结合本国军队实情，形成了自身的经验做法。

一、学员的入学选拔

外军院校本着优中选优、宁缺毋滥的原则，对学员录取有着严格的标准、严密的程序和较高的要求。英军高级院校的招生由国防部直接负责，国防部设立专职人员确定培训对象、培训数量和训练内容，选调符合标准的学员入学。日本自卫队院校不管学员来源如何、职务高低，都必须经过严格的选拔。报考军事院校通常要经过两次考试，合格者才被录取。日本陆上自卫队干部学校指挥参谋课程第二次考试最多会淘汰初试合格者数量的一半。[1]

二、学员的教育培养

外军院校教育以未来战场能力需求为牵引，以打赢未来战争为目标，注重学员领导力生成，培养果敢坚毅、英勇顽强、责任担当、富有文化、善于指挥的高素质职业军官。

（一）培养目标

外国陆军院校通常从社会需求和个人需求两方面确立人才培养目标。社会需求表现要满足国家、社会发展的需要，特别是军队建设和未来战争的需要。个人需求表现要满足学员个人身心发展的需要，既

---

[1]　耿卫，马增军，李健.外军职业军事教育与训练研讨会论文集[M].沈阳：辽宁大学出版社，2011：102.

要考虑在军队服役期间的发展需要，也要考虑退役后的发展需要。

一是瞄准打仗所需，培养必备素质。外军陆军院校，无论是专业课程还是基础课程，均围绕直接源于陆军需要的培养标准而设置，培养学员基础能力，强化责任、荣誉意识，锻造过硬本领与非凡勇气。

二是以合格的军事领导者为培养方向。以英军为例，他们普遍认为，合格的军事领导者应当加强全面素质的培养与锻炼，既立足于本职岗位，强化岗位培养与能力素质锻炼，又强化纪律观念，培养责任意识。

三是具备卓越的军事领导能力和较高的身体素质。瞄准一位军官所必备的军事基础知识和军事常识进行系统培养。

四是瞄准未来战场，立足现在谋打赢。以法军为例，他们强调的是培养"未来的军官"，瞄准未来战场。打仗需要什么，就苦练什么。从圣西尔军事专科学校的校训中不难看出，法军的生长军官以"打仗"为受训目的。

（二）培养要求

各国军校的人才培养目标虽然表述各不相同，但核心要求几乎都表现为"德、智、军、体全面发展"，强调培养全面、可持续发展的职业军官。虽然这些学历教育院校的毕业生都是最低级别的初级军官，但没有一所院校将自己的培养目标仅仅定位在培养合格的排长上，而是无一例外地兼顾军官未来的长远职业发展。例如，英军在规范与要求中强调：培养在复杂环境中凭借非凡的勇气、坚韧的意志和果敢的个性，采取坚决果断行动完成任务的指挥官。为此，英军重视学员的军事理论学习，强调掌握军事理论作为认识军事冲突的必要内容，特别是鼓励学员进行战例分析和战争研究，学习战争经验，研究战法，获得启示。同时还重视培养指挥官之间相互信任的精神品质，培养指挥员正直、勇敢、勇于自我牺牲的品质，培养指挥官关心与关爱士兵的良好品行。法国圣西尔军事专科学校要求学员瞄准适应各种未来复杂战场环境能力需求，强健体魄，善于指挥，科学管理，严守纪律，为国奉献，具备优良的军事素质和随时走向战场的准备，着重培养抱负理想大、奉献意识强、文化素养高、纪律观念好、指挥管理强的出类拔萃的指挥官。

（三）培养标准

外国陆军院校通常言简意赅地设置培养标准，目的是通过设立培养标准更好地指导教育实践。教育制度的制定、教学内容的确定、教学计划的实施，都要围绕培养标准实行。培养标准统领各项教育内容，体现在基础课程和专业课程的方方面面。培养标准的表述应言简意赅，利于实现。如法军强调培养"未来的军官"或者"明天的军官"就是最好的代表。例如，法国圣西尔军事专科学校培养出来的毕业生必须具备优良的军人素质；英国皇家陆军军官学校教育训练的目的是培养合格的军事领导者。

三、学员的管理

学员是未来的指挥官，学员的培养质量直接决定军队未来的发展。外国陆军院校认为：军校管理的严格程度应该高于部队，培养出的学员才能较好地适应部队。为此，他们坚持依法治校，既有严格的一面，也有结合实际、相对灵活的一面，做到宽严相济。例如，英国陆军学院对着装和仪容有苛刻的要求，不因外界条件而改变。但在其他方面，只要制度许可，行动自由度很大，每逢周末、重大节日，学院会安排军官与家人一起参加酒会，以联络感情、放松心情。

四、学员的毕业任命

法国初级军队院校学员毕业后一般担任排长、副连长或者初级专业技术军官，军衔一般为少尉或中尉；中级军队院校学员毕业后一般担任营级、团级指挥官或参谋军官，一般授予少校军衔。英国陆军初级军事职业院校一般培养初级军官，如英国桑赫斯特皇家军事学院学员毕业后一般担任陆军连排军官。

第六章　外国陆军院校专业课程

专业课程设置是人才培养目标方案的主体，决定人才培养类型。外国陆军院校在组织教学活动中，专业课程既是其履行教学和科研工作的基础和平台，也是其实现教育目的和培养目标的重要途径。

第一节　美国陆军院校专业课程

近年来，美军更加注重官兵批判性和创造性思维能力的培养，不仅用这一思想指导课程设置，使其贯穿于教学方式与方法的使用中，还根据陆军军官的成长路径和不同战争层级对人才培养的需求，确定各级教育层次的培养重点，建立了上下衔接、层次递进的课程体系，实现教育内容的逐级合成和有序衔接。

一、专业课程的设置

美国陆军院校课程设置的基本依据是美军 2009 年版《军官职业军事教育政策》中规定的各级院校学习目标和学习领域。

（一）生长院校课程设置

美国陆军生长军官任命前培训侧重于以知识为中心的课程价值取向，其目的在于奠定军官人生发展基础。因此，陆军生长院校的课程设计在兼顾军官社会职业角色所需的军事基本知识和技能的同时，强调建立自然科学、社会科学和人文科学相融合的课程体系，突出课程的基础性、系统性和学术性。

1.西点军校

根据培养目标，西点军校课程由学术课程、军事训练课程、体育课程三种类型构成，每类课程成绩占学员总成绩的比例分别为55%、30%、15%，且都有明确的课程和实践环节设置，领导力培养课程和荣誉教育计划则融入其他教育模块。

（1）学术课程

西点军校的学术课程是使毕业生能将不同学科的知识与技能综合化，以应对不断变化的世界中的机遇与挑战。学术课程结构有两个主要特征：一是所有学员必须完成26门固定的学术共同核心课程，非工程专业学员还需完成1门信息技术课程和3门核心工程课程。这些课程分为自然科学、工程技术、人文科学和社会科学四大类，涵盖了一门外语和一个学术专业领域，目的是为所有毕业生夯实知识的广度基础（课程名称见表6-1）。这些核心课程与军事训练课程和体育课程共同构建起西点军校的"职业专业"。二是通过为每个专业提供不少于10门的选修课程，帮助学员深入探索学习领域[1]。

---

[1]　Red Book_GY2017[R]. West Point，2015：14.

表 6-1 西点军校的学术计划核心课程

自然科学	工程技术	人文科学	社会科学
微积分 I 微积分 II 概率论与数理统计 物理学 I 物理学 II 普通化学 I 普通化学 II 数学建模与微积分概论 自然地理	计算与信息技术概论 军用信息系统理论与实践 7 个工程系列任选一个系列，每个系列 3 门课程	哲学 美国历史（或西方文明） 世界史中的地区研究 军事史 I 军事史 II 两个学期的外语（计为 2 门课程） 英文写作 高级写作 文学	经济学原理与问题 国际关系 美国政治 普通心理学 军事领导艺术 宪法与军事法律

核心课程包括为所有学员提供学习基础科学所需的实验和分析技能基础知识课程，称为数学—自然科学—工程分轨课程，具体为第一学年两个学期的数学和化学，第二学年的数学、物理与自然地理学。为非工程专业学生开设的此类核心课程分为 7 类，分别是土木工程、网络工程、电子工程、环境工程、机械工程、核能工程和系统工程。

为确保每一名毕业生拥有计算机运用能力，西点军校设置计算机科学分轨课程，具体为第一学年的计算机科学介绍课程、贯穿于核心课程的计算机操作运用和第三学年的信息技术课程。为增强学员职业发展，加强学员对政府和社会的认知，设置社会科学—行为科学—历史分轨课程，具体为第一学年的历史和心理学，第二学年的政治学、哲学、经济学，第三学年的国际关系、军事领导艺术，第四学年的宪法与军事法律、军事史。

（2）军事训练课程

西点军校的军事课程设置的目标是通过提供循序渐进的军事训练和领导力培养，使学员具备合格的陆军军官品质。军事课程由军事科学、军事发展、学员职业发展、学员社会发展四个部分组成。以军事课程教学与军事训练的方式组织实施。军事课程教学通常在正常的学术学期（春、秋学期）进行，每学年开设 2 门军事核心课程，现有 8 门。

军事训练主要进行军事技能、体能训练，由野外训练（暑期）、部队实习、特种训练等构成一个循序渐进、环环相扣的完整体系。军事训练主要在夏季集中进行，也称学员军事共同训练，由学员基础训练、学员野外训练、学员领导力发展训练、学员部队领导者训练、西点领导选派计划组成。军官基础领导者 A 级课程也作为军事课程的一部分穿插于四年的学习之中（军事课程与军事训练内容见表6-2）。此外，军事课程开设兵种计划，通过兵种相关知识介绍，为学员未来的兵种选择打下基础。

表6-2　西点军校的军事课程与军事训练（夏季）内容

年级	军事核心课程	军事训练（夏季）内容
一年级	军官团过渡课程 陆军过渡课程	7周，新学员在西点的巴克纳训练营进行学员基础训练，重点是单个士兵技能、初级军种教育、小组演习、体能训练和荣誉教育，使学员完成从平民到军人的转变
二年级	小单位领导 多兵种作战课程	4周的学员野外训练，重点是军事通用技能、单兵预备训练，野战延伸训练准备，领导、参加和指挥小分队战术作战；或是参加4周的个人高级发展训练
三年级	陆军领导艺术 战术基础	4周，部分学员在低年级的"学员基础训练"和"学员野外训练"中担任士官，然后到各地的训练中心进行空降、空袭、工兵领导、战斗潜水等训练；部分学员参加"学员部队领导者训练"或是"学员领导力发展训练"，到世界各地的陆军部队见习；或是参加4周的个人高级发展训练
四年级	陆军导论 单兵战术入门	4周的学员领导力发展训练及部分学员在低年级的"学员基础训练"和"学员野外训练"中担任军官；或是其他未参加作战训练和"学员部队领导者训练"的学员到各地的训练中心进行作战训练，或到部队参加"学员部队领导者训练"；或是参加4周的个人高级发展训练

（3）体育课程

体育课程贯穿于西点军校47个月的教学和训练始终，目标是培养学员为职业生涯做好身体和精神准备，保持个人和团队身体健康，培养昂扬的斗志，强化团队意识和集体荣誉感，激发必胜的意志与信心，促进学员的全面发展。体育课程由课程教学、体能测试、竞技体育三部分内容组成。其中，体育课程现有7门（表6-3）。西点军校的体能训练时间是每天下午4点10分到5点40分。每名学员平均每2天1次3英里（约5千米）、每周1次7英里（约11千米）武装越野，学员每年必须2次通过陆军体能测验和室内障碍测验。学员除必修7门体育课、参加定期体能考核和竞技体育比赛外，还可参加校内的21个体育俱乐部，以及美国大学体育协会的比赛，以满足个人的兴趣爱好。体育计划在塑造学员领导力方面也起到重要作用，每年有850名学员代表西点军校参加校级体育联赛。

表6-3　西点军校的体育课程计划

年级	课程名称	竞技体育项目
一年级	拳击（男，女）/格斗基础（女）军事运动	连队运动（11个）：篮球、夺旗橄榄球、足球、手球、极限飞盘、摔跤（以上运动开设在秋季学期）；室内曲棍球、定向越野、格斗、游泳（以上运动开设在春季学期）等俱乐部运动（21个）：拳击(男/女)、攀登、骑行、马拉松、英式橄榄球(男/女)、手球(男/女)、排球、迷彩漆弹运动、手枪、水球、柔道、剑术、定向越野、举重、赛艇、三项全能比赛、马术等校际体育竞赛：越野（男/女）、橄榄球、足球（男/女）、排球、篮球（男/女）、曲棍球、步枪、游泳、网球等
二年级	健身指导I近距离格斗（搏击）	
三年级	健身指导II终身运动（选修）水中求生	
四年级	终身运动（必修）	

（4）领导力培养课程

西点军校领导力课程体系的全称是"学员领导者培养体系"，以培养、训练和激励"未来领导者"为教育宗旨，通过课程学习、实践锻炼，将领导力培养渗透到人才培养全程，使学员初步掌握初级军官的基本领导技能。

为确保学员领导能力培养落到实处，西点军校制定了《学员12种领导能力达标标准》。该标准将学员领导能力培养和评估分解为职业动机、军人举止、团队精神、影响他人、关心他人、职业道德、组织能力、委派能力、监督能力、培养下级、决策能力和表达能力12个方面。以"培养下级"为例，这一领导能力的培养是通过相关课程和实践活动综合作用完成的。例如，学术课程中的军事领导艺术课程，军事训练课程中的陆军领导艺术、小单位领导等课程都包括培养下级的章节；在夏季军事训练中，安排高年级学员作为指挥员组织指导低年级的学员基础训练和学员野外训练，也是培养下级的实践活动；在内部管理上，四年级学员作为学员旅骨干和学员领导能力培养责任制的核心，负责有效组织指挥整个培养过程，有责任培养下级的团队精神、凝聚力和超越精神。三年级学员作为骨干，负责与下一级学员谈心、接受咨询，培养他们的协作意识、关心下级的精神状态。二年级学员作为小组长，负责面对面培养小组成员，向一年级学员提供专业知识、谈心咨询和工作方法。

（5）荣誉教育计划

荣誉是西点军校提倡的根本价值。西点军校实施荣誉教育计划的目标是要内化荣誉信条（不说谎、不欺骗、不偷窃或容忍他人这么做）的精神。荣誉教育计划依年级实施，是共计44小时的正式教育，每个年级都有不同的主题。一年级是荣誉信条、二年级是荣誉信条的精神、三年级是陆军价值、四年级是陆军职业精神（勇士精神），并颁布每个年级的指导计划，供学员、学员骨干、教员或管理军官参考。

负责执行荣誉教育计划的是各学员连代表所组成的荣誉委员会，以及由学员代表、军官及教员所组成的连荣誉教育小组。荣誉委员会制度始于1922年，全部由学员组成，包括1名主席、6名委员，以及4名营代表，以备在四年级时为学员服务。主席直接隶属于副校长和校长，并接受代表监督；6名委员负责调查、听证、教育计划、学员与教学系联络、荣誉／伦理会议。连荣誉教育小组则由2名连代表、连长、作战官、作战士官、2名轮派的军官与教员,以及1名常任的军官或教员组成,军官与教员负责指导。西点军校荣誉教育计划充分发挥学员自我管理和相互监督的作用,符合参与性、多样性、民主性的现代社会组织原则,因此公信力十足,为培养道德高尚的领导者起到了积极的作用。

随着美国陆军推行价值教育,西点军校也积极融合荣誉教育与价值教育。西点军校的荣誉教育计划不仅重视本校的核心价值,更强调陆军价值。陆军价值分述如下:忠诚——对美国宪法、陆军及战友给予真正的信心与忠贞;责任——完成义务;尊重——善待他人;无私服务——置国家、陆军及部属的利益先于个人利益;荣誉——遵守所有的陆军价值;正直——无论是法律上的还是道德上的,为所应为;个人勇气——面对恐惧、危险或逆境(身体的或道德的)。陆军价值按英文首字母排列为 LDERSHIP,发音同 Leadership(领导)。西点军校以理念和行动分别阐述这七项价值,通过荣誉教育计划将西点军校的核心价值与陆军的七项价值结合起来。

西点军校学术课程、军事训练课程和体育课程、领导力培养课程和荣誉教育计划相互配合,共同助力学员的军官职业意识培养及领导力生成,为塑造学员能力、品格和决策信心服务,使学员理解作为军官——既是军人,又是国家公务人员和军队领导者,了解这些角色之间的关系,并将这些角色融合到逐步形成的军事职业特征中。

2. 陆军后备军官训练团

美国陆军后备军官训练团学术课程同地方高等院校相一致,军事课程分为基础训练和高级训练两个阶段。基础训练主要在大学一、二年级中进行,每周有 3~4 小时的军事课程,每学期需要进行体能训练和野外训练,学习军事基础技能和领导力基础。学员完成基础训练学习后,不强制服役。高级训练在大学三、四年级中进行,除了每学期的体能训练和野外训练之外,包括一次为期 5 周的暑期学员领导力训练营,内容有高级军事战术,获得分队组织、计划和决策经验。学员完成高级训练学习后,需要作为军官在陆军服役。学员参加军事训练和上军事课时着军装，按班、排、连、营编制活动，班长、排长、连长、营长主要由参加过高级训练的四年级学生担任（表6-4）。

表6-4　美国陆军后备军官训练团课程设置

年级	课程重点	课程名称
一年级	为成为成功的陆军军官做准备	陆军领导力介绍 陆军传统 军事行动与战术 目标设置与完成 健康与体能课程
二年级	军官的角色	领导力理论应用 沟通 战争原则/军事行动与战术
三年级	领导战术小分队	指挥与参谋功能 战争法 武器 分队领导力 军事组织与战术
四年级	军官的过渡	军事训练 军事司法 伦理决策 个人管理 文化意识 职位支援 军事行动与战术

3. 陆军候补军官学校

美国陆军候补军官学校的学制为12周，由学术课程、体能训练和领导力培养三部分构成（表6-5）。

表6-5 美国陆军候补军官学校课程设置

第1~3周	第4~6周	第7~9周	第10~12周
陆军体能测试（入学） 个人技能 固定障碍/信心课程 水中作战生存测试 领导艺术与伦理学 6英里（约10千米） 徒步行军 3英里（约5千米）放 松跑 领导者反馈课程 识图与陆上航行	8英里（约13千米） 和10英里（约16 千米）徒步行军， 3英里（约5千米） 放松跑，格斗 勇士任务与战斗 训练 军事情报 战术与作战地形 野战领导力演练	12英里（约19 千米）徒步行军 野战领导力演练 救援行动 兵种选择 军事历史 训练管理 领导艺术	兵种指导 安德森维尔参谋现地 战术作业 机动/指导/毕业跑步 测试 高级领导者研讨班 陆军体能测试（结业）

值得注意的是，西点军校、后备军官训练团、候补军官学校均开设的军官基础领导者A级课程（BOLC-A），与兵种学校的军官基础领导者B级课程（BOLC-B）衔接紧密，提供与军事相关的教学和训练科目，如陆军价值观、职业特质和基础技术/战术技能，此课程不分兵种，是面向陆军军种开设的军官基础领导者课程。

（二）初级院校课程设置

自任命后，美国陆军院校人才培养开始侧重于以社会为中心的课程价值取向，课程紧紧围绕岗位任职需要，突出实践性和融合性，注重提高学员的综合能力。

美国陆军初级院校课程以专业技术、兵种战术与分队指挥、管理、领导为主要内容。以陆军步兵学校为例，学校开设有步兵军官基础课程与上尉职业高级课程。步兵军官基础课程的任务是使新任命的少尉军官具备岗位任职所需要的排级单位领导能力、战术和技术能力、知识储备和言行举止，课程学习时间安排在军官任命后7~8年，通常分阶段完成。候补军官学校毕业学员分配到部队后则立即开始步兵军官基础课程的学习，内容主要包括特定专业技能、共同基础课程、领导艺术技能、人际交往技巧、价值观和伦理道德、兵种技术／战术技能、训练组织管理、部队行政管理等。步兵军官上尉职业高级课程的任务是使上尉军官具备岗位任职所需要的连级单位领导能力、担任营级或旅级单位参谋职务的能力、战术和技术能力、知识储备和言行举止，课程学习时间安排在经过选拔准备晋升时，分为连、营和旅共同训练3个阶段，内容主要包括特定专业技能、共同基础课程、兵种技术／战术技能、领导艺术技能、价值观和伦理道德、训练组织管理、部队行政管理、决策、联合兵种训练、小分队训练教学、指挥与控制、军事历史。

（三）中级院校课程设置

美国陆军中级院校课程主要围绕学员军事业务能力的培养进行设置，以陆军军种知识、联合战役与部队指挥为主要内容，具体包括陆军军种和联合军种的作战理论、原则、指挥与参谋业务等。陆军中级院校教育的重点是战役层次的作战指挥、部队的领导和管理，这一层次的课程主要包括军兵种联合与联军作战理论和原则，指挥领导艺术，以及战略、战役与战术，师级以上部队的指挥与参谋业务等。

（四）高级院校课程设置

美国陆军高级院校课程以武装力量运用、军事战略与国家安全领导为主要内容，更加突出军事战略和国家安全研究，其75%以上的教学内容涉及联合与联军作战问题，主要课程涵盖战略学、战役学、军事史、军事科技等。学员毕业后担任师级、军级指挥职务和军以上高级司令部机关的参谋职务，或政府部门高级决策、管理人员，并进行相应的学术科研工作。

二、专业课程体系的建设

美国陆军院校非常重视专业课程体系的针对性和实用性，始终遵循"用什么学什么""需要什么教什么"的建设原则。

（一）重视强化领导艺术类课程建设

美国陆军院校极其重视对学员进行领导艺术的培养和教育，并将其贯穿于课程体系建设之中。以美国陆军战争学院 2016 年《战区战略和战役》课程为例，该课程的重点在于研究战略和战役艺术，利用国家力量中的军事手段，实现国家需要达成的目标。因此，该课程共设计了五个模块。模块一：作战指挥官和作战艺术，从进行国家安全政策和战略相关构想，到《战区战略和战役》课程框架内在战区层面运用这些构想的桥梁。模块二：战区战略和联合、机构间、政府间及多国的环境，提供了在联合、机构间、政府间及多国的环境背景下，通过与盟友和联盟伙伴进行协调的统一手段，利用国家力量的所有要素实施战区战略的"方式和方法"。模块三：联合与军种作战构成，探讨了美国各个军种及其新兴的构想，这些构想如何塑造未来联合与军种应对国家安全威胁的方法。模块四：联合职能，探讨每一项联合职能，并且评估指挥官如何整合这些职能，从而在行动区内产生协同效应，有利于军事力量的运用。模块五：通过一系列的演习，在作战和战区层面的冲突中产生战略和战役计划，增强学员对作战筹划和联合作战计划程序运用的能力和信心。通过这五个模块，强化学员将战略政策与指导转化成为支持国家目标相关能力的培养。学员在学习此类课程时，不仅需要具备想象力，并积极互动，还需要接受不确定和模棱两可的结果。正是这种没有明确解决方案的课程，才很好地磨炼了学员的创造性思维和技能，培养了领导艺术和领导能力。

（二）适应新形势需要，增加教学内容

现代战争的发展对军事人才提出了更高的要求，为了适应时代发展和形势变化的需要，美国陆军院校不断增加相应的教学内容，如信息战内容、非战争行动内容等。以美国陆军后勤管理学院为例，该学院是一所为美国陆军培训后勤管理人才的学校。海湾战争之后，为适应国际跨军兵种多部门联勤保障的需要，该学院加大了对教学内容的改革力度，逐步把培训重点放在实施跨国、跨军兵种、跨部门联勤保障方面，开设了多门与联勤保障训练有关的课程，如联勤课、国际后勤课、跨部门培训课、联勤上尉军官职业课等。通过对这些课程的学习，学员在系统了解军事后勤有关知识，掌握后勤行政管理及相关的现代分析技术的同时，对跨国、跨军兵种、跨部门联合作战的联勤保障行动有比较全面的了解和认识，从而适应了美军在贯彻未来军事战略意图时对新型后勤管理人才的要求。

（三）聚焦联合、面向未来设计课程体系

美军历来重视院校教育与战场实践的对接，美国《斯凯尔顿报告》指出：职业军事教育院校教学内容的重点，应该是作战部队运用和战争理论与实践，这也是职业军事教育体系的永恒主题。《军官职业军事教育政策》也明确指出，联合职业军事教育教学内容必须紧贴国际安全形势和联合作战环境的变化、战争形态和战争制胜机制的演变、作战理论的更新，必须聚焦部队作战、战备和建设实际，聚焦新质战斗力生成。美军联合教育是一种"融合式"教育，在不同的军官联合教育层级中占据相应比例。如国防大学为新任将官开设的"拱顶石"课程班，就曾开设"军种能力演示"课。随着美军联合作战从较高层次的战役级向较低层次的战术级延伸，联合职业军事教育的课程内容体系也进一步向联合聚焦。《军官职业军事教育政策》整合并建设了一批联合职业军事教育核心课程，如国家军事战略，联合条令条例，各战争层级联合作战行动的筹划，联合指挥控制，联合部队及其发展需求，联合规划程序和制度，跨军种、跨机构、政府间及多国联合能

力与一体化等。其他各类课程也都紧密围绕"联合"展开，如"拱顶石"课程班的教学内容拓展了与作战司令部司令的讨论，增加了到联合特遣部队的现地考察，以及以本土安全为重点的跨机构兵棋推演等。

第二节　俄罗斯陆军院校专业课程

俄罗斯陆军院校以教授本专业课程为主，同时也教授部分其他军种、兵种或专业课程。对陆军院校而言，专业课程建设质量直接影响人才培养质量。

一、专业课程的设置

根据俄罗斯教育领导规范性法律文件的规定，俄军的军事教育包括高等教育前军事教育、初等军事职业教育、中等军事职业教育、高等军事职业教育、院校后高等职业教育和军官补充军事职业教育。对俄罗斯陆军而言，高等教育前军事教育指陆军为了培养高素质军官，面向社会招收有志于服务陆军的青少年，从中学生开始培养陆军骨干，主要通过少年军校组织实施，培养费用由国家承担；初等军事职业教育主要针对陆军士兵的军事基础和专业技能进行训练，训练任务由部队教导队或训练团承担；中等军事职业教育主要针对各级军士的军事专业技能进行训练，由相关培训机构承担培训任务；高等军事职业教育针对陆军军官的军事基础和职业发展进行教育，主要由陆军院校组织实施。根据教育对象职务层级和培训任务的不同，俄陆军院校可区分为初级院校、中级院校和高级院校。

（一）初级院校课程设置

俄罗斯陆军初级军官职业教育院校的主要任务是为部队培养初级指挥官和专业技术军官，其课程设置主要围绕打牢学员基础文化知识、强化学员岗位任职能力，以及提升学员创新能力、精神意志力等综合素质三个方面展开。因此，陆军初级军官职业教育院校的课程可根据其相关法律文件的规定分为三级教育课程。

1. 一级教育课程设置

一级教育课程设置即按照基本职业教育大纲实施的高等教育，受训者毕业后可获得"学士"学位。按照学士大纲训练的标准，学制不低于 4 年，包括 2 年非完全高等职业教育。其课程主要包括人文课程、社会经济课程、自然科学课程和普通科学课程，还包括普通职业课程、专业课程、有职业目的的实习和实践课程。教学课程的组成、内容和范围，一方面要根据地方院校类似专业，侧重于普通人文、社会经济、自然科学知识的训练；另一方面也要注重军事专业训练。

2. 二级教育课程设置

二级教育即按照基本军事职业教育大纲实施的高等教育，受训者毕业后可获得"持毕业证书的专家"技能称号，标准学制不低于 5 年，包括按照学士大纲进行的训练。"持毕业证书的专家"教育大纲的内容包括人文课程、社会经济课程、自然科学课程、普通科学课程、普通职业课程，以及与毕业生未来职业活动有关的专业、专业方向理论和实践训练课程。

3. 三级教育课程设置

三级教育即按照基本军事职业教育大纲实施的高等教育，受训者毕业后可获得"硕士"学位。培养硕士的基本职业教育大纲包括相关方向"学士"培训和专业方向的训练，学制不少于 2 年，包括实习和见习。培养硕士的基本军事职业教育大纲的主要内容包括人文课程、社会经济课程、自然科学课程和普通科学课程，以及以毕业生未来职业活动为目的的专业、专业方向理论和实践训练课程。

（二）中级院校课程设置

俄罗斯陆军中级军官职业教育院校的主要任务是为部队培养团级指挥和参谋人员，以及各种专业技术副职。依据相关法律文件规定，其课程设置为四级教育。四级教育即专家训练，包括军兵种战役战术教育，是战术和战役级指挥专业的高等职业教育，由军兵种的军事学院按照训练指挥、组织指挥、系统技术、军事师资和其他领域专家的基本军事职业教育大纲负责训练。指挥专业的标准学制为 2~3 年。指挥专业、工程指挥专业和工程专业的毕业生被授予"指挥领域专家"的称号；军事师范专业被授予"军事教员"称号。毕业生被授予国家统一样式的毕业证书，获得该证书是学员在各军兵种的兵团、军团和同级战役战术指挥职务提拔及在总参军事学院继续深造的必要条件。

（三）高级院校课程设置

俄罗斯陆军高级军官职业教育院校的主要任务是为部队培养战役战略级指挥和参谋人员，以及为各院校和科研部门培养高级专家。依据相关法律文件规定，其课程设置为五级教育。五级教育是在四级教育基础上进行的军兵种战役战略级的教育。该类教育属于战役战略和战略指挥专业的高等军事职业教育，由总参军事学院按照基本军事职业教育大纲，即平时和战时武装力量军兵种及整个武装力量指挥领导专家的训练大纲负责训练。五级高等军事职业教育大纲包括武装力量的国家和军事领导、军事建设、国家防御准备、组织对抗国家安全方面所面临的威胁准备并使用武装力量保卫俄罗斯联邦自身利益、人文科学、国家安全、社会经济等课程。总参军事学院规定的标准学制为 2 年，毕业生获得"国家管理专家"的技能称号，颁发国家统一样式的毕业证书，获得该证书是毕业生担任军事指挥和国家管理领域各种职务的必要条件。

二、专业课程体系的建设

对俄罗斯陆军院校而言，课程设置是其军官职业教育的核心内容，建设科学合理的军官职业教育课程体系能够高效利用军事教育资源，大幅度提升军官职业教育质量。

（一）依据职级不同确定培养需求

俄军各级教育机构普遍重视依据学员不同职级的能力发展需求，实施越级教育，拓展学员知识面。如俄军高等指挥院校的学员，不仅学习排战术和指挥课程，也学习连营战术和指挥课程，学员毕业后可以从排长一直做到营长。俄军院校在学员课程设置上也有鲜明的特色，无论是指挥院校还是工程技术院校的学员，都要进行战役战术训练与工程技术训练。指挥院校学员以学战役战术和军队指挥课程为主，兼修工程和专业技术。工程技术院校学员则相反，如各高等指挥学校学员不仅要学习战术指挥课程，还要学习战斗技术装备的操作、驾驶和维护、机械制造、无线电、电子、化学及与本兵种有关的工程技术课程等，毕业时还可获得相应的工程师技术职称。俄军比较注重培养学员的实际应用能力，非常重视按照实战需要训练学员，通过设置各种近似实战条件下的军事科目训练，培养学员快速灵活的反应能力，高度的警惕性、主动性，勇敢、顽强的气概及高度的战斗精神和战斗品质。以大学文化与基本军事知识为主的军官任命前教育，突出科学文化教育，强化基本军事知识和技能，教学内容的70%为地方大学的普通科学文化知识。以战术级指挥与领导为主的初级职业军事教育，根据排连级指挥官任职需要和不同兵种专业的要求，设置有本兵种的专业知识和技能课程，强化兵种专业知识与技能学习，同时注重初级军官领导能力的培养。以战役级指挥与领导为主的中级职业军事教育，突出战役作战指挥能力培养。军事学院的课程设置均以战役战术级军事指挥课程为主，其比重占全部课程的5/6。以战略级指挥与领导为主的高级职业军事教育则注重加强国家安全与军事战略教育。俄总参军事学院共开设14门课程，涉及国家安全与军事战略的课程有8门。

（二）紧盯战争发展，调整顶层设计

俄军认为，院校课程设置必须为培养目标服务，围绕一定素质结构的人才来拟制教学计划和教学大纲。如初级指挥院校的学员即将进入初级指挥军官行列，军校既要使他们成为一名合格的指挥军官，又要考虑他们向更高层次发展，还要为他们从事非军事工作所面临的挑战打下一定的基础，所以必须加强对学员的基础教育，注重学员的全面发展。自 1991 年苏联解体后，俄罗斯就对初级指挥院校的课程进行了调整，减少了政治理论课，增加了科学文化课程和人文课程。中、高级指挥院校主要是培养指挥官的军事专业水平，提高他们的"专才"能力，主要突出专业基础课和专业课训练，重点培养军官职务晋升后所应具备的领导艺术，特别是组织部队训练和管理的艺术及新的领导职务在履行作战任务时所应具备的指挥、决策、协调能力，二者相较，又突出在战时的指挥决策能力上。俄罗斯总参军事学院在 1993 年度的 1 年 10 个月的课程设置中，6 个部分的教学中全是专业课。[1]

为满足未来信息化作战对高素质军事人才的需求，俄军着手实施以研究生教育为突破口的人才资源建设工程。根据俄罗斯总统普京颁发的《俄罗斯联邦信息安全学说》中对信息技术和信息安全方面人才培养的统一规定，俄军调整了人才培养大纲，提出军队信息人才培养标准，并通过增设计算机、网络、信息处理与自动化控制系统理论等现代科技知识，重视信息化教学。在中、高级军事学院研究生班开设信息化联合作战讲座，掀起信息化作战研究热，而且创立了信息作战学科，重新修订教学大纲，使院校教学更加贴近现代战争实际。总参军事学院将信息战列为研究生学员的必修课和考试课，使学员全面掌握信息化作战的知识理论，尽可能地缩小人才培养与军队信息化建设需求间的差距。随着新军事变革的深入和信息技术的不断发展，俄军研究生教育的内容不断变化，增加了信息技术和指挥自动化系统教学内容，强调培养学员的创造性思维能力，注重培养学员的创新意识。在课程设置上做到目的性和科学性相统一、系统性和层次性相一致、统一性

---

[1] 任海泉.外军院校教育研究 [M].北京：国防大学出版社，2008：36.

和灵活性相结合、基础性和职业性相衔接。在教学中增加学员的自学和实践时间，强调要充分利用计算机和其他现代信息手段培养学员进行创造性劳动、独立探索和获取知识的能力。此外，俄军有不成文的规定，部队在武器装备列装之前，总是把最好的装备配发给军事院校，以加强学员对最新装备的了解程度，提高其动手实践能力。

（三）根据人才成长特点调整课程设置

俄罗斯军校教学自 2012 年起已经改用第三代联邦国家教育标准，该标准是在地方主要大学、国防工业企业的参与下由高等军事院校教学法协会制定的，旨在使学员获得必要的军事职业知识，领导能力教程、基本语言训练、紧张的体育锻炼是教学大纲的必要部分。具有高级战役战术和战役战略素质的军事干部的培养转到了补充职业教育系统，这样能针对具体的职务培养军官，有效地增加必要的军事职业知识，为晋升完善本领和技能。因此，在新标准的基础上获得的教育将成为军官在职业生涯中独立或在补充职业教育系统中增加晋升（直到最高军事指挥机关）所需知识的基础[1]。第三代联邦国家教育标准强调培养复合型人才，这从课程设置上可见一斑。军事类指挥军官：军事课占 70%，工程课占 30%；工程技术军官：军事课占 40%，工程课占 60%。俄罗斯军事院校的教员几乎全是复合型的，在授课时注重联系实际，注重电化教学和图上作业等。学员在二年级结束时，要到野战部队参加近似实战条件下的作战演练，如进攻演习（为期 1 周）、遭遇演习（为期 1 周）、防御演习（为期 1 周）等。首批派赴俄罗斯军事院校学习的各国学员一起参加了这种演习，收获颇丰。俄罗斯新防长令规定，为培养适应未来战争的高素质人才，军校校（院）长可根据需要对相关课程进行调整。例如，可削减或撤销某门课程和学科，也

---

[1] 斯塔黑·扎列姆巴. 俄罗斯继续优化军事教育体系.[2012-01-10].http：// vpk.name/print/i63042.html.

可开设新的训练科目，使学员到部队后能以最快速度适应实际作战训练。值得一提的是，俄军进入叙利亚遂行反恐作战任务以来，俄国防部多次选派军校军官和教员到中东轮战，既积累了丰富的实战经验和教训，也对现代条件下部队战法打法有了更深刻的思考。回国后，这些军校军官和教员修订、补充、完善现有教材，剔除不适合时代要求和实战需要的内容，增添了很多鲜活有用的实战内容，收到了很好的效果。此前，军政知识只是部队教育军官的必修课，随着俄军事政治总局于 2018 年成立，法案规定军政知识将成为所有军校学员的必修课。俄媒分析称，考虑到俄军内部有来自不同民族和不同宗教信仰的士兵，军官必须学会与各类士兵打交道，维持各民族、各宗教的团结与和谐。作为未来的基层军官，掌握这方面的知识与技能十分必要。[1]

第三节　其他国家陆军院校专业课程

与美国、俄罗斯陆军院校教育一样，其他国家陆军院校同样把专业课程建设作为其院校教育的重要内容之一。

一、专业课程的设置

外国陆军院校教育着眼于信息化战争和军队使命任务不断拓展的需要，把设计和构建新型军事人才素质模型作为重要任务，人才培养目标和标准向"复合、创新、高层"发展。

"复合"是指人才素质综合全面，具有较强的全面适应能力和发展潜力。其应当具备的能力素质集中概括为两个方面：一是较高的信息素养，二是充足的知识储备与较强的实践能力。为此，各国院校教育在培训方面采取了许多措施。英国陆军院校严格按实战要求提高学员

[1]　丽君.提升基层军官素质，俄从军校抓起 [N].国防报，2019-07-15（4）.

素质，大幅度增加了实践性课程的比重。如英国皇家陆军军官学院的实践性课程占总学时的 70% 以上。为帮助学员提高指挥决策能力，院校还专门安排以实践为核心的指挥决策能力培训课程，分期、分批安排学员到各个部队的指挥机构进行代职实习，让学员以不同级别指挥员的身份参加训练或综合演练，在具体军事活动中检验和提高学员的军事指挥才能和科学决策能力。

"创新"是指人才创新意识与能力具有超常性和前瞻性。军人的创新能力是未来战争中的重要制胜因素，外国陆军院校非常注重启发学员的创新思维，培养学员的创新能力。新西兰国防学院秉承"为确定而训练，为不确定而教育"的理念，重在培养学员的创新意识与能力。学校只配备少量教学管理人员，教员主要靠外请。校方负责制订教学计划，外出参观考察等教学活动通常主要由学员负责组织实施。在学习中，围绕所学课程，由学员组织讨论，进行讲评。学校不设专职管理干部，管理工作由学员班长担任并定期轮换，以使每个学员都能得到锻炼和表现的机会。

"高层"指人才战略思维层次高，具有国际视野。随着全球化的发展及世界各国军事、经济、政治、外交联系越发密切，外军陆军院校，尤其是高级、中级指挥院校都十分重视对学员战略思维能力的培养。英国国防学院特别强调培养学员的全球视野和全球观念，该学院虽然属于英国军事院校编制序列，却不设一般性的军事课程，而是把国际关系和地区安全作为主要教学内容，通过系统讲授国际关系和国防安全知识，培养学员观察和分析问题的全球观念，提高洞察能力与战略分析能力。

二、专业课程体系的建设

专业课程是为了造就高素质军事精英人才而精心设置的，是外国陆军院校教育的重要内容。构建科学的专业课程体系是其他国家陆军院校课程建设的普遍选择。

（一）"三位一体"均衡发展

其他国家的陆军院校课程围绕军队使命任务、学员个人发展需要和国家高等教育标准三个方面设置。在进行体系设计时，将这种"三位一体"的课程哲学同时融入课程计划之中，是当前外国陆军院校制订课程计划的理论基础。一是课程计划源于军队使命任务。世界主要国家的陆军院校从军队使命任务这一需要出发，打造未来领导者这一高质量的"产品"。军队使命、需求的牵引是其陆军院校不断改革发展的原动力，也是一切人才培养目标和课程计划的基本依据和主导思想。二是课程计划源于学员个人发展需要。其他国家的陆军院校非常关注学员个人发展需要，对于这一目标来源的分析正是其独到之处。英国陆军十分重视军校学员的教育培训，其目标不仅局限于军事技术训练，还着眼于使军官退役后能在社会人有用武之地；日本防卫大学期望学员在适应军队职业生涯的同时，在其回归社会后同样成为高素质的领导者。三是课程计划源于国家高等教育标准。其他国家的陆军院校正在改变以往以培养专业技术人才为主要任务的做法，转而调整为造就符合现代教育发展趋势的"通才"。其初级院校开设的文化基础课和专业课与地方大学相同，军事训练和军事基础教育占院校训练时间的比重较小。例如，英军院校课程中的70%具备社会资格认证。

（二）"六大模块"课程计划

其他国家的陆军院校强调军队使命需求和尊重个人发展，在课程计划中通过不同的课程组合来实现精英人才培养的专门化。这种以课程的组合来形成学员专业素养的培养模式，称作为"课程模块"，日、英、德、法等国军队院校都采用这种课程模式。这种课程模式的特点是课程结构弹性化，课程设置灵活多样。尽管受各国国情和军队自身特殊性的制约，其课程计划的具体目标、内容和运行机制不尽相同，但万变不离其宗，课程计划的根本理念、架构的指向性基本一致。

一是学术课程计划。其他国家陆军院校的学术课程一般包括核心课程和选修课程。核心课程是学术课程的基石，是培养学员创新能力的基础，选修课程则是核心课程的延伸。课程比例根据院校实际情况而异，平均占课程计划的63%。学术课程旨在提供未来指挥军官必备的知识结构，为塑造领导者素质打下基础。其内容不仅反映人类知识和文明的精华，而且在自然科学、工程科学和人文社会科学之间保持平衡，为学员提供综合化的课程平台。同时，学术课程的内容力图反映整个社会和世界上最新的信息、最先进的科技成果。为保证学员能掌握学术课程，日、法等国的陆军院校每天安排学员进行不少于3小时的自习研究，每周要求阅读600至800页的材料，以提高学员的思维层次，拓宽知识面。日本防卫大学对于人才培养素质和规格的要求决定了其课程模式坚持宽基础、精专业的原则。学员第一年进行"教养教育"和外语教育。教养教育类似核心课程，内容包括不分专业的人文科学、社会科学和自然科学等数十门课程。印度初级国防学院在总共4500个学时中，文化课程占3300学时。可见，文化课的学习占据大部分时间，这是为了使学员首先在文化水平上向世界著名军校看齐，进而培养承担军队复兴重任的领导者。选修课则为学员提供深入学习的机会，是对自我发展需要培养目标的响应。其他国家的陆军院校通过不断扩大选修课范围，让学员选择感兴趣的科目，提高学习效果。

二是军事课程计划。其他国家的陆军院校军事课程的设置着眼于适应未来战争的需要，确保学员通过3年或4年的教育和训练，能够从一名普通公民顺利成长为一名军官，军事课程比例一般占课程计划的20%~30%。日本防卫大学的军事课程约占课程计划的30%，军事训练在实施上分为课程训练和定期训练。第一、第二学年的课程训练每周实施一次。定期训练是学员每年抽出6周时间所进行的集中训练，根据季节的特点安排各学年学员的训练内容。印度初级国防学院（浦那学院)军事课程的教学分为两个阶段，第一至第五学期是共同科目训练，由三军共同组成的训练队负责，第六学期为军种专业知识学习阶段，由各军种训练队组织实施，印度陆军院校的课程设置主要模仿西方发达国家，但也有一些独到之处，军事特色较为明显。

三是体育课程计划。其他国家的陆军院校将体育课程单独作为一个模块，旨在通过循序渐进的课程教学和训练，为学员的职业生涯做好体质和精神准备，同时保持个人和团队身体健康，培养昂扬的斗志，强化团队意识和集体荣誉感。日本防卫大学鼓励学员参加体育活动，除培养学员果敢的气质、灵敏的反应、强烈的竞争意识和团结拼搏的精神之外，更重要的是使学员练就自卫队军官所需的强健体魄和旺盛精力。另外，日本防卫大学的"校友会"是一个专门组织学员进行文体活动的团体，由学员自己组织开展活动。

四是实践课程计划。其他国家的陆军院校为使学员打牢驾驭现代战争的能力，十分注重实践课程。实践课程分为两种形式，即部队实践和课程实践。部队实践旨在与部队联合培养初级生长军官，其做法是利用暑期组织学员到各军种训练基地或部队实习，与部队共同设定训练内容。实习安排与军种专业相结合，紧贴部队装备的实际，以弥补校内课程教学的不足。学员实习重点不是当兵锻炼，而是通过基层军官岗位的体验，熟悉士兵管理和指挥程序，培养组织管理和指挥领导能力。例如，墨西哥英雄军事学院安排高年级学员到部队担任见习小队长，要求具备组织指挥30人完成任务的能力。课程实践主要在学校进行。德国陆军院校在基础教育中加大了实践课比重。汉堡联邦国防军大学和慕尼黑联邦国防军大学在分配大学基础课程教学时间时，实习课占15%；在专业课程教学时间中，实习课占37%。在学员每年3个月的假期里，会抽出1/3时间用于实习。通过强化实践环节，既巩固消化了书本上学到的理论，又能在潜移默化的实践中培养学员解决实际问题的能力。

五是精神教育计划。其他国家的陆军院校高度重视学员的精神教育，特别是军人价值观的培养。价值观实际上是对自身存在意义、价值追求的理解和把握。在这种情况下，强化军人价值取向、丰富军人的精神世界就显得至关重要了。日本防卫大学坚持把精神教育列为训练之首，并将之贯穿于教育的始终，为此制定了"真勇、礼义、廉耻"的校训，并在教学过程中向学员灌输爱国主义和为国捐躯的"武士道"精神，要求学员增强自尊心和责任感；法国、韩国、印度等国的军队院校都对学员提出了各自的军人价值观。

六是领导能力计划。其他国家的陆军院校均设置学员旅或学员队，其共同特点在于通过学员旅的运作机制，为学员扮演领导角色、培养领导能力提供一个初始的实践平台，把对领导素质和领导能力的诉求，贯穿于人才培养的全过程，使学员适应未来部队的集体生活，提高其指挥、管理能力，并将这一经历内化为学员的品格和才智，为学员成长为优秀的军事指挥员奠定坚实基础。日本防卫大学的学员队设置模式颇具特色，其核心是强调学员的自我管理。学员队编有4个大队，每个大队有4个中队，每个中队有3个小队。每个学员队由不同年级的陆、海、空军种学员混编而成，利用一切机会培养陆、海、空三军种学员的联合意识，加强彼此了解。印度初级国防学院的学员在校期间被编入15个学员队，每个学员队有100~120名学员，分属4个学员旅，采取学员自治的方式进行运作，除每个学员旅由一名上校军官作为总负责人外，学员旅的一切事务均由学员自主管理。

第七章　外国陆军院校学术科研

学术科研是外国陆军院校教育教学工作之外的第二职能。在世界各国军队中，除俄罗斯等少数国家外，均不专门设置全军性的军事科研机构，其军事学术科研工作主要由各军种军事院校承担。

第一节　美国陆军院校学术科研

美国没有建立全国性的科研领导机构，而是将整个科学事业的管理权力分散到联邦各职能部门，由各职能部门代表国家在各类大学设立大型科研中心，以此作为动员大学科研力量为政府服务的一项主要措施。受美国科研环境影响，美军同样没有设立全军性的专门学术研究机构，而是由各军种设立相应机构代行管理职能。

一、学术科研的组织领导体系

对美国陆军而言，其学术科研工作由陆军部领导，陆军有关部门只负责统一计划和组织管理，具体的学术科研任务由各院校承担。陆军院校实行教学部门与科研机构并存、教学任务与科研任务并重的做法[1]，使教学与科研相互促进，共同收获成果。

（一）陆军部学术科研领导机构与职能

在美国国防部和参谋长联席会议的领导下，陆军建立了陆军部、兵种和部门直接管理院校的管理体制。陆军部可编辑出版本军种出版物以支援军种级联合训练的实施，陆军条令和出版物必须与批准的联合条令保持一致。陆军人力与后备役事务助理部长负责制定陆军教育方针；陆军参谋部的一位副参谋长负责陆军军官教育工作，制定本军种的教育训练政策，设定教育标准与要求，监督院校教育训练计划的落实。

陆军训练与条令司令部是美国陆军学术科研管理机构，负责陆军的学术科研工作，其任务主要包括：组织和协调陆军学术研究，编写和修订陆军作战条令、训练条令和演习法规，研究陆军战略、部队编制、武器装备、作战运用等问题。[2]其下属学术研究机构主要包括陆军能力一体化中心、合成兵种中心、外军研究办公室、合成兵种支援司令部、陆军行为与社会科学研究所、陆军训练与条令司令部分析中心、陆军训练支援中心、陆军分析中心、作战实验室、陆军兵种中心、陆军军事历史中心、陆军军事历史研究所、陆军院校等。其中的陆军院校包括陆军军事学院、陆军指挥与参谋学院、西点军校和兵种专业技术学校等，这些院校既从事教育教学工作，又担负学术科研任务，是陆军学术科研的中坚力量。

（二）陆军院校学术科研领导机构与职能

美国陆军院校的领导管理体系涵盖教学保障和教学实施两个系统。其中，教学实施系统主要包括教学和教学研究等部门，负责进行学术研究等工作。学术科研工作属于教学实施系统的范畴。由于陆军院校

[1] 任海泉. 外军院校教育研究 [M]. 北京：国防大学出版社，2008：148.

[2] 樊高月. 美国军情解析 [M]. 北京：中国人民解放军出版社，2017：270.

培训层次设置界限明确，其科研机构设置与科研任务也有较大区别，陆军中高级院校和陆军兵种院校的学术科研有着不同的组织体系。

1.陆军中高级院校学术科研机构设置与职能

美军《军官职业军事教育政策》中明确规定：中级院校这一教育层次的本质，在于培养学员的分析能力和创造性思维；高级院校的课程教学，应重点培养学员的分析能力、批判性思维和创新能力，并逐步丰富军官的教育经历。因此，美国陆军的中高级院校更加关注学术科研工作。一是设有独立的研究所和各种研究中心，鼓励教研人员进行相关领域的学术研究、编写军兵种有关条令和法规、出版发行军事刊物等，推动军事学术科研良性发展。陆军军事学院设有科学研究部，主要任务是配合教学和开展针对陆军的学术研究，下设陆军战略问题研究所、陆军军史研究所、陆军体育研究所和地面作战中心等专职研究机构。二是注重协调平衡学术权力和行政权力。美国陆军中高级院校拥有独立的学术机构和较强的学术权力，这是由于中高级院校在通过培训提升学员任职能力的同时，还需要扩展学员知识的广度和深度，培养其学术研究能力。因此，需要加强专业课程的学术性，强化其学术权力。但是，学术权力的加强，必然引发其与行政权力的矛盾。为解决这一矛盾，美国陆军中高级院校在其领导体制中设立学术权力和行政权力两条平行运行的线，这两条线的关系相对简单，易达成平衡。而院、校、系级领导往往要求拥有学术和行政的双重权力，因为在院、校、系级单位，特别是学术系通常不编配行政人员，具备一定学术权威和学术权力的系主任可更便捷地履行行政管理者的职权，否则不可能充分有效地实施领导的权力。由于系主任代表的是学术系的利益，他（她）通常被认为是院、校、系的学术权威代表。

2.陆军兵种院校学术科研机构设置与职能

以兵种技战术培训为主的美国陆军兵种院校，大多建在基地，在领导体制上更接近陆军部队行政实体，行政权力占主导地位，学术科研工作要求通常比陆军中高级院校要低，通常设有作战研究部、训练研究部、战术与合成兵种条令部等机构。作战研究部负责研究兵种作战理论和部队编成原则，训练研究部负责编写训练大纲、教材、考核标准和士兵手册，战术与合成兵种条令部负责编写条令和研究兵种战术。此外，陆军各院校不仅办有校刊，而且编有试验与示范部队，配合科研工作进行新编制、新条令、新技术和新装备的试验。[1] 如陆军训练与条令司令部下属 16 个兵种训练基地，通常采取陆军部队、院校和科研机构"三位一体"布局，负责陆军各兵种从士兵到军官的基本战术训练、武器装备和新配备武器装备测试、条令修订和编制论证等任务。从组织机构上分析，陆军训练基地司令兼任兵种院校校长，施训单位全部实行野战部队编制。如陆军野战炮兵中心学校（亦称"西尔堡炮校"）的实体是野战炮兵第 30 团，在培训野战炮兵初级军官、准尉、军士和士兵的同时，还负责炮兵的科研工作，编写野战炮兵条令、教范等，主编《野战炮兵杂志》；陆军步兵学校（亦称"本宁堡步校"）编有第 197 独立旅作为该校试验与示范部队，除培训军官、准尉、军士、士兵和预备役人员外，还负责编写旅级以下部队的野战条令、教材和教范等，定期出版《步兵》杂志。

二、学术科研的目标与任务

美国陆军院校通常是陆军各兵种专业的研究中心，是科研人才相对集中的场所，充分发挥本兵种人才和资源优势，既可以科研促进各类院校教学质量提升，又可以院校教学质量带动陆军部队训练，使院校教学和科研相互促进，院校教育与部队训练同步发展。为此，美国陆军院校坚持科研为教学服务、为部队服务的方针，它是规划陆军院校学术科研目标任务的根本依据。

---

[1] 樊高月. 美国军情解析 [M]. 北京：中国人民解放军出版社，2017：273.

（一）陆军院校学术科研目标

美国陆军为院校学术科研制定的目标：一是营造学术科研文化，借助这种文化把师资队伍所涉及的各种专业知识结合起来，形成有利于学术科研创新的资源，以此推动课程更新和教学质量提升，增加学员的教育经历。二是促进与外部学术科研力量的合作，在深化学术科研成果的同时，在各个领域形成拓展的文化。三是借助学术科研平台，为学员和教员的学术发展提供一种创新的、跨学科的和综合性的方法。以西点军校为例，在《西点军校 2013—2019 年战略规划》[1] 中，明确和所有同类科研院校一样，西点军校的教员都潜心教学、科研和服务国防。因此，其制定的战略目标中指出：吸引和留住各类高素质教员和科研人员。无论是在初级职位还是在高级职位，这支队伍都是由来自各种不同背景的军人和文职人员相结合组成的。为此，在其战略目标之五——"富有创新性和反应灵敏的智力资本"中指出：研究和拓展长期以来都是西点军校科学文化课程计划的重要组成部分。研究为教学提供背景和广阔的空间，是一支充满活力的教员队伍的重要任务，也是西点军校联系陆军和国家的一条纽带。学员既聪明又充满学习的动力，教员忠于职守，陆军要综合学员和教员之力来解决最难的问题，不断寻找研究活动（包括项目议题、出版论文著作、举办和参与学术会议等），推进学科专业的发展，以增强服务陆军的能力。未来应继续努力增强校内的科学研究力量，并与校外联系，使西点军校的智力资本跨出校门；努力将课堂教学和现实问题相结合，激励培养学员成为富有创造性的思想家和适应性强的领导者。

（二）陆军院校学术科研任务

美国陆军为所属院校规划的学术科研任务：陆军军事学院负责战略

---

[1] 张锦涛，孙红卫 . 外军院校建设发展战略概览：聚焦外军名校教育训练 [M].
南京：南京大学出版社，2015：59.

学术研究，其研究范畴包括国家安全政策、外交和军事战略、未来发展等各方面的问题。陆军指挥与参谋学院负责战役学术研究，其研究范畴包括联合作战与联军作战、战区战役计划、军种战役战术、战斗支援、局部冲突、反恐怖行动等方面的问题。陆军兵种学校负责研究陆军兵种的作战理论，编写各兵种的相关条令等。美国陆军院校学术科研的具体任务主要有以下 5 项内容。

1.编写陆军作战条令、条例

美国陆军院校负有研究本军兵种的作战思想、理论、原则、方法，编写陆军作战条令、条例、教材、教范、教程的任务。美国陆军中级、初级指挥院校主要担任战役战术研究任务，陆军各兵种的条令由各兵种院校负责编写，合同作战条令由武装部队参谋学院负责编写，有时也由上级司令机关抽调院校和部队军官联合编写。陆军条令由训练与条令司令部组织院校编写、试验和修改，并负责审定。这种做法使条令与部队训练和院校教学紧密结合，院校可有的放矢地依据条令编写教材、进行教学。例如，美国陆军指挥与参谋学院作为陆军中级指挥院校和重要的军事学术科研基地，其科研任务通常由陆军部直接赋予，具体包括：研究陆军各级合成部队作战理论与原则、编写合成部队条令与教范、设计陆军作战模拟系统、编写陆军《作战纲要》和野战条令等。

2.开展陆军武器装备的论证、鉴定，编写技术、战术程序与使用手册

例如，美国陆军野战炮兵中心学校虽然不承担炮兵武器装备的具体研制与论证任务，但必须承担一部分炮兵武器装备发展所必需的工作，如搜集整理炮兵武器装备使用的原始数据，利用计算机进行战斗模拟推演，通过分析结果发现现有装备的不足与缺陷，探索改进方法，提出野战炮兵装备发展的总体构想；进行有关武器选择和战术效果关系的研究和讨论，梳理总结炮兵武器研制发展情况和战术使用特点，为陆军部队接受新装备做好思想和技术准备；跟踪收集并分析陆军部队

对新装备的试用情况和反馈意见，对部分小型装备和附属器材进行鉴定、试验和技术革新。

3.收集、整理历次战争的资料，编写军事历史

美军十分重视对军事历史、战争历史、战争经验的总结，美国陆军院校的学术科研机构有编写军事历史、总结战争经验的任务。如美国陆军指挥与参谋学院的作战研究所于1979年根据陆军训练与条令司令部的命令组建，任务是从事国防部与陆军部赋予的历史课题研究，负责出版一系列研究报告、特别研究报告、参考书目和多种教材等。其中《利文沃斯堡论文集》汇集了多篇军事历史论文，涉及和研究的问题包括美国、德国和苏联作战理论的演变与发展、应急作战、轻型步兵作战、化学战、联合与联军作战和低强度冲突等。该院历史系承担军事历史教学工作，同时负责协调陆军训练与条令司令部所属各专业技术院校和全国各地后备军官训练团的军事历史教学。

4.研究重大现实问题

美国陆军院校十分重视对重大现实问题的研究，其研究机构研究的课题通常是国防部、参联会目前所关注的重大问题，或者是陆军部队建设和作战急需解决的现实问题。例如，在美国陆军军事学院2000年的113项研究课题中，属于重大而紧急的"一级优先课题"26项，包括："塑造、反应和准备"战略的各种替代战略及对陆军的影响；陆军如何改革才能加强国家安全；美国陆军在塑造国际安全环境中的作用；如何调整美军的核心能力才能适应国家军事需求；巴尔干半岛的未来安全和美国陆军的潜在作用；大规模武器在东北亚和西南亚的扩散等。从这些"重大而紧急课题"的立项看，该研究工作为国家军事决策和战争准备服务的方向性很强。[1]

5.组织和主办各种军事学术研讨会

美国陆军院校定期或不定期召开军事科学讨论会、学术报告会等各

---

[1] 任海泉.外军院校教育研究[M].北京：国防大学出版社，2008：64.

种形式的研讨活动，交流最新的学术科研成果，为权威决策机构提供决策咨询，同时活跃研究氛围，促进科研研究深入发展；与民间思想库、学术研究机构协作，开展军事科研工作。美国陆军野战炮兵中心学校经常组织召开各种类型的炮兵专业会议，如每年召开1次野战炮兵部队高级军官会议和火力支援会议，还代表陆军训练与条令司令部参加"北约"组织的炮兵专业会议，研究炮兵的使用和标准化问题，解决炮兵专业发展遇到的重难点问题，推进炮兵专业研究发展；定期出版本兵种的学术刊物。

三、学术科研的组织实施

美军认为，军队的现代化建设犹如奔腾不息的江河，会不断出现断流和间歇，而创新是军队建设和发展的源头活水。未来意识与创新离不开科研的开展，而科研的开展更离不开军事院校。

（一）多层次学术科研立项

美国国防部通过制订"院校科研创新综合项目"（简称"MURI"）的科研计划，实现对院校科研工作的领导。MURI每年对各军兵种及交叉共用的军事科研课题提供资助，面向全美的军事院校和地方院校招标，科研课题招标可由各军种相应机构参与竞标，也可由各个院校科研机构或研究人员个人申报。主管MURI的国防部聘请有关方面的专家对投标或申报的科研课题进行筛选、论证和评估，以确定科研课题的研究价值，最后确定并公布当年入选的课题。例如，在2003财政年度，一些军事和地方院校共向MURI申报了83个科研课题，申请科研资金共4.97亿美元。经过专家审定后，共有17个科研项目入选，MURI共拨科研经费850万美元。除了国防部通过MURI计划全面领导院校科研工作以外，各个军事院校也可以确立自己的科研课题，这些课题涉及国防、安全和军事政策、军事技术、武器装备技术等，除了解决各军事院校的自身发展所遇到的问题，也为参选 MURI 进行必要的预研。

（二）学术科研计划与力量统筹

美国陆军院校师资力量雄厚，教学设施一流，各类资源丰富，各种设备完善，具有良好的科研条件。就学术科研力量而言，包括专职研究人员、聘任的客座教授、专职或兼职研究人员、兼有研究职责的教员和学员等。这当中，教员是学术科研力量的主体，学员是科研工作的"助攻"力量。计划和统筹好各方面的学术科研力量，是完成各项学术科研任务的前提和基础。

在科研计划方面，美国陆军各院校的学术科研工作由科研机构制订计划，组织本院校按计划组织实施。各教学系、教研室依据学院科研计划，制订周密的科研实施计划，推进计划实施。在科研力量调配上，以上级赋予的科研课题为重点，配备主要的科研力量，兼顾本单位科研课题的力量编配，确保两类科研课题都能够在规定时间内完成。同时，突出专职教员的学术科研的中坚力量作用，使陆军相当大的一部分学术科研任务由其军事院校的教员结合教学任务来完成，在培养陆军军事人才和培植学术研究成果方面取得了突出成就。在科研方法上，坚持采取个人或集体分工负责相结合，以个人研究为主的方式进行。先是个人研究，尔后小组讨论、年会宣读，最后印刷成文件，重在突出研究质量和效果。在科研资源利用上，陆军各类院校结合学术刊物和现代化的科研设备开展研究，确保院校学术科研资源的有效利用。

陆军和院校制定了相应的鼓励政策——明确高等军事院校的每位学员都应有自己的研究专题，并要在毕业时写出学术论文。院校在组织教学活动中重视学员的科研工作，鼓励学员独立承担课题，积极撰写学术文章。教员也以提高学员参与决策的能力、实际运用美国国家安全政策及战略能力为重点，以解决现代科学技术理论为重点，有计划、有目的地指导学员掌握科研方法，提高独立研究问题的能力。由于陆军院校拥有部队、院校和科研机构三位一体的布局特色，通过区域协作来整合区域教育资源，统一利用训练基地、军事院校、科研机构、模拟实验室等相关机构，建立区域合作机制，可以实现地区资源共享。通过区域协作，具有不同领域知识和各方面经验的教员们有机会在一起工作，能够加深彼此之间的了解，获得多方面的信息并取长补短。学员也可以从中得到来自不同阶层和专业领域的优秀人才的教导，开阔眼界，拓展知识面，在各个学科方面获得更全面、更丰富的知识。同时，也有助于学员学术科研工作的开展，为完成学术科研任务拓展丰富的资源。

（三）多形式开展学术科研活动

美国陆军院校普遍重视学术科研工作，积极采取各种具体措施激发学术科研活力，在校（院）学术委员会或科研机构的领导下，由教学系、教研室组织相关教员带领学员开展学术科研活动。

一是组织学术沙龙，营造学术自由环境。在学术研讨中强调对话和讨论，邀请思想、观点不同的人员同台报告，报告之后留充裕的时间进行互动交流。以西点军校为例，学员的学术科研活动可通过科学俱乐部的活动和各种学术研讨活动展开。该校有航空航天俱乐部、气象俱乐部、工程俱乐部、电子俱乐部、地质俱乐部、军事俱乐部等，这些俱乐部的学术活动繁多，他们经常邀请学者举办科技讲座、研究新项目、组织研讨会和野外旅行等，每年有几百位学员参加学术讨论会和辩论会等。

二是组织开展合作，扩大学术研究范围。美国陆军院校的学术科研活动不仅在校内有组织地进行，还加强与其他军校合作和军地合作，与社会各界甚至与国外有关部门的学者、作家、商界要人及政府官员保持广泛的联系，推动学术科研工作的深入开展。美国陆军院校经常邀请军队体系之外的知名专家、学者围绕某些专题开展演讲，如美国陆军军事学院开展的年度"校长国家安全计划"，做报告的演讲嘉宾大多与国家安全并没有直接联系，报告之后，演讲嘉宾会被安排到各个学员研讨班中进行深入讨论。美国国防大学的国家安全事务研究所负责与有关部门的学者、专家、商界要人及政府官员保持广泛的联系，通过"国防战略研讨会"等方式，助推学员扩大学术交流研究范围。

三是实行不追究问责政策。为了鼓励学术自由，美国陆军院校普遍实行不追究问责政策，规定了任何人在课堂上的交流内容，未经本人同意不得扩大知情范围，更不能被公开引用。这就保证了院校可以成为最大胆、最坦率的思想言论之地，可以成为军队思想创新的实验室。

（四）注重平衡与协调行政权力与学术权力

美国陆军院校同时兼有军队和大学两种组织属性，军事和学术两种文化并存，各有自己的价值体系、思维方式和行为规范。很多时候这两种文化都存在对立和冲突，即美军所称的"雅典和斯巴达之争"，也就是军事与学术之争。最具争议的是学术自由观点。学术自由是地方学者极为看重的权利，但军队院校一般只对此给予口头上的支持，实际上却制定了诸多限制教员学术自由的规章制度。不设立终身教职首先使学术自由失去了最有力的制度保障，为保住自己的工作，教员可能不敢发表与官方或领导相左的意见。此外，军队院校一般要求教员避免在媒体露面，未经允许不要在自己的学术领域之外发表意见，公开发表意见要与官方意见保持一致。为了均衡军事和学术的关系，美军各级院校采用不同的领导体制以协调行政权力与学术权力，通过各种途径缓解军事和学术的冲突，在确保教育为军队和国家服务的基础上维护相对的学术自由。

以美国陆军军事学院为例，其设有科学研究部，科学研究部属于科研机构，负责配合本院教学，且开展针对陆军的学术研究，科学研究部下设的陆军战略问题研究所、陆军军史研究所、陆军体育研究所和地面作战中心等，负责研究相关领域的问题。值得一提的是，陆军战略问题研究所从 1990 年开始进行"中国人民解放军会议"研究项目，由拥有博士头衔的著名学者或知名专家领衔负责，每年确定 1 个选题，组织全美的中国问题专家进行研究，并在当年适当时机召开专题研讨会议，交流研究成果，并将有价值的研究成果汇编成册，为有关组织机构决策提供参考，同时编号归档长期保存。经过长年积累，便可形成涉及中国人民解放军的各个方面的系统研究成果。而西点军校设有学术委员会和学术研究部，负责全校的学术研究工作。

四、学术科研成果作用发挥

美国陆军院校每年都要完成相当数量的科研任务，并形成相应成果，通过紧张有序的学术科研工作，旨在发挥以下两个方面的作用。

（一）促进学术科研人员能力素质提升

美国陆军院校十分重视通过开展学术科研工作，促进教员更新知识，提高教员队伍素质。不少教员结合教学中的疑难问题，一边任教，一边进行研究。教员把研究成果充实到教学中去，从而丰富了课程的学术内容，使所讲授的课程内容总是处于现代科学技术发展的先进水平上。美国陆军充分利用其所属院校的人力、物力等资源，特别是在中级、高级院校和陆军兵种专业技术学校设立研究所和研究中心，进行相关领域的科学研究，编写本军兵种的有关条令和法规，出版发行军事刊物等。这些机构每年都有相当数量的研究成果产出，推动军事学术研究向前发展，同时他们又把科研成果用于教学，以促进教学质量的提升。对学员来说，通过有计划地参与学术科研工作，在消化吸收培训知识的同时，提升发现问题和解决问题的能力，为毕业后更好地履行部队工作岗位任务奠定坚实基础。

（二）服务部队建设

美国陆军院校非常注重在科研成果转化中发挥对部队建设的作用，以院校科研带动部队训练，使院校教育与部队建设同步发展。例如，美军工程兵学校密切关注各军（兵）种及盟军的动态，及时征求各方面对工程兵的具体意见和要求，不断改进和完善研究计划，使学术研究与部队实际密切结合。该校编有专职对外联络官，直属副校长领导。空军、海军陆战队及预备役部队在工程兵学校派驻了代表，学校指定专人与他们保持联系。英国、法国、加拿大、澳大利亚等国的军队在该校也派有联络军官，代表各国军队与美军工程兵进行接触和交流。美军工程兵学校针对各军（兵）种和盟国提出的意见，不断改进和完善研究计划，使学术研究与部队实际密切结合。

第二节　俄罗斯陆军院校学术科研

俄罗斯陆军院校学术科研涵盖来自陆军院校内、外部各项学术科研活动，以及保证学术科研顺利实施、必不可少的组织和保障活动的总和，是俄陆军院校的主要工作之一，目的是创新发展陆军军事理论，对陆军建设和技术装备研制、使用、发展等进行系统研究，提出有充分依据的科学结论和建议，有效提高陆军部队战备水平及国家整体防御能力。俄陆军认为，如果院校只按照规定的大纲教授学员知识，就不可能培养出真正的专家，也很难预料在5~10年后，今天的学员将会遇到怎样的问题。为了提高学术科研能力，俄陆军院校一贯坚持教学与科研统一的原则。

一、学术科研的组织领导体系

了解俄军学术科研的组织领导体系，对研究俄罗斯陆军学术科研组织领导体系具有很好的协助作用。俄军学术科研工作由军事指挥机关、科学研究单位、军事院校及其他联邦权力部门在所属的高等院校中设立的军事系和军事教研室组织和实施。为了保质保量完成计划内的科学研究任务，各高等院校都成立了跨教研室形式的研究班子，使各个学科的优秀代表和最有经验的学者组成科研团队，呈现出多领域综合的性质，这一特征同样也体现在俄罗斯陆军院校学术科研活动之中。

（一）陆军院校科研机关的学术科研职能

俄罗斯军事院校的科研工作，一般由负责教学和科研工作的副校长负责，下设科研部（处），具体负责科研计划和管理工作。科研机关在制订科研计划时，坚决以上级的训令、指示为依据，并充分考虑到本单位的教学任务、科研力量及各种研究保障条件，制订长、中、短期计划；然后，依据科研计划组织实施并监督检查学术科研工作；在项目研究结束时，组织相关领域的专家对研究成果的先进性、实用性等进行鉴定，给出推广使用的意见。

院校科研领导机关负责科研队伍的培养、专业培训，提高科研人员和教员及其他人员的技能水平，组织教学工作和高等院校学位论文委员会工作，保证院校教学和科研工作顺利开展。其具体职责主要有八项：一是领导和监督教科书、教学参考书和其他教学方法论等资料的研究工作及出版；二是指导和制订科研工作的长远计划、年度计划及培养教学和科研人员的计划；三是监督各教学系、教研室的科研工作，监督科研工作计划在各个阶段、各项内容的完成情况；四是将科学技术信息向相关人员传达；五是对学院合理化建议、创新专利许可和计划与组织工作的领导；六是组织实施对各军兵种、企业、科研机构及高等军事院校的交流，以提高教学和科研质量，改善教学和科研队伍的培养条件，提高培养效率；七是拟定学院学术委员会的工作计划并监督其各项决议的完成；八是负责科研干部的培养。

院校科研部（处）或科研与编辑出版处负责科研工作的组织和监督检查，其基本职责主要有七项：一是与各系、教研室和科研单位共同制订科研工作计划和科研人员培养计划，监督其完成，并负责科研成果的推广运用；二是组织科研人员攻读硕士和博士学位，并分析总结科研人员的培养经验，提出进一步改进的意见；三是与科研机构、其他院校、部队和相关企业建立和保持科研上的密切联系；四是组织实施跨院校和院内专题科研会议和研讨班，提出建立科研发展基地的建议；五是制订计划并组织学员开展学术科研活动；六是组织学院的科研创新、合理化建议和专利工作；七是就科研资金分配和科研干部培养问题提出合理建议，对资金的使用情况进行检查，对学术专著、教材等的出版工作进行监督检查。

（二）陆军院校教学系、室的学术科研职能

俄罗斯陆军院校教学系主任负责组织系属教研室的科研工作，负责科研干部的培养，设有学员队而未设教研室的系，其系主任负责领导学员的科研工作。

教研室主任负责完成科研工作和教研室科研干部的培养，组织教学（方法论）实验并将方法论成果和新教学方案运用到教学过程中去，指导副博士生、博士生和学位申请人的工作，领导提高教研室全体教员和科研人员的技能水平，指导学员的科研工作，以及指导教研室的发明创造和合理化建议工作。

二、学术科研的任务与形式

（一）陆军院校学术科研的任务

俄罗斯陆军院校学术科研的主要任务是对陆军建设发展方向进行科学论证，对陆军部队的建立和使用进行规划论证，对军事技术装备

和系统研发提出解决方案，对涉及陆军的其他科研任务展开研究。具体任务包括五个方面：一是研究俄罗斯联邦安全面临的军事威胁的性质，确保对军事和技术政策的重要问题预先进行科学实践研究，以提高武装力量的战斗力；二是研究俄罗斯联邦建设与发展武装力量的前景，解决军队训练和运用问题，发展军事理论和实践，提高军队的战备水平和战斗力；三是论证武器和军事技术的发展前景，研究武器、技术装备的改造方法；四是研究陆军部队的精神意志和理想信念的教育和培养问题；五是研究陆军军事教育问题，包括陆军院校教育的过程、内容、方法、组织和实施问题。

（二）陆军院校学术科研的成果形式

俄罗斯陆军院校学术科研的成果形式包括七个方面：一是完成科研工作和撰写军事理论著作；二是编写科学著作和专题学术著作、条令条例、教材，撰写学位论文、文章、学术报告、报道，起草各种评论和总结等；三是对部队、司令部、机关的军事演习、战役训练、动员训练、战斗训练及其日常活动开展研究，举办学术研讨会、报告会、讨论会等；四是总结并推广作战、动员、战斗训练经验；五是制作各部队、司令部、机关等机构的军事技术政策文件并从军事技术、军事经济两个方面进行鉴定；六是探索新式武器、技术装备试验的新方法，对试验结果进行分析，对工业部门武器、技术装备的研制和生产进行科学分析和评估；七是从事发明创造、提出合理化建议及经过特许的其他研究工作。俄罗斯陆军院校的发明创造、合理化建议和专利工作，根据《俄罗斯联邦国防部关于发明创造、发明合理化建议工作条例》组织实施。此外，俄罗斯陆军院校每年举行一次科研工作会议，其目的在于集体讨论、创造性地解决俄罗斯陆军军事理论和实践中的热门问题，并将军事科学中对重要问题的研究成果传达到陆军各部门、各机关及各部队。

三、学术科研的组织实施

科研既是俄罗斯陆军院校的重点工作，也是院校领导、教学人员和科研人员的重要职责。俄罗斯陆军院校的科研工作有着严格的规范，需要依据《俄罗斯联邦武装力量科学工作条例》和《俄罗斯联邦国防部军事院校工作组织指南》组织实施。

（一）多层级学术科研立项

俄陆军院校学术科研任务来源广泛，根据科研项目的任务水平和重要性程度，将科研项目分为以下三个等级：一等级项目是由俄罗斯联邦政府（国防部）、俄罗斯联邦国防部部长及其常务副部长下达的任务（订购）；二等级项目是由俄罗斯联邦国防部副部长、总订购人和科研组织（分包牵头执行者）下达的任务（订购）；三等级项目是由国家其他联邦权力机构及其所需企业及其他国家单位下达的订购任务。陆军各院校根据自身教学和建设需要，也可设立相应的学术科研项目，组织相应科研力量进行研究攻关，其选题立项方向应该与高等军事院校、各系及各教研室的专业相适应，并反映各军兵种和军事院校的实际需求。

（二）学术科研计划与力量统筹

学术科研是有计划、有组织的活动。俄罗斯陆军学术科研工作主要依据各类规划和年度计划组织进行，长远规划依据科研工作的主要目标来确定，规划时间通常为5~10年或更长时间。年度计划以长远规划为基础，依自然年度制定，其中包括由主要用户提出的课题和自主提出的课题，还有根据与其他联邦行政机构、公司、团体和机关所签订的合同规定的科研任务。

各教研室和科研单位的科研计划按自然年度制定。教研室和科研单位负责制订本单位年度科研工作计划，填写各科研小组工作统计表，统计表的内容主要包括小组成员的名单、计划参加科研成果竞赛的课题内容、计划提交的发明申请及合理化建议等。科研小组成员制订各自的工作计划，计划中应说明研究科目、工作范围及完成期限。科研部在各科研小组工作计划的基础上拟制教学年度科研工作计划，明确说明年度科研项目、时间、各种研讨班、学术会议、演讲专题、研究报告、选题范围和各单位学术研究主要方向等内容。

在俄陆军院校中，从事学术科研活动的主体是教员和学员，其中，教员是学术科研的主力军。对教员而言，学术科研是一种特殊的教学活动，是教学法的一种独特延续，在某种意义上，学术科研甚至从教学中产生。新教员要在长期的教学工作中不断地提高专业水平，才能逐步具备独立进行学术科研的能力。对学员而言，学术科研不仅是学员独立进行创造性活动的最高形式，也是实现其创造力的积极方式。俄陆军不仅重视对学员智能和精神道德的培养，同样重视对其学术科研能力的培养，这种重视也体现在对学员科学领导力的培养上。俄陆军院校对学员科学领导力的培养，旨在培养更高水平的职业专家或学者型专家，使这些学员在学成之后可以成为院校教员或者科研机构的科学工作者。学员的学术科研活动在院校科研工作体系中进行，并与教学和科研项目计划紧密联系。院校和教学系（室）依据科研项目等级安排教学力量，包括教员力量和学员力量，当科研力量不足时，按任务等级顺序优先统筹安排科研力量，首先应集中主要科研力量完成主要用户指定的课题，以确保重要项目任务的完成。

俄陆军院校为每一个科研项目指定项目指导人和有责任心的执行人，他们通常是项目所属领域的能力水平最高的专家，拥有较高的学历、学位。而那些由俄罗斯联邦政府决定，俄罗斯联邦国防部部长及第一副部长批示的最具重要性的研究项目，则由陆军院校的校长和副校长组织，并亲自参加研究，确保在规定时间内完成研究任务，保证研究内容的新颖性和科学水平、实践价值，保证理由充足和结果的可信度，他们作出的完成科研工作的指示，是每个课题组成员都必须遵守的。科研工作的责任执行人通常由科研单位（课题教研室）的主任和相关领域最有权威的科研人员来担任，他们要按照既定工作计划进行研究，并对学术科研的组织工作、研究成果质量及完成科研任务的时效性负全面领导责任。

（三）学术科研活动的主要内容

参加学术科研活动对于培养教员、学员专业素质具有重要的意义。教员、学员（含干部学生和生长学员）的学术科研活动可在课内、课外组织实施。教员的学术科研活动主要依据个人的执教专业进行。学员的课内学术科研，一般结合个人的课程学习计划进行；课外学术科研通常指学员在课余时间进行的学术科研活动，这种学术科研活动可由学员自行组织，也可由各科研单位和群体，如设计室、信息室、翻译室、科研研讨班、科研工作室等组织实施，鼓励学员积极参与。

1.教员学术科研活动内容

教员是俄罗斯陆军院校学术科研的主体力量，其学术科研活动主要内容包括三个方面：一是编撰学术专著、教材，撰写学术文章。俄陆军非常重视教员的学术研究能力，他们认为，没写过一本讲义、没做过一个战役战术或军事专业想定、没出版过一本教学法或者教学方面参考书的教员，很难直接撰写科学著作。教员编撰学术专著、教材，撰写学术文章，旨在分析和总结自己及教研室其他同事的教学经验、教育心理学理论及部队训练教学实践，并将这些研究成果最大限度地运用到日常教学工作中。二是进行发明创造研究。教学之余，为了进一步提升现有技术装备的现代化水平，教员还担负着进行发明创造的研究任务，其研究成果不仅会运用到相应的机关和部队训练之中，还将运用到新技术装备的研制和现有技术装备的现代化改造之中。通常，为提高院校学术和技术成果的权威性，保护著作（创造）权，各科研成果的所有权归国防部。三是提出合理化建议和对策。这类研究可由教员自由确定选题，并对研究质量（包括学术质量和精神道德质量）负责。这类科研成果的评估体系很复杂，其相关文章是否发表、发明是否被接受、对策建议是否被采纳，都取决于社会对该成果的认可程度。此外，个人主动撰写的专题研究课题也是一种科研形式。

2. 学员学术科研活动内容

学员是俄罗斯陆军院校学术科研的重要辅助力量，其主要科研任务：在各种学术刊物上发表文章；参与编写教材、教案；撰写科研报告；设计电脑程序；完成发明创造及提出合理化建议；制作实验台和模型；翻译外文资料；参与研制教学设备器材；课题完成后编写结题报告及提交审定或参加成果评奖。具体的学术科研活动主要包括10个方面：一是加深和巩固所学到的知识，培养学术科研兴趣，发展创造性思维和独立性；二是学会独立解决学术难题和在科研团队中的工作方法；三是充分运用创造力和潜力解决军事科学现实问题；四是参与完成计划科研课题；五是设计制作物理模型、社会模型、学习模型和作战模型；六是在见习及实习期间完成研究性作业；七是撰写有关军事重难点问题、军事人文学、科学与技术等方面的研究报告，并在学术会议和学术交流活动中进行探讨；八是撰写学术文章，或对各种不同的军事学术观点进行评论；九是参与发明创造性工作，参与研制教学设备器材、制作实验台及模型等工作；十是参加优秀科研成果竞赛。

（四）学术科研活动的过程管控

1. 规划项目的学术科研活动的管控

俄罗斯陆军院校科研任务单位应在科研任务项目开展前1个月正式批准任务书，具体承办方应在1个月内完成对所担负任务的研究、审批，并细化和分配工作。在此阶段，任务单位和具体承办方共同研究科研任务项目，签订任务合同，明确具体任务。

项目总执行人应根据项目任务和签订合同，研究并确定完成科研项目的具体计划，对各分项目执行人给予技术和方法上的指导和帮助。项目总执行人除负责自身研究任务外，还负责对各分项目执行人进行组织协调，确认各分项目执行人完成分项目结题书的验收报告，并从总体上对科研工作进行总结。在组织项目研究过程中，项目总执行人应根据任务计划，加强对项目研究质量和任务时间的管控，确保如期完成项目研究任务。

项目总执行人和分项目执行人应根据研究进程，对研究结果进行总结和阶段性（部分）总结，或对每个独立阶段的研究成果进行小结。总结的具体要求：材料叙述明确、合理；论据充足、令人信服；没有多种解释，表达简明扼要、准确到位；研究成果要具体叙述；建议、意见要有根据。总结、阶段性总结和小结中提出的科研结论或建议要在教研室会议上、学术研讨和学术会议上进行认真研究，而最重要的综合性项目则要在高等院校（系）学术委员会会议上研究。

项目科研工作完成的总持续时间一般不应该超过 3 年。在规定截止时间的前 1 个月，由项目总执行人汇总各分项目的研究成果，并按照国家标准要求完成全部科研工作总结报告，呈送所属院校执行方，由院长审批。

2. 学员常态化学术科研活动的管控

俄罗斯陆军院校学员学术科研活动由分管学院教学和科研工作的副院长全面领导，并通过院校科研部、各系主任、教研室主任和科研单位领导组织实施。其中，院校科研部负责学员学术科研活动的指导和检查，主要包括各种学术研讨会、科研大会和其他活动的筹备，科研工作先进经验的研究、总结和推广，学员优秀科研成果的评比和展示等。

学员的学术科研活动通常由学员所属教研室和院校科研单位组织。为了确保对学术科研活动的有效管理，教研室和科研单位可根据院校相关条例要求，组建学术科研小组，任何顺利完成了教学大纲的学员都可以自愿申请参加科研小组。学术科研小组人数由教研室主任或科研单位负责人决定，组长由小组全体会议选举产生，任期 1 年，其主要工作职责：领导小组学术科研工作，与系科研委员会、教研室或科研单位保持直接联系，负责向全体人员通报科研信息。

学员的学术科研活动离不开有效的教育和引导，院校教员直接领导学员的学术科研活动。俄陆军院校要求负责指导学员学术科研活动的教员每年必须从个人工作时间中，为每个学员抽出不少于 10 小时且不多于 30 小时的时间，指导学员开展学术科研活动。担任教研室科研负责人的教员，每年应从工作时间中抽出专门时间指导各科研小组的工作，且参与各科研小组工作的时间均不得少于 50 小时。

学术科研能力是学员能力素质的重要方面。为了准确评价学员学术科研能力，俄陆军院校制作了学员科研成果卡，用以记录学员完成学术科研任务的情况。学员毕业后，其个人科研成果卡转交相应科研机构，生长学员的科研成果卡保留期限为 12 年、干部学员为 5 年。毕业生进入高等军事院校读研究生时，其在校期间的科研成果卡与其学位论文一起提交到招生委员会。

为了总结科研立项经验，进一步促进学员学术科研能力的培养，俄陆军院校每年统计不同院系、年级、班级学员的科研立项成果，确定优秀学员和优秀科研成果，举行优秀科研成果展示竞赛，并根据展示竞赛的结果确定院系中最优秀的班组、年级和教研室。优秀科研成果展根据三种类型进行评选：一是公共科目教研室类；二是战役战术教研室类；三是军事技术装备教研室类。

优秀科研竞赛由学院领导任命的竞赛委员会举办。竞赛委员会详细阅读学员年度科研工作报告，同时根据各系提交的年度军事科研工作报告，对各单位科研工作进行核查评议，评选出三类单位和个人：一是优秀学员；二是优秀学习小组和班；三是系、教研室、班组和教学组优秀军事科研工作组织者。并根据学员的总分对各年级教学组和各系的不同年级进行排名，其结果作为院长年度科研工作总结的依据。院长在总结中公布参加展示竞赛的优秀科研成果名单，给优秀院系、年级、班级和教研室颁发证书、流动红旗和奖品。军事科研课题奖的经费从俄罗斯联邦国防部划给军事院校的预算中拨出。

此外，俄陆军也极其重视对学员发明创造、提合理化建议和进行专利研究能力的培养。在院校科研活动中，发明创造性科研活动一般在经验丰富的教员或科研工作者的领导下进行，学员通常担任技术执行人的角色，进行结构设计、计算、整理材料。合理化建议是提交给部队机关的新颖的、有益的技术成果和建议，其成果可以是设备、工艺、方法、资料和物资。学员提出合理化建议可以在教员指导下进行，也可以独立进行。提合理化建议的过程是提升思维层次的创造性活动，对培养未来的军事领导人具有重要意义。专利发明可以是设备、仪器、方法或物资。

四、学术科研成果作用发挥

（一）学院学术科研成果作用发挥

俄陆军院校的科研成果主要用于五个方面：一是用于解决军事科学和技术面临的迫切问题；二是用于编写列入条令、条例、规章教程、指南说明和其他领导性文件及正式文件；三是用于新武器装备的制造，对现有装备器材的改造，装备使用、修理及特种技术装备设施的设计、生产使用；四是用于解决军事教育和部队训练中的理论和实际需求；五是用于编写教科书、教学参考书、军事理论著作和专题学术著作等。

（二）学员学术科研成果作用发挥

学员的学术科研成果与奖励直接挂钩。学术科研成绩突出的学员，其出色的学术科研行为不仅会被写入组织鉴定中，给予相应奖励，而且，经教研室主任批准，其学术科研成果可以作为毕业论文，或作为相应学科的考试成绩，且被评定为"优秀"。在科研课题研究过程中，学员如果是主要完成人，将享有全部著作权和报奖权。学员在院校学习期间所完成的学术科研成果，如果被收录到学院科研成果档案，或在报刊上发表、在竞赛中获得较高奖项，则享有毕业后直接读研的优先录取权、直接分配到国防部科研机构的优先权。获得学院竞赛优秀科研成果奖的理论和技术成果，可作为学员研究生入学考试论文。

第三节　其他国家陆军院校学术科研

在美、俄以外的其他国家中，德国各级军事指挥和技术院校一般不从事科研工作，原因是各校并不从事学历教育，专业设置上均以纯军事专业为主，教员大多为部队主官或专业军事人员，流动性很大。只有两所联邦国防军大学负责军官的学历教育，但大学课程设置以自然科学专业知识为主，与军事专业关联不够紧密。德国武器的研制与开发由工业界承担，国防部装备总局和下属的军事技术采购局负责计划的制订。从事其他科研工作的单位是德军联合支援及卫勤指挥参谋部下属的几个研究所，如德军社会科学研究所、海军航海医学研究所、空军飞行医学研究所及军事历史局等。英、法、日、印等国陆军院校承担相应的学术科研任务，这是由军事理论和科技的军事专有性决定的，任何非军事机构都不能取代军事院校的军事科研地位。

一、学术科研的指导思想

其他国家的陆军院校在学术科研指导思想上，都强调坚持科研为人才培养服务、为军队战斗力服务的方针，紧密围绕院校教学需要和部队战斗力生成需要开展科学研究。因此，各国陆军院校基本上是将人才培养所需专业为研究聚焦点，以科研成果促进教学训练，又以院校教学带动部队训练，使院校教学和科研相互促进，使院校教育与部队训练同步发展。英国皇家军事科技学院是英国对军官进行科技培训的综合类大学，主要培养高级工程技术军官，该学院时刻关注新兴技术的军事应用研究，定期向军方高层提交军事技术应用和武器装备发展趋势等研究报告，发挥专家智库作用。印度军事学院强调搞好科研不仅有利于院校教学质量的提高，而且可以充分发挥院校在部队建设中的作用。

二、学术科研的任务

法国陆军院校从实际出发，一般军事院校不单独承担科研任务，其大多数科研项目与教学直接挂钩，课题主要有教学方法研究、教学软件开发与运用等，并在院校内设有自动化教研机构，负责研制自动化教学软件。但武器装备部下属的军工院校需要承担一定的军事装备科研任务。其他国家的陆军院校重视学术科研，普遍依托院校开展科研工作，促使越来越多的教员和学员积极投入或参与学术科研工作，院校的教学力量成为各国军队竞相挖掘开发和从事军事学术研究的骨干力量，并成为当前世界各国军队院校学术科研工作的主力军和生力军。其他国家的陆军院校学术科研的任务主要有四项。

（一）编写陆军作战条令、条例、教材、教范、教程

日本陆上自卫队院校既是教育训练机构，又是军事学术研究机构，各院校都肩负有教学与学术科研两项任务，不少院校设有研究部，负责编写战史、条令、教范，研究有关战术、战役和编辑出版刊物。日本陆上自卫队干部学校是培训陆军高级指挥官和参谋的教学单位，同时也是有关大部队（诸兵种合成部队）作战运用的调查研究机关。该校编制内的研究部负责编写《野战条令》等条令，并编写对该条令的解说。富士学校是日本陆上自卫队培训步兵、炮兵和坦克兵团以下军官的综合学校，担负战斗发展、战术改进和编写条令等运用研究与武器装备的实用试验研究，先后为陆上自卫队提供训练资料、条令、教材多达数十种，主要包括《步兵团战斗条令》《步兵连战斗条令》《坦克兵运用》《坦克连战斗条令》《野战炮兵运用》《野战炮兵营战斗条令》

《野战炮兵连战斗条令》等。[1]

（二）进行本兵种武器装备的论证、鉴定、评估，编写技术、战术程序与使用手册

外国军队的兵种院校一般承担本兵种武器装备的论证、鉴定、评估，负责编写技术、战术程序与使用手册，但不承担武器装备的研究、发展与试验任务。英国皇家炮兵学校是英军唯一一所训练地炮、高炮炮兵和导弹人员的学校，学校不仅担负着地面炮兵、高射炮兵和反坦克炮兵的所有训练、研究和技术指导工作，还担负着火炮、导弹等新式武器装备的研究与设计任务，负责某些新研制的武器装备的技术论证与测试，以及负责编写炮兵训练条令等。日本陆上自卫队的兵种院校在承担各兵种人才教育训练的同时，还承担相应兵种装备的研究任务。如高炮学校是培训防空部队人员的学校，其研究部承担研制装备的任务；航空学校是培训陆上自卫队航空兵军官的学校，其研究部负责航空兵装备与运用研究。

（三）编辑出版陆军军事学术期刊

学术期刊是集智探讨解决军队问题的学术园地，而陆军院校拥有强大的师资队伍和生源力量，负责编辑和出版本军兵种的学术期刊是其核心的科研任务之一。英国皇家炮兵学校除了担负日常教学任务和火炮、导弹等研究设计任务外，还注重交流炮兵领域的学术研究成果，定期出版《炮兵》杂志。日本陆上自卫队干部学校设有研究部，从事兵种合成部队运用的研究，负责编辑出版月刊《陆战研究》；富士学校是日本陆上自卫队步兵、炮兵和坦克兵团以下部队协同作战的研究机关，负责编辑出版军事学术月刊《富士》，主要刊载该校教职员和部队军官的学术研究文章。

---

[1] 姜廷玉.外军名校与名将 [M].北京：中国人民解放军出版社，2007：54.

（四）组织和主办各种军事学术研讨会

日本防卫研究所每年举办"安全保障国际研讨会"和"战史研究发表会"等开放性研讨会，邀请外国学者参加研究，美国、中国、德国、新西兰等国研究人员曾到该所进行客座研究，该所曾接待过巴基斯坦、美国、泰国、英国、韩国、印度尼西亚等国的军事院校或研究机构的代表团或研修团。

三、学术科研的组织实施

其他国家的陆军院校学术科研组织实施方面各有特色，认真分析其具体的做法，有以下一些共同点。

（一）统一计划

各国不同类型、不同级别的陆军院校承担着不同的学术科研任务，根据明确的任务和目标，各院校均制定有符合自身实际、适合不同时期的发展需要的科研规划，通常通过制订远景计划、年度计划和院校内部各层级具体实施计划加以规定。

（二）联合攻关

各国国情、军情不同，科研工作的方法也有所不同，但联合攻关一直是各国陆军院校的首要选择。日本防卫研究所既注重联合攻关，又鼓励开展自主研究，科研形式以个人研究为主，采用的研究方法中，理论研究、实践研究和实地考察研究都占一定比例。日本陆上自卫队的科研系统以院校内部的研究部（室）为主体，采取个人研究与集体研究相结合的形式完成科研任务。个人研究即研究者自选课题进行研究，集体研究以研究部（室）为单位或临时组成研究组进行课题研究，有时还邀请外部学者甚至外国学者参加，联合攻关。

（三）合作交流

外军有关专家认为，当今科学研究已经超出"纯军事"的范畴，深深融入社会大系统中。从国家整体利益、综合国力的角度出发，综合研究军事问题，有利于深化军事理论研究。加强国内外、军内外的学术交流，是外国陆军院校提高军事理论指导、国防和军队建设权威性的重要措施。日本研究军事问题的机构，大部分采用民办和军民合作的形式，这些机构聚集了许多大学教授、社会名流，以及政府和自卫队退役人员，研究成果具有很高的权威性。

（四）成果鉴定与转换

成果鉴定与转换是衡量科研工作实效的重要指标和根本标志。其他国家在军事科研立项、实施、评审、转换等方面设有比较完善的制度。如意大利高等防务研究中心设有三个委员会，即科学委员会、指导委员会和执行委员会。科学委员会负责确定选题和科研方针；指导委员会负责对科研活动的进程实施监督；执行委员会负责对成果进行鉴定。三个委员会的工作相互衔接，环环相扣，对整个科研活动实施全程管理。

四、学术科研的管理

从外军院校内部领导管理体制看，大部分设有专门的科研管理机构，少数科研体量较小的院校由负责教学管理的部门兼管。在通常情况下，科研管理机构在院（校）长的助手或副职的直接领导下开展工作，主要职责是制订科研计划，督促检查科研计划的落实及组织学术活动，组织审定学术成果，总结推广科研工作经验及负责与部队和其他院校的联系等。各院校的科研管理机构不承担具体研究任务，院校一般也不另设立科研实体，具体研究工作由教研室（或实验室）中的教员和学员承担。有的国家会依托军方院校单设专门从事军事科学研究的机构，如被称为日本自卫队"军官的摇篮"的防卫大学设有研究部，专门负责军事学术科研工作，研究课题的同时支撑研究生教育教学；印度作战指挥院校设有专职学术研究军官或学术研究部（室），德里国防学院由 1 名中校军官负责学术科研工作。

第八章　外国陆军院校教育保障

教育保障指院校为完成教学任务而组织实施的各项保障活动，主要包括教学保障、后勤保障和行政管理保障。教育保障质量是衡量外国院校办学水平的重要指标之一。

第一节　美国陆军院校教育保障

美国陆军军官职业教育之所以能够顺利实施并不断发展，除了强有力的组织领导体系和科学完善的教育教学体系外，相对完备的院校教育服务保障体系也是其全面推进的重要保证。美国陆军院校十分重视教育保障工作，不仅建立了庞大的后勤保障体系，而且坚持以质量效益为目标，注重教育保障管理。

一、教育保障的体制

美军院校教育保障体制从属于美军后勤保障体制。美军在继军政、军令分离的领导管理体制改革之后，对后勤保障体制也进行了相应的规范，在国防部，美军先后成立了国防后勤局、国防财会局、国防给养局等部门，统一管理全军后勤。美国陆军院校教育保障从属于美国陆军保障体系，虽然因院校教育保障的特殊性而有所不同，但主体部分大体相似。

（一）陆军保障领导机构

美国陆军院校教育保障从属于美国陆军保障体系，美国陆军部部长对陆军院校教育保障负总责，采购、后勤与技术助理部长、财务管理与审计助理部长、设施与环境助理部长和人事与后备役事务助理部长根据具体保障内容，各自负责相关保障管理工作。陆军参谋部对陆军院校教育保障也负有部分领导责任，院校教育保障具体管理工作由后勤副参谋长负责。

美国陆军部所属后勤管理机构主要包括陆军器材司令部、陆军军事水陆部署与配送司令部、陆军医疗司令部、陆军设施管理司令部和陆军采购保障中心等，各管理机构根据各自职能和职责，具体负责陆军院校教育的各项保障工作。

（二）院校内部保障机构

美国陆军院校实行院（校）长负责制，一般下设副院（校）长，有的院校还设有参谋长。各院校普遍设有类似教育（或学术、教员）委员会的机构，其成员一般由院（校）长、教务长、学员队总负责人、各系主任、若干资深教授及招生委员会主任组成。院校教育保障的重大问题由该委员会向院（校）长提出建议，由院校内部设置的保障机构具体负责教育保障的执行。

二、教育保障的内容

为了使军事院校建设符合现代战争发展要求，美国陆军在人力、物力、财力上都对院校给予重点保障，先进的武器装备也经常优先配发给军事院校。同时，运用法规政策、人事制度、资源及评估等保障要素确保其有效、顺畅地运行。

（一）法规政策保障

法规政策保障决定了美国陆军军官的成长质量和发展方向。如果缺乏完善的军事教育法律政策或法规政策不配套，就会给陆军军官的成长和培养带来诸多不确定性。美国陆军院校教育的法规政策保障体系主要包括国家法律、军事法规与政策、条令条例和各项规章制度等内容。

1. 国家法律

国家法律中关于军官职业教育问题的有关规定是美国陆军院校教育法规政策保障体系的重要内容。美国国会将除《宪法》《独立宣言》《联邦条例》之外的所有立法统称为《美国法典》。《美国法典》第10卷《武装力量》中，涉及职业军官培养制度的有关规定是美国陆军院校人才培养的基本依据。

2. 军事法规与政策

为了建设完备的军官职业军事教育体系，美军制定了一系列关于军官职业军事教育的政策法规，如《军官职业军事教育政策》《联合教育方案》《职业军事教育政策文件》《参谋长联席会议主席关于联合事务军官培养构想》等，对军官职业军事教育的教育理念、培养目标、教学内容、教育模式和管理体制进行了详细的规定，是美国陆军院校军事人才培养的指导方针。

3. 条令条例和各项规章制度

美军在制定条令条例时，均对军事人才培养工作作出详细规定，包括作战指挥人才的培训目标、培训范围、培训标准和培训内容，这些标准和内容是将美国陆军院校职业军事教育落到实处的重要保证。例如，陆军条例（AR）6XX系列是根据美国国会颁布的《国防军官人事管理法》等军事基本法及国防部相关指令制定的，内容主要有600系列《人事总则》、621系列《教育》、614系列《委派与选派》等20

余个系列。该条例系列涉及军官在成为联合事务军官之前的人事管理、联合教育、联合训练和岗位委派，以及晋升、选拔和奖励等相关规定。

（二）人事制度保障

人事制度包括军官的选拔、培训、使用与晋升。美军多次修改人事制度中有关指挥军官和参谋军官选拔、培训与使用的内容，力求学用一致，从而节约军事教育资源，提高军事教育效能。

1. 招生和任用选拔制度

美国陆军院校严格筛选优秀青年接受院校培训，建立了各具特色的学员培养考核制度和程序，把好入口关和出口关，从而全面确保优秀青年入校学习并脱颖而出。

比较典型的如西点军校，该校在学术水平上同耶鲁大学、哈佛大学和麻省理工学院等名校齐名，吸引了大量的年轻人才，其招生对象和人数、候选者推选办法、招生条件和方法均由联邦法律严格规定，入学标准之高有目共睹。陆军中高级院校在选拔参加中级联合职业军事教育军官时采取集中选拔的制度，选拔学员的程序与选拔营旅级主官的程序相同。

除严把入学关外，美国陆军院校还严格把控学员毕业任用关，确保毕业学员任用的公平与合理。美国陆军院校毕业生分配是从军队岗位需求出发，毕业学员根据成绩排名挑选工作岗位。为全面、公正、客观地评价学员的个人能力和素质，不论学员入校时的级别和资历，学校往往会根据学员的在校成绩和各类教员、行政管理人员等的评价，综合确定该学员的最终成绩排名。

2. 考核与使用管理制度

美军为了保证军事人才的高质量、高素质，制定了苛刻的军官素质考核制度。考核内容涉及工作能力、履行职责、职业道德3个方面共27项具体内容，包括：军官执行任务时表现出的知识和才干，接受知识和掌握理论的能力，正确进行判断的能力，努力上进程度，艰苦环境中的表现，鼓励、启发和培养部属的情况，保持体能水平的状况，提倡坦诚与公正方面的表现，高标准、严要求的表现，支持机会均等的表现，军人姿态与外表，书写文件的精练程度，口头表达思想的简练程度等。

3. 定岗定编与岗位轮换制度

美军的人事制度十分注重定岗定编，上至将军，下至士兵，无一例外。如美国国防部在有关部门和部队设置了约9000个联合事务军官职位，其人事制度马上就出台配套的规定。同时，为保证军官具有丰富的经历和阅历，美军大力推行岗位轮换制度。美军规定：军官在海外执勤的时间通常为1.2年，在部队或机关连续工作的时间往往不超过4年，特殊情况下不应超过6年。事实证明，通过岗位轮换制度可以使军官接受不同环境的锻炼，有利于开阔眼界、积累经验，提升自身能力素质，尤其有利于指挥联合作战能力的提升。为了保障岗位轮换制度得以落实，美军采取了多种有效措施。一是岗位轮换法制化。美军通过《国防军官人事管理法》等法规来规范岗位轮换制度的落实，如不遵守，将受到法律追究，具有很大的强制性和很高的权威性。二是科学确定轮换时间。为培养"一专多能"的复合型指挥军官，美军要求军官在同一岗位任职时间一般不超过4年，以保证军官在任期内得到更多的不同工作岗位锻炼的机会，增强联合协作意识。三是以激励机制牵引。美军把军官的岗位轮换制度与职务、军衔晋升挂钩，把任职经历作为军官职务和军衔晋升的必要条件。通过这些机制的牵引，确保岗位轮换制度得以顺利实施。

（三）资源保障

资源是美国陆军院校开展工作的基础，是教育保障的重要内容。美国陆军着眼于提高院校教育质量效益，形成了贴近实际、高效实用的教育资源保障模式和设施条件。

1. 经费保障

美国陆军把军事院校建设作为军队建设的一项重要内容，在经费方面给予重点保障。美军院校经费占军费总额的 6% 左右，以 2005 年为例，美军每所军校平均经费为 6000 万美元左右，西点军校高达 2.04 亿美元。据统计，培养 1 名学员平均花费 25 万美元（同期，世界经合组织国家培养 1 个大学生平均花费 1 万美元）。美国陆军院校对经费的使用有两个基本要求：一是强调搞好预决算，严格按计划使用经费；二是分层次使用，尽可能向重点单位和重点项目倾斜。

2. 教学设施、器材保障

在信息化条件下，要想提高军事人才培养质量就必须不断提升院校技术装备、训练设施建设的信息化水平。为了提升信息化教学能力，美国陆军在教学设施和器材保障上，注重改善旧有设施，使其现代化；建设新设施，使其与原设备相配套；与地方有关单位合作建设，使其通用化，以较小的物力消耗取得较佳的保障效果。例如，美国陆军建立了陆军远程教育系统和高级分布式学习系统，通过互联网、光碟、电讯为各种远程教育重新设计标准的陆军课程，借助在线学习管理系统追踪学员的学习进度。此外，陆军各院校利用远程教育系统可随时随地为士兵和文职人员提供标准化的训练与教育机会，既可统一组织实兵演练和模拟训练，也可帮助学习者在线获得学士或硕士学位。

3. 教学资料保障

美国陆军院校十分重视图书馆建设，为教员备课、学员学习提供图书资料保障。对于同一种书，图书馆通常只购买一个复本，因此，仅从数量上看，美国陆军院校图书馆馆藏数量不大，但是可获取的知识和信息总量并不少。以美国西点军校为例，2016 年西点军校图书馆有馆藏 60 万册（件），除图书外，还拥有相当数量的视听资料、微缩胶片、政府出版物等文献，包括近 9000 盘唱片、电视录像带、语言材料、文字、古典音乐和流行音乐磁带等。西点军校图书馆是政府文件收藏机构之一，每年接收来自各政府部门的大量文献，学员通过阅读这些政府出版物来了解国家政治动态。西点军校也收藏了大量的缩微资料，有些珍贵馆藏也被转换成缩微资料。图书馆馆藏文献目录可以通过图书馆网站提供的 OPAC 系统查询，也可以通过美国国防大学组织各军队院校图书馆合作建设的 MERLN 网络来查询。西点军校图书馆提供了大量的大型数据库访问，从军事、工程技术到历史、语言学等社会科学，以及医学、数学等各学科知名数据库均在其中。这些数据使西点军校图书馆所提供的文献远远超过了馆藏文献范围，也为远程知识服务的开展奠定了基础。当用户不在西点校区时，可以通过西点图书馆提供的远程访问账号访问图书馆所提供的各种数据资源。[1]

4.基础设施保障

美国陆军非常重视院校基础设施建设，主要包括以下四个方面的内容。

一是院校占地。美国陆军院校校址大多位于生活和交通方便的地区，其中，技术院校和中级、高级指挥院校大多建在政治、文化和经济中心城市，初级指挥和基础院校一般建在宽阔的城郊，面积在 10 平方千米左右，甚至更大。例如，美国西点军校位于纽约市东北 50 千米处的哈德逊高地，由一个大型兵营改造而成，是目前世界上面积和建筑规模较大的军校之一。

二是配套建设。美国陆军院校的教学设施大多与全军性大型训练中心、基地配套建设。这些教育训练场所拥有成套的现代化训练设施和种类繁多的电子、激光模拟器材，广泛使用现代化教学设备。物资器材保障均由设在各地的训练器材中心和分中心负责。

三是体育设施。美国陆军的绝大部分军事院校拥有庞大、完善的体育场馆，其中的体育健身器材丰富多样，可为学员和教育提供充足的训练保障。例如，西点军校的体育训练设施种类齐全、设备完善、标准高、

[1] 温敬明.中美军队院校图书馆事业发展比较研究 [M].上海：中国出版集团上海世界图书出版公司，2014：87−88.

数量多，在世界范围内享有盛名。校内有两座大型综合体育场，一栋体育大楼和数个室外游泳池、室外篮球场、排球场、足球场、网球场、橄榄球场、曲棍球场、滑雪场、18孔高尔夫球场和保龄球场。

四是校园环境。美国陆军院校大多有着优美的校园环境。如西点军校所在地就是美国最为壮观的自然风景区之一，校园内风景优美，绿树成荫，建筑风格被建筑界称为"学院哥特式"。校园内的建筑物、广场、道路都以美国历史上著名军事将领的名字命名，公园和广场上竖立着十多座纪念碑和纪念铜像，在校园的东南面，有一片天然的军事训练基地和野外娱乐场所——巴克纳营地。此外，西点军校还设有博物馆，是军事思想教育及文化传播的重要场所。生活场所设有军官俱乐部、社会福利中心、教堂等完备的文化生活设施，包括公园、剧院、酒吧、饭店和旅馆，还有为全校人员服务的商店、银行、邮局、中小学校、医院和飞机场等。

（四）评估保障

为确保军事教育质量效益，美国陆军需要对各院校课程内容进行常态化的严格审查与评估。美军认为，军事教育体系审查制度必须符合参联会主席颁布的法规要求，并能够确保院校军事教育成效。审查与评估由反馈机制、改进机制、军官联合职业军事教育评估三项内容构成。

1. 反馈机制

通过多方面反馈机制，如开展各院校的自评自查行动，召开联合教育会议，组织军事教育协调委员会会议，以及通过各院校的正规反馈体系获取信息，解决课程的时效性和有效性问题。

2. 改进机制

改进机制涉及各院校和各用人单位，主要进行教学政策评估、课程评估、重点课程推进情况评估等工作，其目的是及时发现问题，改进教学工作质量。

3.军官联合职业军事教育评估

军官联合职业军事教育评估主要是对各院校的联合教育进行定期评估，也就是依据《联合职业军事教育资格认证方案》，对陆军中高级院校的军官联合职业军事教育进行评估。美军建立了系统完善的联合职业教育课程评估认证办法和程序，通过反馈和更新制度保证课程内容的先进性。院校教员、学员和有关专家是反馈的主体，他们通过评估判定课程是否符合教学目标，帮助院校领导了解各项教学目标的实现情况，为完善教学内容提供决策依据。联合教育会议由联合参谋部定期举办，陆军各院校领导直接听取用人单位对毕业学员的情况反馈，并作为教学内容调整的依据。美军联合参谋部内设军事教育协调理事会，专门进行联合教育课程研讨，形成政策建议。

三、教育保障的方式

美国陆军院校教育主要通过激励与制约机制保证其方向正确、发展顺利，陆军军事教育的各种政策、规定和各方面的利益都能够通过一系列的法规条令得以保障。

（一）国防部政策提供宏观指导

美国国防部对陆军院校教育的宏观指导主要通过各种政策和条令进行规范和管理。如国防部指令 1322.10 规定了军官研究生教育习惯问题，包括陆军部部长对陆军研究生教育的管理职责，授权陆军部管理其研究生教育，包括军官获得学位后的管理和服役要求。同时，明确规定国防部要为研究生教育计划提供资助，指出研究生教育应该满足以下要求：一是培养专业和技术能力，培养军官执行未来任务的能力，以更有效地完成国家赋予他们的责任。二是为军官提供发展动力、能力支持、智力支持，以及培育奉献精神，以满足军队发展对军官能力的要求。

（二）陆军条令明确具体操作程序

美国陆军通过系统规范的条令明确其院校教育的具体操作程序。例如，陆军条令 621-1 指出，陆军军官接受教育是基于陆军发展要求，也是促进军官个人发展的主要因素。该条令详细规定了如何分别申请参加地方高等院校研究生教育和军队院校研究生教育，并阐述了地方高等院校的陆军名额及部分资助教育计划的类型和方式。

（三）人事制度规范军官任用机制

美军认为，完善的人事管理法律制度是实施人事管理的前提条件，是实现人事管理规范化、制度化、标准化的重要保证，法制化可以从总体上杜绝军官晋升的随意性。因此，美国陆军不断推进军官晋升的法制化进程。国会、国防部和陆军制定了种类繁多、覆盖面广泛、层次齐全的军官人事管理法律法规，为军官晋升提供了客观的依据、统一的标准和科学的指导。

（四）外部认证与内部保障确保陆军院校教育质量

美国高等教育严格的质量认证体系是保证和提高美国陆军院校教育质量的重要因素。美国高等教育的资格认证主要包括院校和专业两种类型。承担军队研究生教育计划的地方高等院校都通过了国家或地方专业协会的资格认证，专业设置也被纳入认证管理范围。美国陆军实施研究生教育的院校和专业课程也同样受到地方教育机构监督并纳入其管理范围。外部认证与内部保障相结合，为保证美国陆军院校教育质量奠定了坚实的基础。

第二节　俄罗斯陆军院校教育保障

俄罗斯陆军认为，做好教育保障是保障院校培养高素质人才的重要因素之一，要不断完善和发展各种教学设备，设施的建设和改造要有优秀的教员和工程技术人员的积极参与。

一、教育保障的体制

俄罗斯陆军院校的教育保障可从陆军保障领导机构和院校内部保障机构两个方面进行分析。

（一）陆军保障领导机构

俄罗斯国防部下设的国防教育局与陆军司令部和军区下设的军事教育部门，共同构成俄罗斯陆军院校的组织管理机构，承担国家教育政策的落实与监督职能，负责制定陆军军事教育系统的法律法规和其他指导性文件，包括陆军军事院校的教育保障计划等，并通过这些文件和规范，指导陆军院校开展军事教育活动，有效推进、管理陆军院校教育保障工作，统一规范陆军院校保障活动。

（二）院校内部保障机构

俄罗斯陆军院校均实行院（校）长负责制，各院校通常设院（校）长和第一副院长各1名，根据各院（校）的具体情况，还可设教学、科研、干部、思想教育、后勤等方向的副院（校）长及总工程师若干名。机构设置通常为训练部（处）、科研部（处）、物资保障部（处）、干部处、总务处等。院（校）务委员会是院（校）的最高决策机构，直属院（校）长领导，负责处理院（校）重大问题。院（校）教育保障通常由院（校）务委员会就保障重大问题向院（校）长提出建议，由武装保障部（处）负责具体的贯彻、执行等操作。

二、教育保障的内容

为消除阻碍军事教育体制发挥功效的因素，增强军事教育的保障能力，俄罗斯陆军通过严格军事职业选拔制度、优化军事教育网络资源、挖掘军事教育教学和科研潜力,完善军事教育管理机制,给予优秀院校、教员和学员及相关管理人员有针对性的支持和奖励等措施,大力提高俄罗斯陆军军事教育的质量和水平,使之符合军事教育现代化的要求。

(一)法规保障

俄罗斯陆军院校教育是国家高等教育的组成部分,必须依据俄罗斯联邦《教育法》等各种国家教育法规和军队教育法规组织实施。

1. 国家教育法规

俄罗斯涉及教育的法律主要有《俄罗斯联邦宪法》《联邦法典》和其他法律性规范文件,俄罗斯联邦的《教育发展的联邦规划》是国家政策在高等教育和高等院校后职业教育领域的组织基础。《高等职业教育和高等院校后职业教育法》对高等教育后职业教育体系进行了补充说明,并进一步明确相关细则。教育大纲确定了各个层次教育的内容和方向,可分为公共教育大纲和职业教育大纲两类。其中,职业教育大纲的目的在于逐渐提高职业教育和公共教育水平,培养相应技能的专业人才。俄罗斯通过联邦国家权力机构确定国家教育标准的各组成部分,联邦政府负责确定国家教育标准制定、批准和实行的程序。无论何种教育,国家教育标准都是其教育水平和毕业生的职业技能的主要客观评价标准。

2. 高等院校教育法规

俄罗斯《高等职业教育和高等院校后职业教育法》中规定:以俄罗斯联邦有关教育的法律为基础,具有法人资格并执行与许可证相符合的高等职业教育大纲的教育机构为高等院校。《俄罗斯联邦国防部高等军事院校工作指南》明确规定了高等院校的主要任务。俄罗斯组建和改组高等院校可依据《教育法》进行调节。《高等职业教育和高等院校后职业教育法》第10条规定了组建和改组高等教育院校、颁发行业许可证和进行委托的程序。国家对高等院校职业教育的授权,通常根据《教育机构颁发许可证程序的规定》《俄罗斯联邦颁发中、高级和高等院校后职业教育及相应的补充教育机构许可证的暂行条例》《俄罗斯联邦高等职业教育机构（高等院校）规范条例》等，以评定结果为依据，按照俄罗斯联邦政府规定的程序实施。

3. 陆军院校法规

规范俄罗斯陆军院校日常工作的法律性文件主要有《俄罗斯联邦高等职业教育机构（高等院校）规范条例》《俄罗斯联邦国防部高等军事院校工作指南》《教育法》《高等职业教育和高等院校后职业教育法》，以及俄罗斯联邦其他规范性法律文件。依据法律规定，高等军事院校的主要任务是培养和轮训接受高等职业教育的军官、具备高级专业技能的教学和科研人员。其中，军事学院执行高等教育和高等院校后职业教育的军事教育大纲；军事大学在较宽的培养（专业）方向上执行高等教育和高等院校后职业教育军事教育大纲；军事专科学校不仅执行高等职业教育军事教育大纲，还执行高等院校后职业教育大纲。

（二）人事制度保障

为了确保学用一致，有效激励军官的职业发展和个人成长，俄罗斯陆军确立了几种行之有效的人事制度，较好地保证了陆军院校教育的顺利展开。

1. 逐级培训制度

俄罗斯陆军军官在成长过程中必须接受逐级培训。逐级培训制度指划分教育层次与对军官进行任职、晋职前的逐级培训，是俄罗斯陆军历史最悠久、执行最严格的军事教育制度。通常情况下，陆军初级军官必须毕业于军事专科学校或高等军事学校。只有受过高等教育的陆军初级军官，才能晋升为陆军中级军官。在晋升之前必须接受陆军军事学院或相应军事学院、军事大学指挥系的正规培训。陆军中级军官在晋升为陆军高级军官之前，必须接受总参军事学院的正规培训，而中级院校和总参军事学院招收学员的首要条件，是必须毕业于下一级院校。

2. 定期进修制度

定期进修制度是逐级培训制度的补充。随着世界军事科技的迅猛发展，军官的知识老化速度加快，俄罗斯陆军原来的二级教育体制学制较长，军官驻校学习机会少，已经不适应时代要求。为解决这一矛盾，俄罗斯陆军在各院校普遍建立或完善复训进修系，形成了一套完整的"补充教育体系"，并在部队中实行军官定期进修制度，要求军官在整个服役过程中接受不间断的教育。

3.从部队和机关选调教员任教制度

从部队和机关选调教员任教制度也是俄罗斯陆军院校实行多年的重要制度之一，其目的是使院校教学能始终与部队实践紧密结合。特别是指挥院校，其教学的实践性很强，因此十分重视从作战部队和领导指挥机关选拔优秀干部到院校任教。在俄罗斯军队中，从部队和机关调入院校任教是很高的荣誉，被看作"职务上的晋升"，证明被调军官不仅有丰富的领导和训练部队的经验，而且有较深的理论造诣。

4.订立服役合同制度

实施订立服役合同制度的直接原因是初级院校学员辍学、毕业后提前退役的现象十分严重。造成这种现象的原因多种多样，例如，报考军队院校以逃避兵役、无偿获得高等教育或学到一门专业知识等。为消除这种现象，俄罗斯陆军除了加强对学员的思想教育和提高军人的物质待遇外，军事教育机关还结合兵役制度制定了订立服役合同制度。

（三）资源保障

资源保障是俄罗斯陆军院校培养高素质人才的重要因素之一，完备的资源保障可以为陆军院校完成科学研究和培养教育干部提供有力保障。

1.经费保障

俄罗斯把军事院校建设作为军队建设的一项重要内容，舍得对军事院校进行经费投入，其军事院校经费约占全部军费的6%。通过联邦有计划地拨款，俄罗斯陆军院校解决了不少在教育器材和设备方面被忽视了多年的问题。[1]

2. 教学设施、器材保障

俄罗斯军事院校在教学过程中采用先进的教学方法和系统。俄国防部采购大量设备，推进数字化工程建设，建成电子图书馆，并为所有军事院校学员和进修人员配发笔记本电脑，以便他们随时查阅资料。

3. 教学资料保障

俄罗斯陆军院校教学资料保障由国防部集中提供，除此之外，院校自己也可搜集和出版。条令、条例、教令、射击与驾驶教程及其他一些规范性文件被统一发放到各院校，而教科书、教学参考书和教学法材料则由院校自行编写出版，科研、教学和参考文献可以通过规定的程序进行购买。针对俄罗斯国内历史教科书数量繁多、质量参差不齐，导致历史学科教学困难的问题，俄罗斯陆军在全军范围内征集意见，从众多教科书中遴选出观点清晰、通俗易懂的版本，在院校中开展历史学科教学，让学员们了解俄罗斯国家历史的真相。

俄罗斯国防部从 2018 年开始推广耗资近 3 亿卢布的"图书"项目，力争创办全国性的电子科教图书馆。这个虚拟图书宝库不仅收录了国防部所属大学及科研机构创作、出版和发表的图书、科研文章、学术性专题报告、教学参考资料、论文集等出版物，还开设了一个内部章节，刊登"内部使用"或"秘密"等级的图书资料，供全军尤其是身处偏远军营的官兵们复习考试、学习充电、提高职业素养使用。俄罗斯陆军院校、其他院校和科研机构参与电子科教图书馆的创办工作，借助专业设备，把文字资料转换成数字化形式，并组织专业人员对虚拟图书馆刊登的著作进行远程修改和补充完善。虚拟图书馆资料中的公开部分，所有官兵均可通过互联网登录账户使用；内部章节部分，必须获得相应的安全权限才能翻阅，且无法对内容进行复制。俄罗斯媒体称，

[1] 尼古拉·潘科夫.俄军事教育改革取得阶段性成果，将建大型综合性院校 [N].莫斯科防务简报，2008.

"图书"虚拟网站还将不断被完善，如开设网络学习班，除了教授军事学科外，还将引入文学和艺术理论课程，让每名军官都能得到全面发展[1]。

此外，俄罗斯陆军会选派军事院校教员到叙利亚战场积累实战经验，助力他们拓宽视野，更新教学方法，推动俄军新型军事人才的培养。根据在叙利亚战场上积累的作战经验，教员对日常教学内容做出调整，把俄军在叙利亚战场的反恐经验写入教学大纲。据悉，俄罗斯军事院校有近千名教员和学员在叙利亚战场实地参战，其中包括部分军事院校校长等高级干部。

4. 基础设施保障

俄罗斯新列装的武器、军事装备、教学模拟训练器材、车辆及系统部件要首先供应给军事院校。俄军院校配备有信号、通信和保护设施，这些设备设施可为教员、学员、工程技术人员和保障人员创设良好的工作条件。院校、教研室、科研部门、系及有关部门的领导担负着使教学物质基础设施处于良好状态并及时改进和完善的责任。在一学年结束、另一学年开始时，院校各级首长有责任做好教学物质基础设施的完善和课前准备的计划与实施工作，所有工作应完全符合俄罗斯联邦国防部的要求。

近年来，俄罗斯陆军加强了对学员实战能力的训练。一方面，利用本军种院校的战斗训练中心（基地）实施多样式、多课题的演习与训练。俄陆军院校通常配有训练中心（基地）。例如，在陆军军事教学科研中心训练基地，可以模拟真实的作战环境，设置平原、起伏地、丛林地带、河流、湖泊等各种地形地貌，尤其是综合性、多功能训练基地，可进行多兵种合练和多样式、多课题的演习与训练。根据院校需求，基地还可申请使用陆军航空兵。由于院校与部队同步配备最新的、现代化的武器和技术装备，学员可以利用其完成演练训练任务，提高专

---

[1] 闻敏. 俄军打造电子图书馆，各种资料一网打尽 [N]. 中国国防报，2018-07-30.

业技能，保证毕业后能够快速与任职岗位接轨。另一方面，注重利用其他院校及部队的战斗训练中心（基地）组织学员训练。例如，陆军院校可以使用部队的战斗训练中心（基地），即俄陆军院校的实践性教学不局限于只使用本军兵种的战斗训练中心（基地），还可以使用其他军兵种的战斗训练中心（基地），跨军兵种使用各类战斗训练中心（基地）。这些对院校开放的教学资源，为学员提高联合作战技能、为部队培养初级指挥员等各类人才打下了实践基础。

（四）评估保障

除参加国家教育质量保障活动外，俄罗斯陆军还有一套单独针对院校的外部检查评估体系。2014 年 12 月，俄罗斯国防部发布了《关于批准俄罗斯联邦国防部军事院校评估程序的指示》，规定了评估实施机构的主要职权范围和军事院校参加军队内部质量评估的流程、方法和要素等内容，成为俄罗斯军事院校教育质量保障活动的依据和指南。

1. 评估的组织

根据类型的不同，俄罗斯陆军院校评估可分为督察性评估、总结性评估和控制性评估。督察性评估主要检查军事教育工作的组织领导和保障情况，对院校领导机关的履职情况进行评估，通常由国防部部长或副部长领导，武装力量中央军事指挥机关、军区（舰队）代表共同参与，根据规定的评估要素组织实施，俄罗斯国防部人事总局军事教育局负责督察性评估的直接筹备工作。总结性评估的范围较为全面，包括作战与动员战备、教与学、教研与科研工作、教研人员队伍建设、教学保障条件、后勤工作、教职员工思想与心理状态和规章制度遵守、队务与服役安全、财政与经营活动等内容，通常会根据俄罗斯总参谋部、国防部和军事院校的意见，在中央军事指挥机关代表的参与下实施。控制性评估旨在确保参评单位及时整改评估发现的问题和不足，通常由人事总局军事教育局、各军种和军区（舰队）的军事教育部门，以及负责相关问题的军事指挥机构实施。

此外，任何一所陆军院校至少应每5年进行一次督察性评估和总结性评估。控制性评估根据军事教育局和各院校计划组织实施，其评估目标、内容和时间由组织方确定。评估委员会组成一般包括主席、副主席、首席幕僚、各指标资深专家组和委员，以及相关军事管理机构和其他院校相关教职人员。

2. 评估的流程

开展评估之前须制订计划，拟定评估目标、内容、时间和评估委员会组成等信息。评估计划获批12~15天后，评估工作才可正式展开。督察性评估或总结性评估必须涵盖学校机关全部和30%以上的下属单位，其中下属单位中参评人数须占该单位员额的30%以上，评估方案须明确评估时间、地点、流程和其他活动，由评估牵头人批准，在实施前8~10天通报至参评院校。实施督察性评估或总结性评估时，各评估指标组的工作计划由资深专家组根据军事教育局的相关要求确定，报评估委员会主席批准。评估组织方须召开工作组会议传达相关内容，包括法规标准、参评院校组成与结构、教学组织流程、评估指标、评估计划和评估方案等。在进行督察性评估和总结性评估时，一般首先到参评院校举行管理层听证会，参加人员包括校长、副校长、各院系和部门领导，其主要目的是了解学校办学特色和日常教育活动，明确对教学流程产生积极或消极影响的因素，了解学校人才培养质量。

评估委员会成员根据督察性评估和总结性评估结果撰写评估报告，提出评估意见，包括对学校工作的总结、优势和劣势及其原因，并提出改进建议。根据评估报告，参评学校制定整改方案，整改报告中应涵盖评估报告指出的问题。如果某参评学校的评估结果为不及格，可申请重新评估。重新评估必须在首次评估6个月后，仍由原评估委员会主席牵头，且评估范围必须涵盖原有评估中发现的问题。

3. 评估的标准

俄罗斯陆军院校检查评估项目一般包括作战与动员战备、教与学等多个方面，评估标准采用合格评价和等级评价两种方式。合格评价分为"合格"与"不合格"，等级评价分为"优秀""良好""及格""不及格"。以"教与学"为例，其全面考察陆军院校教育部门、教学系（室）等各个层级的教育工作和人才培养成效，主要包括教育工作组织实施等相关文件档案的完整性、及时性和有效性，教育质量，学员培养质量三个方面。如果教育工作组织实施等相关文件档案的完整性、及时性和有效性评价为合格，教育质量评价为合格，且学员培养质量评价为优秀，则"教与学"项目判定为优秀；如果教育工作组织实施等相关文件档案的完整性、及时性和有效性评价为合格，教育质量评价为合格，就定为合格；否则，判定为不合格。

三、教育保障的方式

俄罗斯《教育法》规定，所有院校，不论其类型和组织，都应纳入国家教育质量保障体系，俄罗斯陆军院校也不得例外。目前，所有从事高等教育的俄罗斯军事院校都已经按照联邦国家教育标准，取得了开展教育活动必需的国家许可和认证，获得了相应证书，并在官方网站上展示了国家教育许可证和认证证书，证明在相关领域的办学资质和水平。根据俄罗斯《教育法》第90款"教育活动的国家治理"的规定，国家教育质量保障活动主要分为办学许可、国家认证、国家教育质量控制与督察三种类型。

（一）办学许可

办学许可是国家教育质量保障体系的基础，是对院校办学资质的必要审核，属于最低要求。只有获得了办学许可证书，院校才被视为具备了办学条件，拥有了合法办学的资格。在实施流程上，首先由院校提出许可申请，受理后由许可管理机构根据不同领域的院校分别组织专家对教学场所、办公设施、健康卫生、师资队伍和信息技术等方面进行评估和审查，确定所有指标都符合既定标准后才能发放办学许可证书。如果院校在拿到办学许可证书后违反了相关规定，那么其办学许可证书可能会被吊销。办学许可通过对条件与资源进行严格把关，为陆军创建各类院校提供了法律保障。

（二）国家认证

国家认证是俄罗斯陆军院校获得国家承认办学地位的标志。只有通过国家认证，才具备向毕业生颁发国家统一样式并带有俄罗斯国徽印章毕业证书的资格，享受国家教育拨款与其他优惠政策。俄罗斯教育机构的国家认证由联邦教育与科学督察署统管，由其指定专家组制定认证检查实施流程，确定认证方式与方法，对院校提交的认证申请、自评结果及相关资料进行分析和研究，确认其教育活动是否合乎国家教育标准。通常采取现场考察、调阅相关资料、组织座谈、开展问卷调查等形式，经专家讨论后，形成认证结论性报告，认证结果有效期为6年。相关院校认证过程及其结果的信息，以文件的形式在该署网站上公布，该署网站还收录了所有通过国家认证的院校信息，以方便查询。如果教育机构的办学许可证书先于国家认证证书到期且未能获得再次许可，则该机构的国家认证证书也不再有效。

（三）国家教育质量控制与督察

国家教育质量控制与督察主要评估院校现有教育活动是否达到教育相关法律法规的要求。实施程序如下：国家教育质量控制与督察机构按照是否事先安排可分为计划性评估和非计划性评估；根据评估方式可分为材料评估和现场评估。计划性评估根据国家教育质量控制与督察机构制订的年度计划组织实施；非计划性评估则在年度计划以外，根据临时需要进行合理安排。材料评估在国家教育质量控制与督察机构内实施，对参评院校提交的及其官网上发布的有关材料、信息进行检查评估；现场评估在参评院校内进行，旨在验证参评院校所提供材料的完整性、可靠性及其与国家教育相关法律法规要求的一致程度。如果评估结果认定参评院校教育活动与国家教育标准存在不一致问题，国家教育质量控制与督察机构将全部或部分暂停该院校的国家认证，并要求其在 6 个月内完成整改。如果该院校在规定时限内对评估报告指出的问题进行了有效整改，那么其国家认证证书继续有效。否则，国家教育质量控制与督察机构将撤销或部分撤销该院校的国家认证。

除国家教育质量保障机制外，俄罗斯陆军还有一套单独针对军队院校的外部检查评估体系，评估的法律依据是 2014 年 12 月俄罗斯国防部发布的《关于批准俄罗斯联邦国防部军事院校评估程序的指示》。该指示规定了评估实施机构的主要职权范围和军事院校参加军队内部质量评估的流程、方法和要素等内容，是俄军院校教育质量保障活动的依据和指南。俄罗斯陆军院校评估并非局限于教学工作，其涉及范围还包括作战与动员战备、教与学、教研与科研工作、教研人员队伍建设、教学保障条件、教职员工思想与心理状态和规章制度遵守、队务与服役安全、法律工作、人力资源管理、后勤工作、生态安全、财政与经营活动、领导力等多个方面。除例行性检查评估外，还可以根据任务要求和国防部相关评估检查法规要求，组织实施临时性的检查评估。

第三节　其他国家陆军院校教育保障

在院校教育保障方面，除美、俄外的其他国家中，法国、日本、德国的陆军院校教育保障均有其独特之处。

一、教育保障的体制

法国陆军院校在教育保障的体制方面有其特色。法国陆军院校的外部质量保障主要依托地方实施，完全纳入国家的各类教育评估体系，这一特点也是部分外国陆军院校的常规做法。

（一）完全纳入国家教育质量保障体系

法国陆军的各类院校基本上都可以在国家教育质量保障体系中找到符合自身教育属性的质量评估模式，完全可以开展依托地方实施的质量保障活动。法国地方的教育评估由各类专业性机构负责实施，这些专业机构独立于军队和被评估院校，避免了军队直接监管教育质量有可能造成的单一性、强制性、官僚主义等弊端，有助于保证评估的客观性、公正性和专业性，也有利于军队院校和地方教育机构保持同步发展。

（二）陆军院校教育评估体系各不相同

不同陆军院校采用的教育评估体系也不完全相同。法军初级军事教育院校及专业技术教育院校，主要参加由研究与高等教育评估高级委员会和工程师职衔委员会组织的机构认证及"大学校"委员会组织的专业认证。首次任职教育院校则主要参加由国家职业资格认证委员会组织的职业认证。不同类型的认证，其评估对象、评估目的和评估内容不完全相同，各认证评估机构分工明确、各有侧重，对院校实施分类指导。

（三）外部评估引导院校内部质量保障机制建设

无论是学历教育院校参加的机构认证和专业认证，还是首次任职教育院校参加的职业认证，这些外部教育评估都特别强调"学生中心""能力导向"。国家教育评估的先进理念引导法国陆军院校在其内部教育质量评价中突出学员的主体地位，更加关注学员实践能力的培养。例如，法国陆军院校普遍开展学员评教活动，学校定期收集学员对课程教学的意见和建议，作为评估和改进课程教学的重要依据。此外，院校还十分重视对毕业生质量的跟踪调查，学校定期收集用人单位对毕业生岗位胜任能力的评价，为改革课程体系、完善培养机制提供依据。

二、教育保障的内容

除美、俄外的其他国家陆军院校教育保障有相同之处，也有其自身的特色。

（一）法规保障

其他国家的陆军同样善于运用法规的强制力量保障陆军院校教育活动的顺利实施。

1. 日本国防政策的支持

日美军事同盟是日本国防政策的支柱，日本采取了一系列措施以提高日美军事同盟的有效性和可靠性。其中，以高质量的军事力量为坚强后盾是日本谋求政治大国地位的战略选择。为此，日本陆上自卫队采取一系列措施，如减少学生入学考试科目、放宽报考要求、降低入学分数、改善学生宿舍条件等，以期在更大范围内广泛征集优秀人才。同时，每年都要举行各种活动并邀请大批青少年参与，如邀请青少年参观陆上自卫队的富士山火力演习、开设军事博物馆等，在丰富青少年军事知识储备的同时，也为陆军院校进行高起点教学准备了条件。

2. 德国健全的法律保障

德国陆军院校的教学管理制度相当健全，且相对稳定，落实到位，能够很好地为陆军院校教育保驾护航。究其原因：一是德国是法治社会，依法办事已经成为全民的一种稳定的观念和意识，陆军院校的教学和管理人员同样如此；二是教学和管理人员对管理制度和规定相当熟悉，可依据规定自行安排工作，有效协调其他部门，提高工作效率。

（二）资源保障

在资源保障方面，其他国家的陆军院校同样各具特色。

1.经费保障

军事教育的发展需要资金作保障，雄厚的资金是英、法等国陆军教育形成与发展的基本支撑。以英国陆军院校为例，其军事院校经费不低于军费总额的 6% 左右。不断增加的军费为英国陆军院校开展以"培塑能力提高"为核心的教育提供了强劲的经费保障。雄厚的资金为英国陆军院校学员参观见学、领导能力训练等活动提供了充分的经费保障。与此同时，有了经费作支撑，在理论教学上，英国陆军院校可以大量外聘高级官员、知名教授，甚至跨国聘请国际问题专家到校讲课或做报告，可用高薪吸引地方优秀人才，可以为教员到地方知名高校进修提供资助等。这些做法都有助于开阔学员视野，提高学员综合素质，培养学员综合能力。

2.教学设施、器材保障

其他国家的陆军院校无论级别高低、规模大小，都有适合自身的院校办学定位、办学目标和独具特色的教学设施保障体系。

在院校教育保障工作中，英国陆军院校很重视教学设施与训练场地的建设，每年在这方面投入大量的人力、物力、财力，对现有设施进行日常维护、维修、更新和完善。积极与地方科研机构探索联合协作机制，建立了许多专门用于专业训练的模拟系统、模拟器材，使训练内容更加完善，训练形式更加灵活，训练效果远远高于一般的课堂教学。

为了节约开支，英国陆军院校在教学设施保障中常常利用简易设施、地方单位的设施及其他部队的装备等，充分发挥已有设施、设备的功能。此外，通过合用、租用设施等方法，达到节省开支的目的。如位于英国南部的达特莫尔野外战术综合训练基地，是一个三军共同投资、共同建设、共同使用的训练场地，每年各个部队、学院都将自己较大规模的演练安排在此，避免了多个单位因重复建设带来的资源浪费，也极大地提高了有限场地的利用率。

皇家军事科学院是英国国防部与克兰菲尔德大学联合创办的一所学院，克兰菲尔德大学出师资力量并负责教学管理，国防部出资建设并负责行政管理。在英军皇家军事科学院，其后勤保障完全社会化，学员宿舍的管理、餐厅的经营、打扫卫生、修理管线等均雇请地方公司来完成，外出参观所用客车也完全基于社会化保障。这种社会化服务，既为师生提供极大便利，方便学院管理，也在节省开支的同时，带动当地经济发展。该院实施的军地联合办学模式效果显著，是一种双赢的教育保障模式。

3. 教学资料保障

英国陆军院校的图书馆和博物馆是教学资料的两个重要来源。各院校的图书馆藏书比较丰富，资料也比较齐全；博物馆记载各院校的历史发展，各具特色，都是英国军事教育的珍贵财富。有着 200 多年历史的桑赫斯特皇家军事学院的中心图书馆规模宏大，仅次于伦敦图书馆，馆中藏书量达 140 万册，并订有 300 多种期刊，还收藏了许多历史纪念品，如著名将领的肖像油画、维多利亚时期的十字勋章、荣誉之剑、女王表彰学员的名册、历次战争中的战利品等。该图书馆不仅可以让学员在知识的海洋里畅游，还可以开阔学生视野，缅怀历史，启发学员珍视历史、砥砺前行。法国圣西尔军事专科学校有一所藏书 10 多万册的图书馆，军事图书占有很大比例，其中还包括《孙子兵法》和毛泽东军事著作等。

4. 基础设施保障

良好、配套的基础教学设施不仅有利于军事人才培养，还有利于高效能地发挥作用。例如，英国桑赫斯特皇家军事学院有着配套的教学设施，如录像设备、有线电视、录放室、语音实验室等，以化学家法拉第名字命名的法拉第大厦也在其中，还设有若干个实验室、一个计算机中心、一个闭路电视演播室、数个演讲厅和一所藏有万余册有关科学与教学资料的图书馆。学院还建有跳伞、潜泳、滑翔、飞行、航海设施，有独木舟、小艇、一艘中型航海赛艇、一架飞机、一群猎犬和一群骏马，各种运动、游戏和娱乐设施一应俱全。

1803 年由拿破仑建立的法国圣西尔军事专科学校是一所古老的享誉世界的军事学府。学院占地 5 平方千米，各种学习、生活、娱乐设施齐全，能够满足科学文化基础和现代军官职业训练的需要。军事训练设施包括各种兵器专修室、分队战术训练沙盘室和模拟器专修室等。兵器专修室分轻武器、反坦克兵器、通信器材、三防装备、坦克、装甲车、炮兵、工程兵等各类兵器。轻武器室展示有从古至今、从国内到国外的各种各样的手枪、步枪、冲锋枪、机关枪、手榴弹、地雷等；反坦克室展示有各种反坦克导弹、反坦克地雷、反坦克炮和反坦克火箭筒。展示的实物旁均有剖面图和武器战术、技术诸元、作战使用、战斗效应等。文化教育设施主要有各种实验室、计算机室、电教馆、外语教室等。实验室涵盖所有学科，其装备现代化程度非常高。不仅介绍学科的有关基本理论，还讲授在军事领域的应用及发展趋势。外语教室既有全套的视听设备，还装备了可收看世界各国电视节目的卫星天线，为学员学习创造了良好的语言环境。

三、教育保障的方式

在教育保障的方式方面，英、法等国同其他大多数西方国家相近。其中，英国军事教育不仅具有一套较为成熟的办学理念，在教学保障上也自成体系；法国军事院校也被纳入国家教育质量保障体系，其教育的外部保障机制主要采取参加国家的机构认证、专业认证和职业认证的模式，遵循与地方院校一致的标准和程序，军队并没有另外建立一套教育评估制度。

（一）机构认证

法国高等教育院校的主要评估机构是研究与高等教育评估高级委员会，它依托专家组开展工作，是一个独立的国家行政机构，其评估活动不受任何利益相关方的影响，评估报告向社会公开。法国陆军学历教育院校及其授予学位的资质需要接受研究与高等教育评估高级委员会的评估，学位项目评估主要有陆军诸兵种军事学校学制 2 年的学士学位、圣西尔军事专科学校学制 3 年的硕士学位、军需学校学制 2 年的国防管理与法律专业硕士学位、军医学校学制 6 年的博士学位。

（二）专业认证

法国陆军院校参加的专业认证主要是工程教育认证和"大学校"认证。其中，工程教育认证主要是欧洲工程教育认证，通过制定适用于欧洲教育区域内的工程教育认证标准和指导框架，协调并促进欧洲各国工程教育的发展。"大学校"认证的主要机构是"大学校"委员会，它主要负责"大学校"专业硕士及管理学硕士两类专业认证。法国陆军多所院校通过了"大学校"认证并获得相应资质。例如，圣西尔军事专科学校与军需学校联合办学，招收已获得硕士学位的军官和军队文职人员、地方管理干部、讲法语的外籍军官攻读网络防御运营与危机管理专业硕士。

（三）职业认证

法国还有一套由国家职业资格认证委员会负责认证收录的法国国家职业文凭认证目录，即职业教育评估体系，是法国全国性的、唯一的职业证书或文凭审核、收录和查询系统，职业教育机构颁发的职业文凭或证书一旦被列入其中，其价值就被国家认可。法国陆军致力于促进军事人员在部队所获得的培训文凭、证书，以及取得的岗位资质得到国家承认，其 2013 版《国家安全与国防白皮书》中明确提到"应确保军事人员在接受国防和安全领域的培训后，尽可能获得国家认证的文凭，特别是通过获得登记在法国国家职业文凭认证目录上的文凭或证书这一途径取得国家认可"。法军大部分院校和培训中心开展的是非学历教育性质的职业技术培训，为保证培训质量并且使学员获得国家承认的文凭或证书，法国陆军院校和培训中心积极参加国家职业资格认证委员会的注册认证。

主要参考资料

1. 李抒音，王继昌. 俄军军事训练研究 [M]. 北京：军事科学出版社，2021.

2. 李抒音，王继昌，张玺. 俄罗斯军情解析 [M]. 北京：中国人民解放军出版社，2017.

3. 陈学惠. 外军作战与训练思想教程 [M]. 北京：军事科学出版社，2000.

4. 石家庄陆军指挥学院. 军事训练百科全书 [M]. 北京：中国大百科全书出版社，2016.

5. 张博文. 社会现代化转型与军事教育变革研究 [M]. 北京：中国社会科学出版社，2017.

6. 李雪松. 外国军队院校教育研究 [M]. 北京：中国人民解放军出版社，2008.

7. 杨继军，宋孝和. 当代中外军事教育比较研究 [M]. 北京：军事科学出版社，2010.

8. 任海泉. 外军院校教育研究 [M]. 北京：国防大学出版社，2008.

9. 军事科学院外国军事研究部. 俄联邦军事基本情况 [M]. 北京：军事科学出版社，2017.

10. 崔健，张博. 外军依法从严治校的主要做法与启示 [J]. 法理学研究，2012（1）：81.

11. 耿卫，马增军 . 外军院校教育研究文集 [M]. 北京：海潮出版社，2013.

12. 王春茅 . 美国军事教育现状与发展展望 [M]. 北京：国防大学出版社，2001.

13. 高博，弥鹏，杨阿锋 . 德国军事教育改革与人才培养体系 [J]. 世界教育信息，2016（6）.

14. 王志强，岳久在，张汉宽 . 俄罗斯军事院校教育 [M]. 北京：中国人民解放军出版社，2007.

15. 姜廷玉 . 外军名校与名将 [M]. 北京：中国人民解放军出版社，2007.

16. 张锦涛，孙红卫 . 外军院校建设发展战略概览：聚焦外军名校教育训练 [M]. 南京：南京大学出版社，2015.

17. 樊高月 . 美国军情解析 [M]. 北京：中国人民解放军出版社，2017.

18. 王传经 . 美军军官职业军事教育政策 [M]. 北京：国防大学出版社，2013.

19. 邓秀梅 . 俄罗斯联邦军事教育研究 [M]. 北京：军事科学出版社，2015.

20. 侯瑞东，李可心 . 中外军事职业教育比较研究 [M]. 北京：国防大学出版社，2016.

21. 耿卫，马增军，李健 . 外军职业军事教育与训练研讨会论文集 [M]. 沈阳：辽宁大学出版社，2011.

22. 谭晓辉，邓万学 . 美国军事院校教育及其特点 [M]. 北京：海潮出版社，2007.

23. 姚羽 . 美国军种军官学校研究 [M]. 北京：国防大学出版社，2014：209.

24. 方江 . 军队院校培训体制研究 [M]. 北京：中国人民解放军出版社，2011.

25. 武警工程学院训练部 . 走访美军院校 . 2005.